宝安慈善丛书

慈善文化建设的探索与实践

——以深圳市宝安区慈善会为例

李 健 徐彩云 翟 璐 编著

中国社会出版社
国家一级出版社 · 全国百佳图书出版单位

图书在版编目（CIP）数据

慈善文化建设的探索与实践：以深圳市宝安区慈善会为例 / 李健，徐彩云，翟璐编著 . -- 北京：中国社会出版社，2023.5
ISBN 978-7-5087-6719-2

Ⅰ. ①慈… Ⅱ. ①李… ②徐… ③翟… Ⅲ. ①慈善事业—研究—宝安区 Ⅳ. ① D632.1

中国版本图书馆 CIP 数据核字（2022）第 031228 号

出 版 人：程　伟
终 审 人：陆　强
责任编辑：张　迟
责任校对：卢光花
策划编辑：许　畅
封面设计：尹　帅

出版发行：中国社会出版社
地　　址：北京市西城区二龙路甲 33 号
邮政编码：100032
编 辑 部：(010)58124856
网　　址：shcbs.mca.gov.cn
销 售 部：(010)58124821
经　　销：新华书店

印刷装订：中国电影出版社印刷厂
开　　本：170 mm×240 mm　1/16
印　　张：16.75
字　　数：233 千字
版　　次：2023 年 5 月第 1 版
印　　次：2023 年 5 月第 1 次印刷
定　　价：55.00 元

中国社会出版社微信公众号

中国社会出版社天猫旗舰店

总　序

张洪华

“革故鼎新，得宝而安。”深圳宝安，地处中国南海之滨，扼守珠江口、大亚湾、深圳湾与大鹏湾，是“奇迹城市”深圳下辖的一个行政区，也是深圳市的前身。深圳作为一个虽然只有短短40年历史的城市，然而其前身宝安却有着近1700年的历史，被称为“深港文化之根”。早在东晋咸和六年（331年），朝廷“析南海郡东南地域置东官郡，郡辖宝安”。悠悠岁月中，宝安都是“粤省前哨”，辖地辽阔，大约包括今深圳、香港、澳门、东莞市部分、广州市番禺区南部、中山市、珠海市等地区。从东晋至明清，宝安在政治、经济、文化、交通及军事上的地位和作用都十分重要。在东晋，是政治经济中心；在唐代，是海防要地；从宋至明清，是南方海路贸易中枢、食盐产地、珍珠贡品产地、军事要塞。中华人民共和国成立后，宝安成为广东省辖县。

潮起宝安湾，慷慨歌未央。20世纪80年代初，在宝安县辖区的基础上，深圳经济特区、深圳市相继成立，宝安县建制也最终在1992年底取消，成为深圳市下辖的一个行政区。随着深圳城市的迅速崛起和奇迹般的发展，宝安这一古老的地区换了新颜。40年来，宝安区锚定“最擅长跑道”，跑出高速度、高质量路径，如今已经成为深圳市的产业大区、经济大区、人口大区。2017—2021年，宝安区连续排名“中国工业百强区”前十名，经济社会发展成就显著。

宝安及整个岭南的社会文化，延续中原文化血脉，公益慈善事业历史悠久，继往开来。宋朝以后，宝安地区民间大族兴起，乐善好施、惜弱怜孤、济贫扶危、守望相助、善德育化，蔚然成风。明清时期，政府开始正式实施民生保障举措。据地方志记载，清朝时期，宝安地区官府已设立恤政处所，用以收栖疯癫、孤老、盲人、枯骨等；近现代时期，本地企业家、宗教组织开启了现代公益慈善之路；中华人民共和国成立后，宝安的慈善事业纳入社会主义建设整体框架中。改革开放以来，公益慈善事业随着深圳这座新兴城市的高速发展而获得了新的发展契机。特别自20世纪90年代以来，深圳以打造民生幸福城市为出发点和落脚点，持续优化慈善事业发展环境，慈善工作领先全国，荣获全国“七星级慈善城市”“全国最具爱心和最慷慨的城市”等称号。在这个历程中，宝安区委区政府高度重视慈善工作，推动宝安区慈善事业向广度、深度、高度发展和进步，发挥在深圳慈善事业中的示范作用，宝安区慈善事业也一直走在全市前列，是全市慈善事业改革创新的试点区。

2007年，宝安区率先成立了深圳市首家区级慈善会，这是宝安慈善事业发展的一个重要里程碑，对加快宝安慈善事业发展，进一步完善社会保障体系，建设幸福和谐宝安具有重要意义。宝安区慈善会业务范围覆盖广泛，包括：扶贫、济困；扶老、救孤、恤病、助残、优抚；救助自然灾害、事故灾难和公共卫生事件等突发事件造成的损害；促进教育、科学、文化、卫生、体育等事业的发展；防治污染和其他公害，保护和改善生态环境；以及符合国家慈善法律法规规定的其他公益慈善活动。作为全区慈善事业发展的枢纽型、平台型组织，宝安区慈善会一方面积极贯彻落实宝安区委区政府打造“慈善之区”的目标和工作规划，在改善和保障民生、扶贫攻坚、推进共同富裕、建设社会主义小康社会工作中担当助手角色、发挥补充功能；另一方面，在社会各界广泛关注支持下，在慈善会团队共同努力下，学习借鉴先进地区的经验，立足宝安特色和实际，积极探索，躬身实践，坚持以社会化、规范化、专业化、特色化为抓手，依法行善，规范行善，主动行善，科学行善，有效行善，引领全区慈善事业初步走出了一条既博采众长又颇具本地特色的发展之路。

第一，传承发展之路。宝安区慈善会于2007年成立，分别于2013年、2018年完成了第二届理事会、第三届理事会换届选举。15年来，宝安区慈善会高度重视传承工作，在继承中创新、在创新中发展、在发展中前行。

首届理事会搭建了组织结构，制定了制度规范，组建了工作队伍，并在慈善募捐、慈善救助、对口支援、慈善文化宣传等业务工作中积累了富有价值的经验，产生了积极的社会影响。第二届和第三届理事会顺应慈善体制改革的趋势和方向，传承上届积累的经验做法，在前期改革创新的基础上，进一步理顺慈善会和政府的关系，优化治理，充实队伍，丰富方式方法，拓展工作领域，深耕慈善资源，通过完善的决策制度、合理的约束机制、良好的专业素质、可靠的监督制度、优秀的项目品牌，不断加强自身能力建设，不断提升慈善会的社会影响力，从而走出了一条结合传统官办组织和新型社会组织两者优势、按组织原则和章程独立运作的新路径。

第二，规范发展之路。制度是公益慈善机构的生命所在，是公信力的基础。宝安区慈善会自建会以来，不断完善组织架构建设，高度重视制度建设，形成了决策、执行、咨询和监督四位一体完整的闭环系统。规范是宝安区慈善会发展的重要基础。宝安区慈善会非常重视规范化建设，通过15年的不断探索和完善，形成了一套完整的制度体系，包括重大决策提交常务理事会或理事会讨论决定制度、会长办公会集体决策制度、监事会制度、慈善金收支信息公开制度、第三方审计制度等34项制度，做到“一事一制度”。同时，制定五年发展规划，规范、指引慈善会的运行方向。完备的制度体系保证了慈善会规范化运作，有效保障和促进了宝安区慈善会健康良性发展，赢得了社会的高度信任。

第三，创新发展之路。宝安区慈善会一直把开放创新作为慈善发展的驱动力，以全局视野、创新精神主动适应慈善事业发展的新形势和新挑战，在总结经验的基础上不断开创慈善事业发展新局面，围绕宝安区社会发展重点领域和关键环节改革，把区内和区外社会资源有机结合起来引导，积极参与粤港澳大湾区建设，助力打造宝安区湾区高地、共享家园及共建共治共享社会治理新格局。首先，创新慈善募集和救助方式。近年来，宝安区慈善会大力发展冠名慈善基金和专项资金，提升精准帮扶实效，初步形成了多层面、宽领域、广覆盖、开放式的慈善救助模式。截至2021年底，全区累计冠名慈善基金114家，慈善资金实力稳步壮大，位居全市区级慈善会之首位。其次，创新慈善服务方式。在原有救助办法的基础上不断完善慈善服务项目，运用现代公益创投的理念和方式，从2015年起每两年举办一届“宝安区公益慈善项目大赛”，选拔出那些针对宝安区社会民生问题提出有效解决方案的公益慈善组织，对其予以资金资助、辅导培训、平台化常态化支持等专业服务。截至2021年底，宝安区慈善会已经举办了五届大赛，入选项目共54项，总资助金额达1334.96万元，惠及服务对象200多万人次，涉及老年人、妇女儿童、残障群体、社区治理、环境保护等多个服务领域，绝大部分体现了宝安本土需求。实践证明，公益慈善项目大赛在提高公益慈善项目实施质量、解决基层社会问题的同时，还提升了宝安区本土社会组织的专业服务能力，使公益慈善的社会价值和影响力远播四方。此外，宝安区慈善会还创新慈善运营模式，探索慈善信托、慈善款物募用分离、第三方财务托管及评估等现代慈善运作模式，让参与主体通过多元形式筹集更多的资源用于公益慈善事业，不断扩大和盘活慈善资源。

第四，专业发展之路。宝安区慈善会充分认识到专业人才是慈善事业发展的支点，不断推进团队慈善知识、工作方式等方面的专业化建设，发展高效专业的慈善工作队伍。首先，加强专职队伍建设。通过招考、政府购买等形式广泛遴选社会优才，不断扩大慈善会专职工作队伍，形成了一支由在编人员、社工人员、专职辅助人员构成，具有较强组织管理、项目开发和运作、宣传推广等工作的阶梯型、应用型、复合型专职人才队伍。其次，创建兼职顾问队伍。通过创新用人机制，宝安区慈善会依托社会资源，从人大代表、政协委员、行业协会、新闻媒体、义工联、学术界等各个行业中聘请知名人士担任顾问，提供平台和渠道，吸引顾问从不同的视角集思广益，献计献策，不断开创慈善工作的新局面。再次，发展专业志愿者团队。根据慈善会的业务范围、宝安区公益组织发展状况、志愿者的服务兴趣和专业能力，与宝安区义工联合作设计专业志愿者项目，初步组建了不同类别的专业志愿者团队，推进全区志愿服务向专业化发展。最后，完善了慈善应急专业能力。宝安区慈善会作为政府、市场之外重要的社会治理主体，长期注重提高慈善组织危机治理意识和应急管理能力，注重慈善领域应急机制的建立与完善。新冠肺炎疫情暴发后，宝安区慈善会创新应急救援救济机制和方法，第一时间启动疫情应急预案机制，实现了慈善组织与政府部门、社会需求在疫情应急管理中的无缝衔接，初步形成应对突发公共卫生事件、动员社会力量参与的宝安模式。

第五，文化发展之路。15 年来，宝安区慈善会通过不断深化和丰富工作方法，推动形成了具备宝安特色的公益慈善文化系列品牌。创新慈善宣传方式，充分发挥媒体宣传作用，通过新媒体宝安湾、滨海宝安、宝安融媒以及微信公众号、官方网站等向社会展示区慈善会风采。创作宝安区慈善会会歌、期刊，开展“宝安慈善之语”征选活动，推出“宝安慈善娃”爱心玩具，制作慈善宣传专题片、动漫片和微电影，其中公益微电影《金婚》在全国推播，引发广泛关注。每年开展“宝安慈善宣传周”活动，定期举办“宝安慈善奖”评选活动，定期组织举办全国性公益慈善高端论坛——“宝安慈善论坛”，每年举办“与爱同行慈善微跑”活动。其中“慈善微跑”活动在宝安区引起强烈反响和好评，已经成为宝安区慈善文化、慈善事业的标志性活动。在全市率先探索推进“慈善文化进校园”工作，到 2020 年底全区 139 所公办和民办小学实现了“慈善文化进校园”全覆盖。打造慈善空间，以“有项目、有空间、有团队、有规划、有进展、有成效”的“六有”标准，有序推动慈善空间打造工作，从而促进更多社会组织之间的交流。打造慈善地标，按照“一街道一慈善地标”的目标，稳步推进慈善地标建设工作，使宝安更多慈善地标性建筑为慈善亮灯，弘扬慈善文化。

第六，合力发展之路。宝安区慈善会从成立之日起，就坚持多元参与、全民慈善的理念，以“合作共建、合作共享、合作共赢、合作推进”为原则，充分发挥本会作为枢纽型慈善组织的地位和优势，与政府部门、企业组织、社会组织和公众密切互动、友好合作，搭建慈善服务平台，以服务助提升、以合作促共赢，凝聚慈善精气神，汇集慈善正能量，形成强大的慈善合力，营造全区“合力慈善”格局。近年来，宝安区慈善会先后与辖区内各街道办、五类百强企业、商会、义工联、媒体等签署了《推进宝安区公益慈善事业发展合作框架协议》，以框架协议形式把政府、商会、协会、企业及媒体凝聚起来，形成优势互补的工作格局，并深入推动各社区建立慈善组织网络，全区初步形成“合力慈善、人人慈善、全民慈善”的氛围和大慈善工作格局。

第七，特色发展之路。15 年来，宝安区慈善会充分依靠本地慈善资源，优先回应本区社会问题，建立健全便捷、直接、高效的本区公益慈善价值链，并学习公益机构营销战略，持之以恒地开展突显本地特色的慈善工作，建设符合区情的慈善生态品牌，加强公益慈善品牌管理建设，并在此基础上不断开拓新的慈善项目品牌。其中，已经产生了广泛影响力的品牌有宝安区冠名慈善基金和专项资金模式、“慈善文化进校园”和“与爱同行慈善微跑”等慈善文化建设模式、宝安区慈善空间和慈善地标模式、“宝安区公益慈善项目大赛”模式、宝安区“合力慈善”模式、宝安区公益扶贫超市模式等，均在全国公益慈善界独树一帜，标志着宝安区走出了一条卓有成效的慈善服务新路子，也为宝安区实现慈善事业可持续发展奠定了扎实的基础。

第八，学习发展之路。宝安区慈善会一直有“请进来，走出去”“好好学习”的传统，通过加强学习和交流，不断提升慈善队伍的业务能力和服务水平，推动宝安区慈善事业依法依规健康发展。首先，加强理论学习，提高政治素养。坚持按照学习建会的要求，坚持会长办公会专题学习制度，强化党史学习、形势与政策学习、慈善法规制度学习，通过加强政治理论学习，把握慈善工作方向。其次，加强慈善工作交流，借鉴慈善工作经验。充分发挥宝安区贴近粤港澳大湾区的有利条件和优势，拓展与港澳地区在公益慈善、志愿服务等领域的交流合作，学习借鉴其成熟做法和有益经验。不定期与市内外慈善组织交流和沟通业务工作，相互观摩、学习和借鉴；积极参加省级、国家级慈善会系统及公益领域交流大会；坚持开展走访和座谈活动，加强与本会名誉会长、会员单位、理事、会员、各街道与社区的沟通和交流，广泛地听取意见、建议，增强凝聚力和向心力。再次，打造学习型团队，加强团队能力提升。每年与国内高校和知名公益慈善培训机构合作，对本会人员的项目管理能力、执行能力、募资能力等进行培训提升。最后，加强一线工作人员业务培训，提高专业服务水平。每年组织各街道、社区相关工作人员开展慈善救助业务专题培训，帮助基层慈善救助工作人员更加清晰明了地掌握相关慈善救助业务的办理流程和要求等，提升基层慈善业务水平。

任何一项有成就的工作都来源于坚持和坚守，宝安区慈善会对认准的事情坚持、坚守，决不轻易放弃。正是由于这样的坚持与坚守，宝安区的慈善事业才有了生命力和影响力，宝安区慈善会也因此连续赢得殊荣。2013 年，宝安区慈善会获得“深圳市扶贫济困组织奖”“广东省扶贫济困优秀项目”；2016 年，在“第三届鹏城慈善奖”评选中，宝安区慈善会荣获十大“鹏城慈善典范机构奖”，成为深圳市第一个获得该荣誉的区级慈善会；在 2017 年度宝安区区级社会组织评估中，获得 5A 等级；2018 年，在“第四届鹏城慈善奖”评选中，宝安区获评“深圳市鹏城慈善典范区”，成为全市唯一获评该殊荣的行政区；2019 年，在由中国慈善联合会、深圳市民政局指导，中国公益慈善项目大赛组委会、深圳市社会公益基金会主办的全国“公益创投十周年”庆典盛会上，宝安区慈善会荣获“拾典·卓越协作者”奖；2020 年，在“第五届鹏城慈善奖”评选中被授予“鹏城慈善 40 年致敬单位”荣誉称号，宝安区共获得三项殊荣；2022 年 8 月，在“第六届鹏城慈善奖”评选中，宝安区慈善会倡导推行的“慈善文化进校园”项目荣获“典范项目”之誉。

随着国家有关“粤港澳大湾区”和深圳建设“中国特色社会主义先行示范区”的政策落地，宝安在“双区驱动”的历史机遇下赋予自己新的发展定位、新的时代使命。目前，宝安正全力打造国际一流城市新中心、粤港澳大湾区融合发展的核心引擎、先行示范区城市文明典范和民生幸福标杆，这必然对宝安的慈善事业发展提出新要求、新方向、新责任。

宝安区慈善会在推进慈善事业发展历程中取得了一些经验，同时在创新发展中也凸显了一些有待解决的问题和瓶颈制约，需要继续创新和探索。2022年适逢宝安区慈善会成立15周年，到2023年笔者担任慈善会会长正好10年，在这个时间节点上，我们希望回过头来，对过去走过的道路、做过的工作系统梳理总结一下，认真思考、分析哪些经验可取并值得积淀，还有哪些问题需要解决、哪些失误应当避免，以期为今后能够更好前行提供铺垫，推动宝安区慈善事业在新的时代机遇下走向一个新的高度。因此，宝安区慈善会携手学界、凝聚智慧，共同对宝安区慈善事业发展的历史、现状与未来进行系统、全面、深入、细致的研究，以"宝安慈善丛书"的形式呈现出来，以期升华经验，总结教训，砥砺前进。

作为"宝安慈善丛书"的组织倡导者，笔者特别感谢上海交通大学中国公益发展研究院徐家良教授、深圳大学政府管理学院唐娟教授、中央民族大学管理学院李健教授、华东政法大学政治学与公共管理学院章高荣副教授、深圳《宝安日报》张平照总编辑团队，衷心感谢中国社会出版社彭先芬女士和许畅女士。没有大家的共同努力，就没有本丛书的面世。同时，我们也真诚希望通过该丛书的出版，得到更多同行专家、理论大家以及从事和参与公益慈善的同人的批评指正。

深圳市宝安区慈善会会长　张洪华

2022年8月 于深圳

前　言

文化乃民族之基因，给民族留下深刻的烙印。习近平总书记说，中华文化源远流长，积淀着中华民族最深层的精神追求，代表着中华民族独特的精神标识，为中华民族生生不息、发展壮大提供了丰厚滋养①。的确如此，中华五千年文明绵延至今，其中的艰辛与曲折、灿烂与辉煌无不与文化基因息息相关。文化既高深莫测、捉摸不透，又潜移默化、如影随形般渗透我们的生活。文化包罗万象，其定义纷繁复杂。余秋雨先生曾说："文化是一种养成习惯的精神价值和生活方式，它最终成果是集体人格。"集体人格是指一群人在生命格调和行为规范上的共同默契，这种默契深入人们的潜意识里成为一种潜能。慈善文化亦属于文化的范畴，指的是人们在慈善领域方面对精神价值和生活方式产生的共有认识。

中国的慈善文化同样源远流长，肇始于西周的济贫赈灾事业。早在西周王朝就设有专门官职负责救济贫苦患病的百姓。两千多年前古代圣贤亦开始倡导公共精神。《礼记》描述了一个令人心驰神往的大同社会："大道之行也，天下为公。选贤与能，讲信修睦。故人不独亲其亲，不独子其子。使老有所终，壮有所用，幼有所长，矜寡孤独废疾者皆有所养……"西周的民本思想、儒家的仁爱思想、佛教的慈悲观及因果报应的行善积福说、道家的尊道贵德等伦理思想在神州大地上世代相承。由此可见，中国传统文化显现出丰富的慈善文化基因。慈善文化是一种历史的积淀，是慈善事业从过去到现在，从传统到现实的集中体现。慈善事业发生在前，慈善文化积淀在后。积累和沉淀的慈善文化又作用于慈善事业的发展，两者相辅为用。

① 习近平．习近平谈治国理政：第一卷［M］．北京：外文出版社，2014.

然而，近代中国慈善事业的发展可谓跌宕起伏，经历了民国的激荡，改革开放前的污名化，以及改革开放后与西方慈善文化的冲突。这些给中国的慈善模式带来了颠覆性的变革。敦和慈善基金会前执行理事长兼秘书长陈越光曾说，慈善文化是慈善事业的成因和展现，即慈善文化是慈善事业的内部动力，同时慈善文化外显的行为和成果亦是慈善事业。总之，慈善文化是探索和发展慈善事业的根本途径和基础工程。广东、宁夏、浙江、河南等地方政府逐渐意识到慈善文化建设的重要性，将慈善文化建设纳入社会主义精神文明建设规划、文明城市考评体系。2021 年，党和国家将第三次分配作为推进共同富裕的基础性制度安排，将慈善事业推向了前所未有的高度。“第三次分配”是建立在社会主体自愿参与的财富流动基础上，以募集、自愿捐赠和资助等慈善公益方式对社会资源和社会财富进行的分配。慈善发挥的作用是柔性的，以社会公共利益为出发点，带有一种自愿性和使命感，犹如一只促进社会公平的“温柔之手”，缩小社会差距和收入分配的悬殊，从而实现共同富裕。需要注意的是，共同富裕不仅仅是目标，而且是一种文化氛围。实现共同富裕，迫切需要为“第三次分配”营造良好的慈善氛围，促进每个人尽自己的能力贡献资源和财富，朝着共同富裕目标扎实迈进。因此，培育和建构具有中国特色的现代慈善文化及其价值取向，也成了慈善事业建设和共同富裕的一个时代性课题。

本书将文化视为一个系统，基于系统论建立一个慈善文化的“描述—构建—解释”的研究框架。系统论提供了一套观察和分析复杂对象的普适性方法论。慈善文化系统是由一组相互作用和相互关联的要素构成的，要素之间的互动形成了某种稳定的结构。首先，慈善文化系统的核心内容是慈善精神，它是系统运转的原生动力。其次，慈善文化的构建是通过开展具体的“活动”使慈善精神深入人心，从而营造“全民公益”的慈善氛围。最后，慈善文化的形成很大程度受高层领导思想、组织能力和外部环境的影响。根据“结构功能”论，结构决定系统，结构使各种素材各就其位、各司其职，使慈善成为秩序井然、运行有序的“系统”。

中国哲学有一种“道—器—气”的图式。《易经 · 系辞》记载，形而上者谓之道，形而下者谓之器。其中形而上的是无形的“道”，“道”是规律，是一种观念，是一种无形的东西。形而下是有形的“器”，“器”是万物生化的表现。老子说，有物混成，先天地生。道生一，一生二，二生三，三生万物。万物负阴而抱阳，冲气以为和。天地万物由道所创生。“道”生成“器”，“器”随“道”而变动。“气”则是“道”和“器”的介质，作为道和万物之间的承接物。老子用阴阳二气的冲和来说明从“道”生成万物过程的素朴解释。万物都是在这种阴阳二气相交的状况中产生。慈善文化系统与老子的“道、器、气”的原理相通。“道”是深层的文化，亦指慈善文化的精神内核；“器”是“道”的体现，即将“道”化为有形的行为，在道的指导下构建慈善文化；“气”则是完成“理念”与“行为”相互转换所需的物质基础，亦指保障慈善文化得以构建的条件和机制。在慈善文化系统中，深层文化最为重要，它决定和制约了慈善文化的其他两个层次，而行为层和物质层是深层文化在慈善文化实践中的具体表现。

本书以深圳市宝安区慈善会创立、成长和发展为背景，从“道”“器”“气”三个层面入手，建立起慈善文化的“描述—构建—解释”分析框架。其中，宝安慈善文化之“道”是慈善文化的内隐部分，沉淀于慈善组织的意识形态，如理想信念、道德规范、价值取向、行为准则等。随着组织继续获得成功，这套价值体系将成为慈善组织处理内外部关系的行为总则。“精神层”在慈善文化构成中处于决定的地位。因此，宝安区慈善会的精髓主要体现在经过10多年时间的摸索，沉淀下来的精神、作风和各种理念，这些隐性的东西成为宝安区慈善会运作中默认的假设和共享的行为规范。在宝安区慈善会的文化战略中，“真心慈善、合力慈善、文化慈善、创新慈善”定义了宝安区慈善会的精神。这些精神深深根植于宝安区慈善会，成为其可持续运作中永不枯竭的动力。

“器”作为“道”的具象物，“道”生成“器”，“器”彰显“道”。宝安慈善文化之“器”是指慈善组织需要通过“活动”将慈善文化深入人心，并将其转化为具体的慈善行为。“活动”指慈善组织在构建慈善文化中采取的一系列行为策略。作为一种普遍的社会规范，文化被社会成员广泛地接受或遵循。因此，为了让绝大多数成员习得慈善文化，成为一种社会共享的观念，这就需要行动主体（慈善组织、政府、学校、企业等）互相协商和通力合作，将慈善文化弘扬出去，并使这个具有特殊意义的文化在社会中付诸行动和实践。因此，宝安区慈善会通过打造慈善地标、慈善微跑、慈善空间、慈善媒体、慈善论坛、公益慈善项目大赛、慈善文化进校园等多措并举打造慈善文化，吸引更多人关心慈善、追求慈善、参与慈善。

“气”则是联结“道”和“器”的中介物质。宝安文化之“气”包括领导动力视角、组织动力视角、环境动力视角。就领导动力视角而言，领导者在慈善文化价值观树立和传播中担任重要角色。领导者的个人特质、领导者行为和领导者风格会影响慈善文化的意义赋予和传播机制。在慈善文化建设和组织文化的塑造过程中，宝安区慈善会会长和秘书长的经历、特质、行为与风格发挥了至关重要的作用。就组织动力视角而言，慈善文化构建的途径和效果会受到组织的价值取向、组织的内部治理能力、组织的公信力、组织的社会网络四大关键因素的影响。宝安区慈善会采取以“规范取向”为主、以“项目取向”为辅的组织价值取向，形成“决策—执行—监督”的内部治理架构，强调组织学习与项目发展，社群参与协力合作打造出组织的公信力和社会网络。就环境动力视角而言，慈善文化根植于其社会和文化背景中，在一定程度上是由社会背景中的规范、价值观和实践所塑造。宝安慈善文化的环境既体现出国家政策层面对弘扬慈善文化的重视，也有着宝安自身厚重的历史和深远的人文精神的积淀。

作为一个地方性范例的“宝安经验”，可称为“中国经验”的一个缩影。而以管理学的视角来观察研究“宝安经验”的各个侧面，提炼其成功之处，也就勾画出了“中国经验”的一页亮丽篇章。作者对宝安区慈善会多个有代表性的项目进行了较为深入的实地考察和调研，在此基础上结合文献资料进行了研究和分析，其成果最终形成为此书，因作者水平有限，加之时间仓促，书中难免有错漏之处，还请读者多多批评指正。

目 录

Contents

第一部分　慈善文化建设之“论”

第二部分　慈善文化建设之“脉”

第三部分　慈善文化建设之“道”

第四部分　慈善文化建设之“器”

第五部分　慈善文化建设之“气”

·第一部分·

慈善文化建设之“论”

厉以宁先生提出，市场经济条件下的收入存在三次分配。第一次分配由市场按照效率进行分配；第二次分配由政府在兼顾效率与公平的原则下，利用社会保障、社会福利分配利益；第三次分配则以道德为基石，自觉捐赠或提供服务的慈善行为①。可见，慈善是社会分配的重要杠杆，它起到一种缓解社会矛盾、稳定社会秩序的作用。慈善既是一种“外化于行”的道德行为，亦是一种“内化于心”的道德观念。换言之，慈善不仅关乎行动，更关乎价值。慈善与文化是一个天然的融合体。慈善文化是助推慈善事业发展的重要动力和精神支撑。慈善事业的发展需要良好的人文氛围和文化环境的支撑。这种环境和氛围的形成，需要文化的承载和浸润。正如孔润年所说，构建慈善文化是发展慈善事业的基础工程。因此，中国慈善事业的发展要透过“慈善文化”这扇窗来洞察，那么首先要说清楚什么是“慈善”和“慈善文化”，梳理出中国慈善文化的来龙去脉，以及慈善文化与慈善事业的关系。此外，该部分将构建慈善文化的系统性框架。文化是一个共享并相互协调的意义系统。慈善文化属于文化的范畴，秉承了文化的一切特性。因此，本书将文化视为一个系统，并借鉴“道-器-气”的图式，建立一个慈善文化的“描述—构建—解释”的系统性研究框架。慈善文化系统是由一组相互作用和相互关联的要素构成的，要素之间的互动形成了某种稳定的结构。

① 王名，蓝煜昕，王玉宝，等. 第三次分配：理论、实践与政策建议［J］. 中国行政管理，2020（3）：101-105+116.

第一章　慈善文化概述

本章主要叙述慈善文化的定义与内涵，叩问中国慈善文化之根，阐明慈善文化与慈善事业的发展及其相辅为用的关系。

一、慈善文化的定义与内涵

（一）慈善

中华民族是个乐善好施的民族。在中国文字记载中，“慈”与“善”二字分而出现在中国汉字当中。“慈”指父母之爱，“慈母手中线，游子身上衣”。“善”指人之善良与关爱。史料记载，“慈善”一词出现于1500多年前的南北朝。《北史·崔光传》称：“光宽和慈善，不忤于物，进退沉浮，自得而已。”此处的“慈善”指的是个人的品性，即内心宽厚，善良慈祥。《韩非子·内储》称：“慈惠，行善也。”用通俗的话语来讲，便是“以慈行善”。儒家的仁爱、墨家的兼爱、佛教的慈悲、道教的积德，与中国慈善结下了不解之缘，彰显了中国古代“以慈行善”的道德民风①。

以不同的角度观之，慈善有着不同的内涵。美国著名经济学家贝克尔从经济学的角度上提出，“慈善”是财富的转移和再分配。慈善是将利益好处（时间、产品、服务）无偿转移给与自己没有利益关系的个人或组织②。从社会学的角度上看，慈善属于社会保障的范畴，具有缩小贫富差距、缓解社会矛盾、稳定社会秩序的功能。在国内，许多学者将“慈善”纳入道德的范畴，譬如周中之认为慈善行为属于帮助困难群体的道德实践

---

① 周秋光．熊希龄集（下册）［M］．长沙：湖南人民出版社，1996：2002.

② 加里·S. 贝克尔．人类行为的经济分析［M］．王业宇，陈琪，译．上海：上海三联书店，1995：321.

活动，本质上是伦理的[①]。与之类似，张亚月指出，“慈善”是一种典型的道德现象。慈善行为具有典型的利他性，是一种体现人们道德精神的行为方式[②]。刘春怡认为，慈善是指人与人之间相互关心、爱护和帮助的行为和关系，包括对他人的同情、怜悯心等，属于伦理道德范畴[③]。慈善常常被当作一种美德、善心和爱心，是人类最需要且最应当具备的基础性道德[④]。事实上，慈善的含义远远超过于捐钱捐物之类的做好事，对困难群体的同情和关爱，或者是人与人之间的同情心、恻隐心和怜悯心。由于国内学者普遍将慈善置于道德范畴，因此在当前的慈善文化研究中，他们大多从道德伦理层面来开展研究，并且往往重视的是传统文化中的慈善思想，而缺乏对现代慈善文化新内涵的研究。

（二）慈善文化

1. 慈善文化的定义

文化被视为人类认知世界的符号系统。学术界对“文化”的定义不胜枚举，且纷繁复杂。从广义的角度来看，文化涉及观念、制度、物质和行为等方方面面。而狭义的文化则强调价值观、行为规范及风俗习惯，且通常与经济、政治等概念并列使用。相应地，“慈善文化”的定义也有广义和狭义之分。广义的慈善文化将所有与慈善有关的思维、行为、组织、制度等都囊括在内。而狭义的慈善文化仅仅指“观念层”，指的是与慈善有关的价值观、行为规范及风俗习惯[⑤]，包括人们对慈善的价值判断、思维方式、评判标准、道德要求等。譬如，康晓光认为慈善文化是在人类长期的社会实践中形成的有关慈善的思想观念、价值体系和行为规范的总和，

① 周中之．慈善伦理教育：德育新的生长点［J］．思想理论教育，2011（17）：38-43.
② 张亚月．慈善伦理与公民意识培育［J］．思想理论教育，2012（1）：56-60.
③ 刘春怡．关于我国社会慈善事业发展对策的思考［J］．党政干部学刊，2011（2）．
④ 郑功成．中华慈善事业［M］．广州：广东经济出版社，1999：13.
⑤ 康晓光．古典儒家慈善文化体系概说［J］．社会保障评论，2018（4）：99-110.

是对人类普遍经验的思考与理解的提炼和概括。[①] 慈善文化的“观念层”往往是慈善事业的精神动力。此外，有学者从构建和谐社会的角度来定义慈善文化，比如张维认为，慈善文化是基于对和谐、美好生活的追求和向往，注重社会道义和社会责任，更多地考虑社会分配的公正性[②]。

因此，可以看出，广义的慈善文化是慈善意识、行为、载体以及相应的法律法规构成的集合体，而狭义的慈善文化强调慈善的理念和意识，更加注重在早期慈善思想和慈善活动的基础上形成的指引人们慈善行为的一整套价值体系。

2. 慈善文化的特征

一是慈善文化的根植性。慈善文化体现出内在结构与外部环境、特定人群活动之间的契合关系[③]。由于慈善文化受制于所处的社会经济与政治影响，慈善文化在不同场域下表现为不同的内容或形式[④]。通过论述中美两国慈善文化差异，就极易看出慈善文化的根植性。

一方面，中美慈善渊源的差异性使得两国慈善文化截然不同。基督教的“原罪说”和“救赎说”是美国慈善文化的思想来源。人生而具有洗脱不掉的“罪行”，而富人的罪孽则更为深重，每个人都要穷其一生的劳作和博爱他人为自己赎罪，洗脱罪孽，以求死后灵魂得到安宁。因此，美国慈善文化以“博爱”为基础，具有广泛性，并强调他律。美国慈善文化还体现出“社会责任”的精神，这源于移民在开垦北美新大陆时，面临着种种困难和危险，仅凭一己之力无法克服。他们为了生存，只能互相协助。因此，互济文化和志愿精神为日后美国的慈善文化产生了深远的影响。人们认为，回报社会、承担社会责任是个人实现自我价值的应有之义。中国

---

① 潘乾．传统慈善文化的教育实践逻辑［J］．东北师大学报（哲学社会科学版），2018（3）：43-48.

② 张维．慈善文化：慈善事业发展的原动力［J］．成都大学学报（社会科学版），2007（4）.

③ 姚俭建．法治思维与慈善伦理的契合：现代慈善文化的价值取向［J］．上海财经大学学报，2015，17（1）：70-77.

④ 同①.

慈善思想的根源是以“仁爱”为核心的儒家文化，将慈善作为一种受内在道德力驱使的自律要求，“善举”反映的是个人道德水平的高低。同时，中国传统的慈善思想表现为植根乡土的“差序慈善文化”。正如费孝通先生所言，中国传统的社会结构属于差序格局的乡土社会，即人与人之间的亲疏为序，一圈一圈向外扩散。源于此，中国人的慈善原则，往往也是由近及远，由亲及疏①。

另一方面，从政治文化的角度来看，美国慈善信奉“自治性”的原则，而中国慈善的自主性则相对较弱。托克维尔在《论美国的民主》中说道：“每个民族都留有他们起源的痕迹。他们兴起时期所处的有利于他们发展的环境，将形成烙印镌刻在民族的基因里，影响着他们以后的一切。”17 世纪上半叶大批清教徒因对宗教不满和迫于经济压力，乘坐著名的五月花号（Mayflower）来到美洲的普利茅斯建立殖民地。他们对政府具有本能的不信任感，崇尚个人主义和政治与文化的多元性，主张“小政府、大社会”。清教徒的政治观念和道德观念一直是塑造美国国民特征的一股强大的力量。因此，在处理政社关系方面，美国政府给予民间组织充分的支持和信任，一般也不以行政方式直接介入或干预慈善组织的内部管理，同时将很多公共服务交给社会力量和民间团体提供。而中国的政治文化深受儒家思想的影响，“仁政”是中国主要的政治文化。在儒家看来，政府的仁政与民间慈善活动是不能并存的，因为民间慈善活动从一个侧面印证了政府的不“仁”。所以说，传统的慈善活动多是由政府主办，内容上主要是对老弱病残、鳏寡孤独等社会部分群体的救济和收养，并实现对社会控制的功能②。吕洪业撰写的《中国古代慈善简史》对古代慈善事业作了概述，作者认为古代慈善的空间很大程度上来自国家让渡，其民间属性其实较弱，古代政府主要是利用慈善达到维持统治的目的③。直至今日中国许多

① 杨方方．慈善文化与中美慈善事业之比较［J］．山东社会科学，2009（1）：76-79.
② 王俊秋．中国慈善与救济［M］．北京：中国社会科学出版社，2008.
③ 吕洪业．中国古代慈善简史［M］．北京：中国社会出版社，2014.

地方依然沿用行政性的管理模式对慈善组织进行控制①。

二是慈善文化的时代性。慈善文化的内涵与形式会受时代影响，又服务于时代需要而不断融合新理念，保证慈善活动能够更好地服务社会。靳环宇贯通古今地勾勒出了中国传统、近代、当代各个时期的慈善文化形态，呈现了中国慈善事业文化形态的宏观整体式的图景②。综观中国传统慈善文化的发展过程，可以看出，中国传统慈善文化是儒、道、佛、法、墨等多家学说彼此相互融合形成的慈善思想。至于近代以后，中国传统慈善理念的变化及慈善事业的转型，这与西方基督教慈善观在中国的传播有密切关系。中国近代社会中的社会精英接触西方的慈善公益理念后，开始反思中国传统的慈善思想和活动。他们认为慈善应该是一种公共行为和社会责任，而不是简单的强者对弱者的救济，并向社会宣扬这种具有全新社会价值观的现代慈善精神③。新中国成立以后，我国的慈善文化遭受政治运动的冲击，使得中国慈善理念被淡化，中国传统的慈善理念在这漫长的时期内出现了“断层”④。改革开放后，慈善日益成为弘扬中华传统美德，以及践行社会主义核心价值观的重要载体，因此，新时代的中国慈善文化以社会主义核心观价值体系为基础，吸收传统慈善文化精华和融入西方慈善文化之精粹。总而言之，慈善文化的变迁恰恰反映了慈善活动在不同时期侧重意识的变化。

三是慈善文化的层次性。从政社关系的角度分析，慈善文化自下而上可划分为私人领域的差序慈善文化、社会公共领域的专业慈善文化和国家领域的官办慈善文化。第一是由私人领域的“恻隐之心”“亲亲之爱”形成的“差序慈善文化”。它以血缘、地缘和姻缘关系为基础，以家庭自助和家族互助为重点，辅之以邻里互助与亲友相扶，呈现出由近及远、由亲到疏的差序慈善格局。第二是由国家层面的“安民之道”“德政之术”形

① 杨方方．慈善文化与中美慈善事业之比较［J］．山东社会科学，2009（1）：76-79.

② 靳环宇．试论中国慈善文化形态及其变迁［J］．船山学刊，2005（1）：152-155.

③ 赵晓芳．慈善文化的变迁：从社会控制到社会责任［J］．兰州学刊，2013（9）：124-128.

④ 孙中民．论我国慈善理念的变迁与政府职责［J］．理论导刊，2009（9）：11-13.

成的“官办慈善文化”。政府着眼点在于解决弱者的生存问题和保障人民的最低生活，对鳏寡孤独废疾者实施救助和帮扶。但是，也有学者指出慈善行为具有民间性，尽管政府开展的扶贫济困、救灾、环境保护等行为与慈善的活动领域相重合，但政府的救助和帮扶不属于慈善①。第三是由社会公共空间的“社会责任”形成的“专业慈善文化”，其典型特征是以民间力量为主体、以制度规范为依托，运用专业手段、整合社会资源②。

慈善文化的特征体现在根植性、时代性和层次性，尽管这些特征增加了理解慈善的难度，但是不同时期、不同民族和地区的慈善存在共性在于“利他”。“利他”行为有四大构成要件：一是以造福他人为目的；二是自己不求回报；三是自己要蒙受一定的损失；四是出于自愿③。“利他”将慈善行为与商业行为相区分。商业的主观目的是利己，最大限度地获取“净收益”，因此商业行为不属于慈善行为。

二、中国慈善文化的演变

习近平总书记曾多次提及中国传统慈善文化有利于构建现代和谐社会的重要性。2014 年 5 月 15 日，他在中国国际友好大会暨中国人民对外友好协会成立 60 周年纪念活动中指出，中国“和”文化源远流长，蕴涵着天人合一的宇宙观、协和万邦的国际观、和而不同的社会观、人心和善的道德观。以和为贵，与人为善，己所不欲、勿施于人等理念在中国代代相传，深深植根于中国人的精神中，深深体现在中国人的行为上。④ 中国传统文化精神已融入中国人的灵魂。文化随着浩瀚的历史长河奔涌向前，就像纵横交错的血脉一样，铸成了民族绵延不息的命运共同体。文化的特征

---

① 康晓光，冯利．中国慈善透视［M］．新加坡：世界科技出版公司，2021.

② 刘威．冲突与和解——中国慈善事业转型的历史文化逻辑［J］．学术论坛，2014（2）：84-91.

③ 同①.

④ 习近平．在中国国际友好大会暨中国人民对外友好协会成立 60 周年纪念活动上的讲话［EB/OL］．（2014-05-15）［2022-10-20］．https：//www. gov. cn/xinwen/2014-05/15/content_2680312. htm.

承载了民族的基本特征，当一个民族丧失了文化和历史，就如同割断了血脉，民族也失去了立身的根基[①]。现代慈善家熊希龄说："吾国立国最古，文化最先，五千年来养成良善风俗者，莫不有儒、释、道之学说所熏陶。"现代慈善文化建设还需叩问中国慈善文化之根、挖掘古代的慈善思想、研究中国慈善思想的斗转星移。

（一）古代慈善文化的思想基础

古代慈善文化指鸦片战争（1840 年）之前的慈善文化。中国的传统文化卓越辉煌，先秦诸子百家争鸣，诞生了丰富的思想文化理论，成为后世为人处世、价值取向的思想渊源，其中不乏慈善思想。慈善思想研究的代表人物之一——王卫平教授在《论中国古代慈善事业的思想基础》中指出，民本主义思想、儒家仁义学说、佛教因果报应与慈悲观念，以及民间善书宣扬的道教思想，是推动古代慈善事业发生发展的思想因素[②]。

1. 西周的民本主义思想

民本主义又谓"民惟邦本"，即以民为本的思想，百姓是国家的根本。百姓历来作为统治者相对立的群体而存在。人们普遍认为，民本思想始于周朝。事实上，商朝的开国之主商汤就十分体恤民众。当时夏朝最后一位君主夏桀非常残暴，百姓不堪忍受，商汤则救民于水火。《管子·轻重法》中记载了齐桓公与管仲的对答。桓公问管子曰："夫汤以七十里之薄，兼桀之天下，其故何也?"管子对曰："桀者冬不为杠，夏不束柎，以观冻溺。弛牝虎充市，以观其惊骇。至汤而不然。夷兢而积粟，饥者食之，寒者衣之，不资者振之，天下归汤若流水。此桀之所以失其天下也。"齐桓公问管仲说："商汤仅用七十里的'薄'地，就兼并了夏桀的天下，其原因何在?"管仲回答说："商汤不许人们冬天在河上架桥观赏人们受冻，夏

---

① 周中之．慈善伦理的文化血脉及其变革［J］．东南大学学报（哲学社会科学版），2015，17（6）：19-28.

② 王卫平．论中国古代慈善事业的思想基础［J］．江苏社会科学，1999（2）：116-121.

天在河里渡筏观赏人们受淹的情况。夏桀将雌虎放于市街，以观赏人们惊骇的情态取乐。商汤则非也，他储藏粮食和蔬菜，施饭于饥肠辘辘之人，供衣给衣衫褴褛之人，对贫困的人施予救济，天下百姓如流水般归附商汤，得民心者得天下。这就是夏桀丧失天下的原因。”

然而，商代后期，商纣王重蹈夏桀覆亡之辙，暴虐荒淫，民众苦不堪言。周文王则与之形成云泥之别，他推行仁政，采取了惠民、保民政策，爱护鳏寡孤独之人。周文王因此得到了民众的拥护。周族的实力逐步强盛起来，为歼灭“泱泱大国”商朝奠定了基础。周朝建立后，继承文王以来的传统，更加重视民众的作用。《周礼·地官司徒》中称：“西周王朝以六项保安蕃息的政策护养万民，即慈幼、养老、振穷、恤贫、宽疾、安富。”后世的历代统治者和思想家受民本主义的影响，也逐渐开展赈贫恤患，救助老幼孤寡等慈善活动①。

2. 儒家的仁爱之道

近20年来，许多学者以现代视角研究儒家慈善文化。大致可以划分为两种观点，一种认为儒家思想是中国古代社会慈善文化形成的重要思想渊源，这种观点已成主流；另一种则认为中国传统文化无法支撑以利他和公共精神为根本特征的现代慈善事业。

就第一种观点而言，王卫平指出，孟子的“四端”是性善论的理论基础，也是儒家思想中与慈善文化联结最为紧密的部分。“四端”指的是恻隐之心、羞恶之心、辞让之心、是非之心，对应仁、义、礼、智四种德行。孟子认为这是人之所以为人的根据，是引导人们扬善抑恶的力量之源。其中，“恻隐之心”的道德情感是人们从事各种社会慈善活动的动机所在。在孟子看来，求善的内在精神是其慈善思想中所蕴含的独特之处，所有仁爱之行、慈善之举都发乎于人们内心深处的“恻隐之心”。儒家思想解释了慈善伦理的人性论根源，人们只有拥有“四端之心”并以道德实践为依托，才能成为“善人”。

---

① 王卫平．论中国古代慈善事业的思想基础［J］．江苏社会科学，1999（2）：116-121.

此外，有学者具体阐述了儒家慈善文化的构成要素。譬如，康晓光提出，儒家慈善文化的主要构成要素包括：天人合一的宇宙论，以仁为本的人性论，成贤成圣的人生理想，追求和谐的社会理想，以忠恕之道为核心的行仁之方，以“格物、致知、诚意、正心、修身、齐家、治国、平天下”为阶梯的成己之道，以追求不朽和天人合一为归宿的超越精神。它们构成了儒家慈善文化的完善的体系，指明了实现人生意义和社会理想的康庄大道，也为最广义的“利他”奠定了坚实的基础。周秋光和曾桂林认为儒家的慈善思想以“仁爱”为中心，构筑了包括民本思想、大同思想和义利观在内的慈善思想体系①。下文将详细阐述。

“仁爱”是儒家文化思想的核心。孔子提出，仁者爱人。己欲立而立人，己欲达而达人。“仁”既是责任和义务的体现，更是一种推己及人的利他风尚和助人为善的精神。孟子提出“出入相友，守望相助，疾病相扶持”，其内在精神在于求善。孔子的“仁者爱人”和孟子的“不忍人之心”渗透到老百姓的思想之中，民间社会也由这种仁爱慈善观衍生出孝慈为怀、尊老爱幼、邻里相扶、济人危难、乐于助人等中华民族优秀的道德品质，进而促成了中国形成乐善好施的风尚②。

孔孟儒学中“民惟邦本”的思想主张君主要“惠民”，实施仁政。水能载舟，亦能覆舟。孔子认为：“君子之道”的表现之一是能够施惠于民。孟子充分论述了“惠民”与“得天下”的关系——得民心者得天下，失民心者失天下。通过采取“与民众以福利”的举措，使“民之归仁也，犹水之就下”，即老百姓归服仁德，就像水往低处流一样。一旦灾害发生，唐宋明清诸朝的一些统治者谨奉“民惟邦本”的古训，设立慈幼局、养济院、普济堂等各类慈善机构，通过施粥、赈谷、调粟等多种慈善救济措施赈恤众多灾民和流民，以期达到“博施于民而能济众”的目的。

“大同”思想准确地表达了儒家的社会理想。孔子描绘了令世人心驰神往的大同世界：“人不独亲其亲，不独子其子，使老有所终，壮有所用，

① 周秋光，曾桂林．儒家文化中的慈善思想［J］．道德与文明，2005（1）：31-34.
② 同①.

幼有所长，矜寡孤独废疾者皆有所养；男有分，女有归。”孟子也提出了一个“出入相友，守望相助，疾病相扶持，则百姓亲睦”的理想社会，它与孔子的“大同”之说交相辉映，一同构成儒家大同思想的图景。

义利观是儒家慈善思想的另一个要素。朱熹说：“义利之说乃儒者第一义。”古代“义利观”表现为“重义轻利”。君子喻于义，小人喻于利。志士仁人，无求生以害仁，有杀身以成仁。在道义和利益的抉择上，君子舍利而取义，甚至为追求仁义而不惜付出生命。正是受儒家义利观的熏陶，古代众多儒者大都重义轻利，不言名利，孜孜不倦地致力于开展矜贫救厄的慈善事业。《周易》中的“义者，利之和也”，即真正的利，是建立在义的基础上。《论语》中的“见利思义，见危授命，久要不忘平生之言，亦可以为成人矣”。在私利面前，道德高尚的人首先想到的是道义，这种利益是否符合社会公众的道德准则和社会整体利益。宋代以来，贫富差距过大，受儒学复兴运动的影响，不少商贾自幼习儒，不以利害义，在经商致富之后，乐输善资①。《范文正公集·义田集》记载：“范文正公苏人也，平生好施与，择其亲而贫，疏而贤者，咸施之，方显贵时，置负郭常稔之田千亩，号曰‘义田’，以养济群族之人。日有食，岁有衣，嫁娶婚葬皆有赡。择族之长而贤者主其计，而时共出纳焉。”北宋皇祐元年，范仲淹在江苏苏州首创义庄制度。义田，救济族人的田产资源；义学，为族内子弟提供教育；义宅，为本族鳏寡孤独及废疾者提供住所。所谓“不义而富且贵，于我如浮云”。由此，散财种德亦成为中国古代商人立身宏业之本，乃至成了中国商人的慈善观。

另一种观点认为儒家慈善文化无法支撑现代慈善事业。例如，美国公理会来华传教士史密斯撰写的《中国人的性格》描述了100多年前的中国人的性格。书中描写道：“中国人缺乏公共精神，中国人行善的目的不是让受惠人获益，而是使行善之人获得回报。‘仁’字不以‘心’为偏旁。

① 龚汝富．中国古代商人的善德观与慈善事业［J］．江西财经大学学报，2001（4）：42-45.

这也说明，中国的仁慈行善往往会没有诚心。”[①] 费孝通在《乡土中国》中指出，中国传统文化属于“自我主义”，一切价值是以“己”作为中心的主义[②]。儒家慈善伦理以家族宗法关系为基础，以“亲亲”为核心，特别是“爱有等差”和“亲疏有别”思想，不符合现代慈善精神[③]。孔子的“泛爱众”不能简单地等同于博爱，这种从近到远、从亲而疏的变化，未体现出现代慈善的公共精神[④]。基于关系圈式的邻里互助和熟人帮扶成为早期中国救助关系的重要来源，这种社会结构强化了中国慈善的内敛性和封闭性，背离了现代慈善的原则，譬如公平、平等、开放、广泛等[⑤]。

此外，儒家思想的立足点是统治阶级，强调君君臣臣，有利于统治。政府的仁政和民间慈善活动不能并存，民间慈善从侧面印证了政府的“不仁”，个人慈善行为的存在俨然是政府失职的佐证。因此，传统的慈善活动多由政府操办，内容上主要是对老弱病残、鳏寡孤独等社会困难群体的救济和收养，其理念是重养轻教，目的是实现社会控制[⑥]。同时，慈善伦理的官本位思想弱化了国人的社会责任感和公益观念。全能政府和权力意志铸成的思维定式阻碍了公民慈善意识的觉醒和养成，进而减缓了公众慈善文化的形成。不过，陈继红和辛晓红指出，儒家的“亲亲”思想中蕴含的从“亲亲”到“路人”，从“亲其亲”到“天下平”的自然通路，正体现了儒家“亲亲”思想与现代慈善伦理通约的可能性[⑦]。

3. 墨家的兼爱思想

墨家的兼爱追求的是一种“普世”的爱。人无长幼贵贱，皆天之臣

① 史密斯．中国人的性格［M］．徐晓敏，译．北京：人民日报出版社，2013.

② 费孝通．乡土中国［M］．上海：上海人民出版社，2008.

③ 杨胜良．论儒家慈善伦理的现代转化［J］．道德与文明，2010（1）：69-71.

④ 周中之．慈善伦理的文化血脉及其变革［J］．东南大学学报（哲学社会科学版），2015，17（6）：19-28.

⑤ 刘威．从“中国经验”到“中国模式”——慈善救助之文化逻辑、经验局限与发展走向［J］．福建论坛（人文社会科学版），2010（2）：156-161.

⑥ 赵晓芳．慈善文化的变迁：从社会控制到社会责任［J］．兰州学刊，2013（5）：124-128.

⑦ 陈继红，辛晓红．从“亲亲”之爱到路人之爱——儒家“亲亲”思想与现代慈善伦理通约的可能性进路［J］．江海学刊，2012（3）：208-213.

也。孔孟代表的儒家是西周文化的辩护者，而墨子是西周文化的批判者，两派均有其各自的慈善伦理思想。儒家和墨家都讲究“爱人”，但内容完全对立。儒家将仁爱置于宗法血缘关系、有序的社会礼制等级的基础之上，主张“爱有差等”。而墨家的“兼爱说”主张“爱无差等”。《吕氏春秋·不二》云：“墨翟贵兼。”这就是说，“兼相爱”是墨子伦理思想的核心，从而也是墨家最基本的慈善伦理理念。墨子认为，必须不分你我，不辨亲疏地彼此相爱。他的“兼爱说”否定了儒家的亲疏有别的宗法观念，遭到了孟子的猛烈批判。孟子抨击道：“墨氏兼爱，是无父也。……是禽兽也。”西汉之后，随着儒家学说日益成为朝廷的正统思想，墨子的观点在长期的封建社会中几乎藏形匿影①。在历史影响上，墨家思想难以与儒家等思想相提并论。尽管儒家的思想在当代中国慈善伦理中留下浓墨重彩的一笔，但在社会迈向新的文明进程中，墨子“爱无差等”的思想在人们的慈善伦理境界的提升中依然有着举足轻重的价值，他们主张的“远施周遍，使天下之人皆相爱”的博爱思想也许会在将来慈善文化的长河中熠熠生辉。因此，在研究中国慈善伦理的文化血脉时，既要重视以孔孟为代表的儒家思想，也不能忽视墨家的“兼爱”思想。

4. 佛家的慈悲情怀和因果报应

诞生于古印度的宗教佛教于西汉末年从西域传入中国内地。魏晋南北朝时期，中国佛教兴盛，隋唐两代发展至鼎盛时期。从南北朝到唐宋的历史中，可以看到佛教萌生的社会慈善的活动及其思想，对以后的慈善事业产生奠基的作用。中国的慈善文化曾与佛教的济贫理念紧密结合。佛教寺院的出现可以视为中国出现得最早的民间慈善救济事业。佛教慈善思想的核心是行善功德论，有浓厚的“福报”“修福”的观念，对人有很强的吸引力。到了唐朝，佛教迅猛发展，佛教寺院的财产已非常丰盈，寺院慈善事业随之迅速发展。寺院慈善事业主要是济贫、赈灾、医疗、戒残杀、宣

---

① 周中之．慈善伦理的文化血脉及其变革［J］．东南大学学报（哲学社会科学版），2015，17（6）：19-28.

传慈善等方面。到了宋代，民间的慈善事业大多由寺院僧侣和佛教信徒从事①。佛教以慈悲为怀，行善、劝善和修善是中国佛教文化的重要内容，推动了中国古代慈善事业的发展。最常见的“大慈大悲”，即最崇高的慈爱和怜悯，宣扬多行善事必将得到回报的观念。佛教的理念常常以通俗易懂的警句或形象的比喻在民众中广为流传，比如“放下屠刀，立地成佛”“救人一命，胜造七级浮屠”。佛教的因缘业报说告诫信徒：善有善报，恶有恶报；现世不报，来世要报。这种道德说教对国人来说有着强大的感召力和威慑力。总之，佛教以朴素的道理，通俗的语言感召人们行善以获得善报，同时通过营造人们对来世受苦受难的恐惧，更具威慑力地规范人们的行为②。

需要注意的是，从古代慈善的生成基础来看，小农经济和宗法血缘制度是中国古代社会的显著特点，由此形成了以“家国同构”为政治结构的中国古代社会这种带有血缘温情的宗法制度和封闭的小农经济渗透于社会整体，使得在这种背景下生成的慈善文化也具有显著的内敛性和封闭性③。

（二）近代慈善文化的思想基础

“近代”是从1840年鸦片战争到新中国成立前夕的这段时间，包括晚清和民国两个时期。鸦片战争后，一方面清朝政权日渐衰落，民族危机日益严重，自然灾害频发，兵燹匪患惨烈，整个中国社会处于内忧外患、民族存亡之际。另一方面西方慈善思想和慈善组织进入中国，一些有识之士积极向西方学习求新求变。教会在华兴办的慈善机构、西学报刊的传播促进了中国人了解西方社会慈善事业，加之部分中国人在海外的所见所闻提

---

① 蒙长江．中国传统慈善文化的历史沿革及现实挑战［J］．西南民族大学学报（人文社会科学版），2005（1）：43-47.

② 周中之．慈善伦理的文化血脉及其变革［J］．东南大学学报（哲学社会科学版），2015，17（6）：19-28.

③ 郭祖炎．建立在责任及权利基础上的中国慈善文化［J］．人民论坛，2013（11）：181-183.

升了他们对慈善的认识，形成了古今贯通、中西汇聚的慈善福利观①。所以，中国进入近代社会后，传统的慈善理念发生了突出的变化。目前不乏研究中国近代慈善思想的书籍，比如周秋光等合著的长篇著作——《中国近代慈善事业研究》，较为系统全面地呈现了我国近代慈善事业发展的全貌。李喜霞在《中国近代慈善思想研究》中梳理中国近代慈善思想形成的背景、中西慈善文化的碰撞和慈善事业的近代转型，并在此基础上进一步探究了近代慈善的教养、公益、制度化思想②。中国近代的慈善理念可以用三个词来形容，分别是“民族救亡”、“西为中用”和“教养并重”。

一是传统的慈善理念开始与民族救亡精神结合在一起。慈善不仅仅是传统的扶贫济弱，慈善更是关乎国家和民族的存亡。1840 年鸦片战争爆发，国家动荡，民族陷于危难之中，中国进入内忧外患的半殖民地半封建时代。中国近代史是一部充满灾难、落后就要挨打的屈辱史。帝国主义发动的野蛮侵略战争是阻碍中国社会进步和发展的最大障碍，他们不但剥夺了近代中国的财产，更是操纵了中国的经济和政治。面对民族危亡，明末清初的社会精英提出了发展资本主义的纲领，引入西方近代慈善思想和实践，发展出了以救国为目标的近代慈善文化。在民族存亡的严峻考验下，近代的中国慈善思想秉承着“救民先救国”的思想，突破了中国古代慈善文化原来意义上的乐善好施、赈灾救民、扶贫济困、尊老爱幼等狭隘范畴，被赋予了民族复兴的历史使命。可见，近代中国慈善与整个中华民族的存亡、富强和发展联系在一起，在宣传和动员全民族拯救国家中起到不可或缺的作用③。

二是借鉴和吸收西方的慈善文化，正所谓“洋为中用”。近代中国的开放，特别是洋务运动的兴起与中西交流的频繁，使得西方具有民主色彩的慈善文化对中国的传统慈善文化产生一定的影响。有些中国人以西方慈

---

① 周秋光，徐美辉．论近代慈善思想的形成与发展［J］．湖南师范大学学报（社会科学版），2005，31（5）：110-115.

② 李喜霞．中国近代慈善思想研究［M］．北京：人民出版社，2016.

③ 蒙长江．中国传统慈善文化的历史沿革及现实挑战［J］．西南民族大学学报（人文社科版），2005（1）：43-47.

善事业为借鉴提出一些新的慈善思想和理念，取人之长补己之短，掀起了近代中国慈善思想发展的第一波高潮[①]，对清末民初的慈善事业产生了一定影响。以康有为的《大同书》为例，他尝试借鉴西方民主政治理念来变革中国传统的慈善思想，比如将中国古代的大同思想与西方民主人权思想相联系，提出了变法救国的“大同世界”。在这个大同世界中，他构想出“公养”“公教”“公恤”的带有浓厚理想色彩的慈善公益体系[②]。康有为认为中国慈善应当跳脱出传统宗族救助的狭隘模式，将生老病死等事务都归于社会公共福利事业。尽管这种慈善观带有乌托邦色彩，但是他试图从国家和社会层面思考慈善事业的实施。孙中山在接触西方博爱理念后，提出将慈善理念转化为一种社会制度设计。家给人足，四海之内，无一夫不获其所[③]。孙中山宣扬“养民济民”的民生思想，主张政府应当采取各种措施救助贫困农民和失业工人，同时强调救助贫民不应是单纯的施舍，而是政府出于构建公平社会而应尽的责任。孙中山与康有为的慈善思想都具有鲜明的理想主义色彩，但是孙中山的慈善理念积极推动慈善事业的制度化和法制化，为近代慈善事业的发展注入了新的思想动力。此外，一些教会、传教士、具有人道主义精神的外国人在内地兴办了育婴堂、孤儿院、诊所医院等慈善机构，这些是国人了解西方社会慈善事业的一个窗口。他们将慈善当作一种国际性的救援事业来实施。比如，加拿大医生白求恩帮助贫穷的中国人摆脱战争和奴役，著名的美国石油集团的企业家约翰·洛克菲勒在北京创建了协和医院。他们的善举为中国古老的慈善文化增添了新的内容，即慈善无国界，慈善是人类共同的美德。

三是近代的慈善开始注重养教兼施。近代慈善事业已经出现了不同于传统慈善活动的新型民间社会公益事业，其主要功能不仅包括慈善救济，还包括慈善教育。慈善救济指的是传统的扶危济困、赈灾救荒等行为，而

---

① 蔡勤禹．清末民初慈善思想的嬗变［J］．江苏大学学报（社会科学版），2011，13（5）：39-42.

② 周秋光，徐美辉．论近代慈善思想的形成与发展［J］．湖南师范大学学报（社会科学版），2005（5）：111-116.

③ 广东省社会科学院历史研究室．孙中山全集［M］．北京：中华书局，2017.

慈善教育方面则体现在开办慈幼机构和习艺所等，并开始形成慈善家群体和多样化的慈善组织[①]。慈善思想已从“重养轻教”向“教养并重”发展，甚至更重视“教化”的作用[②③]。事实上“教养并重”的理念是向西方慈善文化学习的结果。晚清改良派思想家冯桂芬在慈善理念上实现了突破，他大胆主张借鉴西方经验，对中国传统慈善事业加以变革。他在《收贫民议》中，提出学习西方国家对平民实行教养兼施的慈善模式。在受助对象方面，将道德不良者纳入救济范围；在救助方法上，采取“教养兼施”的方法，在保证受助者基本生活之外，还帮助他们学习谋生技艺，以便他们改邪归正后能够自力谋生[④]。“养教兼施”使得中国的慈善开始扩展到公共利益，慈善机构逐渐演变成近代意义上的社会公益机构[⑤]。

周秋光总结道，近代的优良慈善文化传统体现在八个方面：一是慈善救助的主体从政府转向民间社会；二是将慈善视作个人的社会责任担当，不再从单纯积德行善和同情心的角度去做慈善；三是慈善救助的范围从以农业为本的乡土熟人社会走向陌生人社区；四是对于受助对象已无明显的道德评核要求，而是发扬人道精神；五是救助的手段和形式尽可能先进多样；六是开展“造血”式救助的慈善教育；七是不仅要救助贫困弱势群体，还要发展社会公益事业；八是颁布慈善法律法规保障慈善事业[⑥]。

（三）现代慈善文化的思想基础

新中国成立前，一些传教士披着宗教的外衣在中国宣传和兴办慈善事业，实则参与帝国主义分裂、侵略中国的行动，使得“慈善”一词在中国声名狼藉。新中国成立后，当时慈善被扣了两顶“帽子”，一顶“帽子”

---

① 赵晓芳．慈善文化的变迁：从社会控制到社会责任［J］．兰州学刊，2013（5）：124-128.

② 周秋光．中国近代慈善事业研究（全三册）［M］．天津：天津古籍出版社，2013.

③ 朱英．戊戌时期民间慈善公益事业的发展［J］．江汉论坛，1999（11）：66-71.

④ 黄鸿山，王卫平．晚清思想家冯桂芬近代慈善理念的确立及其实践［J］．江海学刊，2009（1）：174-176.

⑤ 王卫平．中国传统慈善事业的近代转型及其启示［J］．史学月刊，2013（3）：13-16.

⑥ 周秋光．中华慈善文化及其传承与创新［J］．史学月刊，2020（8）：105-113.

说慈善是为帝国主义服务事业，另一顶“帽子”说慈善是为中国统治阶级服务事业。这就导致政府在 1950 年 4 月的中国人民救济代表大会中明确指出，包括民间慈善事业在内的旧福利救济事业是“统治阶级欺骗与麻痹人民的装饰品”，并提出在新中国的福利救济事业中，政府是新中国福利救济事业的主体①。这无形之中否定了民间慈善事业的独立地位。“文化大革命”期间对慈善事业的否定更是达到了极致。当时的中国只有政府救济，基本上没有出现有组织、有规模、经常性的民间慈善活动。慈善成为人们口头上的禁忌，报纸、杂志、广播电台等媒体也没有宣传慈善事业。由于政治导向的失误和政治运动的冲击，慈善的理念被淡化，中国慈善事业的发展出现停滞状态，在长达 40 年的时间里无人问津②。改革开放后，随着我国政治、经济、社会转型和不断发展，公益慈善事业逐渐恢复，尤其是 20 世纪 90 年代以来，慈善事业在中国内地重新出现并迅猛发展。慈善文化也随之被赋予了新的内涵。

一是现代慈善的社会化和组织化。慈善公益事业逐步由政府主办过渡到由民间组织运作。传统慈善活动多由政府主办，政府是履行社会救济责任的主体，官办慈善以扶贫济困的方式为主，对孤老残幼等特殊群体进行救济和收养。直到 20 世纪 90 年代，随着政府、市场和社会的逐渐分离，中国慈善事业开始发展。民间纷纷成立慈善机构并成为慈善事业的主导力量。同时，慈善也不再仅仅是个人的善行，而演变成为专业化的组织行为。不同于以往的零星慈善救济行为，现代慈善活动以组织化的方式开展，更加注重专业化和规范化。现代慈善的主要任务是统筹规划，协调资源分配，并提供专业化的服务和产品。缺少职业化队伍和专业化运作则无法实现慈善组织的高效运作。同时，以慈善组织为中介的现代慈善使得捐助者与受助者之间处于“双盲”之中，捐赠者将捐赠款物交给慈善组织而不是受助者，因此救助者在人格和尊严方面存在的不平等的心理定式得以消除，个人尊严得到保障。

---

① 孙中民．论我国慈善理念的变迁与政府职责［J］．理论导刊，2009（9）：11-13.

② 郑功成．中华慈善事业［M］．广州：广东经济出版社，1999：46.

二是现代慈善文化崇尚公共精神和社会责任。传统慈善文化尤其注重慈善的道德教化功能，个人受到内在道德力量的驱使而产生慈善行为①。这种慈善观念仅仅停留在个人修身的范畴和个人功德的层次。而现代慈善文化将个人修身扩展到公共意识的范畴，从个人功德的层次上升到社会责任的层次②。慈善意识已不是单纯的个人美德和道德冲动，个体的恻隐之心逐渐冲破关系圈子的边界而推及公共层面。这种基于公民意识觉醒、社会责任孕育的公共精神是现代慈善事业崛起的内在前提和现实土壤③，不仅可以成为公民个人参与慈善活动的支撑理念，也是国家相关法律、制度及政策制定的重要依据。总之，现代公民的慈善观念超越了施舍与恩赐的狭隘思想，并非囿于一般意义上的道德善恶，而是一种公共责任意识。

三是现代慈善强调受益对象的开放性和包容性。儒家推己及人、爱有差等的仁爱原则，以及中国浓厚的乡里情结和亲族情结，使得中国人往往乐意帮助亲戚或熟人。但与此同时，也缩小了慈善对象的范围，导致慈善事业的封闭性和内敛性。熟人圈、人情债和回报观成为在陌生人之间开展公益的天然阻隔，妨碍了公众对慈善事业的普遍参与。随着“原子化社会”的来临，熟人社会逐渐向陌生人社会转变。以慈善组织为主体的现代公益慈善文化建立在普遍的人文关怀和人道主义基础上，具有开放性、普适性、包容性等特征，其受益对象为“不特定”的多数人。总之，中国的现代公益慈善不再停留在人类与生俱来的同情心和“关系圈式”的帮扶，而是超越了血缘、宗族、阶层、性别、文化和国家等界限。

四是现代慈善文化体现出权利与义务的统一。现代慈善的生命力和包容力在于权利本位的逻辑。捐助者有权决定捐赠财产的用途、享有捐赠自愿权、对捐赠财产使用的知情权等，其义务则须保证捐赠财产的合法性，履行捐赠承诺，以及监督财产的使用。慈善组织享有筹集善款善物、国家

① 温波．和合文化视阈下现代慈善文化的构建［J］．江西社会科学，2010（4）：245-248.

② 贾乐芳．我国慈善文化的当代反思［J］．青海社会科学，2011（1）：30-33.

③ 刘威．从“中国经验”到“中国模式”——慈善救助之文化逻辑、经验局限与发展走向［J］．福建论坛（人文社会科学版），2010（2）：156-161.

相应税收减免政策等权利，其义务则是合法合规地使用捐赠财产，定期公布财产使用的信息。受助者在接受捐助过程中有权获得人格尊严，其义务在于为慈善组织或者捐助者提供真实困难信息而不得弄虚作假，合理有效使用善款善物，也需要履行社会责任和帮助他人的义务。

五是现代慈善文化的“公益市场化”。2017 年，南都公益基金会理事长徐永光在其出版的《公益向右，商业向左》一书中，提到中国的公益面临最大的问题是公益界或公益行业的人只会做无偿捐赠的公益产品，不会运用市场化的方式来做公益。在他看来，社会企业是解决中国公益快速发展和突破制度瓶颈的关键变量，并谱写了社会创新五部曲，即“公益铺路、商业跟进、产业化扩张、可持续发展及有效解决社会问题”①。之后，康晓光撰文驳“永光谬论”，围绕“公益市场化”的“两光之争”拉开帷幕。康晓光指出夸大公益市场化对公益造成了严重的危害，其中之一就是将社会组织的活动局限于服务领域，从而大大压缩了社会组织的其他的功能，包括结社、集体行动、传承文化等功能。“两光之争”还成为“2018 中国慈善文化年度十大事件”之一。由此可见，公益市场化成为现代慈善文化的一个新的标志。

总之，现代慈善事业基于对和谐美好生活的追求和向往，更多地强调社会责任和考虑社会分配的公正性，现代慈善文化体现出自愿性、社会性和平等性等特点。

三、慈善文化与慈善事业

（一）我国慈善事业的发展现状

慈善事业是我国社会保障体系的重要组成部分，也是公民参与社会建设与社会治理的重要途径。我国慈善事业发展自改革开放以来取得的成果

① 徐永光．公益向右，商业向左——社会企业与社会影响力投资［M］．北京：中信出版社，2017.

主要体现在以下几方面。

一是慈善事业的制度建设日益完善。《中华人民共和国慈善法》出台后，全国人大常务委员会修订了《中华人民共和国红十字会法》《中华人民共和国企业所得税法》，国务院颁布《志愿服务条例》，民政部、财政部等部门出台各种规章和政策性文件进一步规范慈善组织认定、募捐管理、信息公开、免税资格认定、循环捐赠等问题。

二是慈善组织的运作趋于规范化。慈善组织在《中华人民共和国慈善法》以及相关法律法规的指导下，在内部治理、资金筹措、慈善服务、信息公开等方面都走向规范化。加之，在信用记录和信息公开制度、社会组织活动异常名录和严重违法失信名单制度、失信联合惩戒制度的约束下，违法乱纪的慈善组织的数量明显下降。

三是公民参与热情显著提升。志愿者人数激增，2016 年人数不到 3000 万，截至 2021 年 3 月 31 日，全国实名志愿者总数 1.92 亿人[①]。此外，全国慈善组织积极筹集款物，参与扶贫济困，在我国脱贫攻坚的过程中发挥了重要的作用。据民政部提供的不完全统计数据，2019 年全国慈善组织用于扶贫济困的慈善支出近 500 亿元。

四是互联网慈善蓬勃发展。公众的慈善参与意识随着互联网慈善的兴起也被空前地激发出来。“99 公益日”连续 3 年入选中国十大慈善热点事件。2017 年，腾讯“99 公益日”筹款金额超过 13 亿元。2018 年，善款总计超过 14.14 亿元，参与捐款的人次为 2017 年的两倍。2019 年，地方慈善会动员资源的力量在“99 公益日”中引起强烈关注，排行榜前十名的公募慈善组织中有 5 家为地方慈善会。可见，互联网慈善不断推动社会参与公益，并为公益组织提供善款募集机会。

五是创新公益实践不断涌现。慈善信托、公益创投等创新公益实践推动慈善事业的车轮滚滚向前。2019 年，万向集团将其资产按照《中华人民共和国信托法》和《中华人民共和国慈善法》设立鲁冠球万向事业基金，

① 杨团. 慈善蓝皮书：中国慈善发展报告（2020）［M］. 北京：社会科学文献出版社，2020.

并将全部收益用于研发新技术、高端人才教育，支持设立理工类应用型科研机构。该事件入选了2019年的十大慈善热点事件，并成为中国慈善信托领域的一次创新。在2020年，为抗击新冠肺炎疫情，“慈善信托”作为一种新型的捐赠模式逐渐受到重视，并频频出现在报道里。根据中国慈善联合会慈善信托委员会发布的《2020年中国慈善信托发展报告》，2020年我国新增慈善信托257单，财产规模3.90亿元，累计备案慈善信托537单，财产规模33.19亿元，其中以抗击新冠肺炎疫情为目的的慈善信托共计92单，规模为1.48亿元①。此外，资助者也逐渐将“风险投资”理念延伸到公益慈善领域。公益创投是一个典型的例子，采用类似于商业投资行为，投资公益项目。作为一种新型的公益伙伴关系和慈善投资模式，公益创投能有效地提升公益组织可持续发展的能力。

六是公益市场化和规模化初见成效。近些年，虽然公益市场化和公益规模化一直处于争论之中，但恰恰也促使了国内的社会组织开始讲究效率，注重投入产出。譬如，一批社会企业如同雨后春笋般涌现，采用商业手段解决社会问题，实现自负盈亏。佛山顺德、成都、北京相继出台了社会企业的相关政策，以促进社会企业的蓬勃发展。好公益平台于2018年11月申请注册了“益次方”商标也引起公益圈的广泛关注，标志着公益产品已经取得了规模化的显著成果。“益次方”，即“益的N次方”，意指“成倍扩大公益产品成效和影响力，使其实现指数级增长”。好公益平台一直致力于推动优质公益产品的规模化，“益次方”商标的注册为中国探索公益的效率和规模化开辟了一条新道路。

然而，我国慈善事业的发展仍然面临着种种困境。一是我国慈善组织的应急协调能力有限②。2020年新冠肺炎疫情暴发期间，部分地区的慈善组织信息披露不足、款物处置迟缓、缺乏协调机制，引发了公众质疑。二

---

① 中国慈善联合会慈善信托委员会.《2020年中国慈善信托发展报告》发布：2020年新增慈善信托257单［EB/OL］.（2021-02-01）［2022-10-22］.http：//www.rmzxb.com.cn/c/2021-02-01/2775549.shtml.

② 北京基业长青社会组织服务中心.捐赠总量差55倍 2017年中美慈善捐赠数据简要解读［EB-OL］.（2018-09-25）［2022-10-22］.http：//www.cfforum.org.cn/content/947.

是有些慈善组织存在“失范”现象。慈善组织欺诈募捐、循环捐赠、强行摊派、信息披露不到位等现象屡见不鲜[①]。

（二）慈善事业与慈善文化的关系

2016年，第十二届全国人民代表大会第四次会议通过的《中华人民共和国慈善法》是我国慈善领域历史上第一部综合性的法律，开启了我国“依法治善”的新时代。该法中规定的“国家采取措施弘扬慈善文化，培育公民慈善意识”，既对慈善文化建设和慈善教育提出了要求，也为慈善事业提供了法治保障。慈善文化是一种历史的积淀，是慈善事业从过去到现在的结晶和凝聚，从传统到现实的一种体现和反映。慈善文化是慈善事业发展的“灵魂”，同时又决定和影响着实践。积累和沉淀的慈善文化对慈善事业的发展运行产生作用和影响。慈善文化内涵的演变不仅会使慈善模式发生颠覆性变革，重构慈善活动的秩序，同时演变过程中传统伦理价值与现实价值观之间的冲突也容易造成慈善文化价值取向上的困惑以及慈善行为的失范[②]。所以，如何建构整合传统文化之精华和现代公益之精神的中国特色的慈善文化及其价值取向，是我国慈善事业建设的一个重要课题。

第一，慈善文化是慈善事业的根基。慈善事业发展的关键点之一是“制度设计”。如果将“制度设计”比喻成慈善事业的“高楼”，那么慈善文化则是根基。文化是一种根深蒂固却又让人习以为常的观念，虽然无法捉摸、不易察觉，却如影随形地影响着人们的日常生活。慈善事业的发展方向和制度设计嵌套于社会的文化基础之中，缺乏文化土壤支撑的制度形同虚设。基于此，慈善事业的发展不仅需要物质、组织机构、制度规范等“硬环境”的完善，也需要良好的人文氛围等“软环境”的浸润和滋养。

---

① 郑功成．中国慈善事业发展：成效、问题与制度完善［J］．中共中央党校（国家行政学院）学报，2020，24（6）：52-61.

② 姚俭建．法治思维与慈善伦理的契合：现代慈善文化的价值取向［J］．上海财经大学学报，2015，17（1）：70-77.

这种人文氛围形成的载体就是慈善文化。因而，慈善本身不仅关乎行动，更关乎价值。中国慈善事业转型升级的关键在于构建成熟完备的现代慈善文化，即强化慈善文化的积极作用，形成文化—制度—实践—文化的良性循环，使慈善事业走上健康发展的道路①。

第二，慈善文化是助推慈善事业发展的精神支撑。社会习俗、传统文化、历史经验、价值观念等既是社会转型需要考虑的重要前提条件，也是转型的精神动力。譬如，儒家传统是中国传统文化的根基，浸入国人的血液，或多或少塑造了我们的行为举止，渗透社会经济发展的各个方面，成为中国现代化进程中的重要精神支柱。同样，儒家传统也影响着中国企业精神。儒家文化倡导的“仁者爱人”、“先义后利”及“天下为公”等伦理价值提升了企业的捐赠水平，形塑了中国企业的价值观，使其呈现典型的“利他主义”色彩②。佛教和道教宣扬了关爱他人的价值理念。越是受到这些宗教文化影响的上市公司，其慈善捐赠水平越高③。可以看到，慈善文化作为一种非正式制度因素，以一种软性约束维系或强化市场经济的道德和伦理层面的价值，这为企业慈善捐赠营造了良好的人文环境。这种“外化于行”的道德行为是受“内化于心”的道德使然。慈善文化引领更多的人关注和参与慈善事业。

然而，不可否认的是，随着熟人社会向陌生人社会的演进，当代社会结构使道德权威呈碎片化趋势，道德约束力明显减弱。这也折射出一个迫切需要解决的问题，即慈善伦理观念与现代社会结构的失调。因此，中国慈善事业的现实情况呼唤着适配于当前情境的慈善文化，而慈善文化能否成为社会慈善活动的引路人和规范者，取决于两个方面：一是仰赖于与外

---

① 刘威．冲突与和解——中国慈善事业转型的历史文化逻辑［J］．学术论坛，2014（2）：84-91.

② 徐细雄，龙志能，李万利．儒家文化与企业慈善捐赠［J］．外国经济与管理，2020，42（2）：124-136.

③ DU X Q，JIAN W，DU Y J，et al. Religion，the Nature of Ultimate Owner，and Corporate Philanthropic Giving：Evidence from China［J］．Journal of Business Ethics，2014，123（2）：235-256.

部社会环境的互动程度；二是基于慈善文化内在结构的适应性①。随着社会转型，中国社会除了经济与生活方式的改变，还需要从旧的、传统的价值观中脱颖而出，进而创造并被社会所接受的新的价值取向价值观。与此相适应，中国特色现代慈善文化的价值取向也有一个扬弃传统和吸纳现代性的建构过程。在继承和发扬中国优秀传统慈善文化的基础上，将传统文化与人道主义精神、现代财富观、社会责任感等相融合，形成现代慈善文化。因此，为了进一步促进中国慈善事业的发展，可将慈善文化作为发力点之一。慈善文化对于我国慈善事业的发展具有巨大的促进作用，是发展慈善事业的基础工程。

第三，慈善事业潜移默化地塑造慈善文化。慈善事业不仅是社会保障体系的重要组成部分，更是一种积极的文化现象②。慈善事业可视为“实践”，而慈善文化可视为“理念”。文化是实践的结晶和凝聚。慈善文化可以理解为一种学习和发展的过程。学习的过程隐含的一个假设是慈善文化不是天然存在，或者内在于我们的生物性中的。慈善文化是习得的文化，在经验、学习、实践、摸索和错误中习得的。我们关于慈善文化的价值观都是来自我们过去关于慈善的实践经验。因此，慈善文化是慈善事业生命力的延续和再现。当特定的慈善文化形成时，人们将有关的文化知识传播出去。高迪亚尼提出的“道德环”将美国的慈善文化概括为由机会、繁荣、感激、慷慨组成的闭环很好地揭示了慈善文化与慈善事业相互促进的关系。美国慈善家的捐赠实践使得美国公民有着更多的“机会”获得个体的发展，从而给社会带来繁荣。而社会的繁荣使得美国人怀揣着对社会的感激之情，并追随慈善前辈的足迹，向社会慷慨地捐赠，以回报社会。在慈善世俗化的背景下，“道德环”揭示了慈善捐赠的实践激励更多的受助者参与慈善事业，

① 姚俭建．法治思维与慈善伦理的契合：现代慈善文化的价值取向［J］．上海财经大学学报，2015，17（1）：70-77.

② 刘威．解开中国慈善的道德枷锁———从“恻隐之心”到“公共责任”的价值跃迁［J］．中州学刊，2013（10）．

形成一种“捐赠文化”，进行促进慈善事业与慈善文化的良性循环①。

总而言之，慈善文化与慈善事业相互促进、相辅相成。慈善文化根植于慈善实践之中，反过来慈善文化指导着慈善行为，告诉行动者该做什么，以及为什么这么做，从而启发、培育和促进慈善事业的发展。

① 朱力，葛亮．“道德环”对构建中国慈善事业的启示［J］．南京社会科学，2013（3）：54-60.

第二章　文化的“描述—构建—解释”框架

文化可以被看成是一个共享且内部相互协调的意义系统。慈善文化属于文化的范畴，秉承了文化的一切特性。因此，本书将文化视为一个系统，并借鉴“道—器—气”的图式，建立一个慈善文化的“描述—构建—解释”的系统性研究框架。系统论提供了一套观察和分析复杂对象的普适性方法论。慈善文化系统是由一组相互作用和相互关联的要素构成，要素之间的互动形成了某种稳定的结构。首先，慈善文化系统的核心内容是慈善精神，它是系统运转的原生动力。其次，慈善文化的构建是通过开展具体的“活动”使慈善精神深入人心，营造“全民公益”的慈善氛围。最后，慈善文化的构建很大程度受高层领导思想、组织能力和外部环境的影响。根据“结构功能”论，结构决定系统，结构使各种素材各就其位、各司其职，使慈善成为秩序井然、运行有序的“系统”。

中国哲学有一种“道—器—气”的图式。《易经·系辞》记载，形而上者谓之道，形而下者谓之器。其中形而上的是无形的“道”，“道”是规律，是一种观念，是一种无形的东西。形而下是有形的“器”，“器”是万物生化的表现。老子说，有物混成，先天地生。道生一，一生二，二生三，三生万物。万物负阴而抱阳，冲气以为和。天地万物由道所创生。“道”生成“器”，“器”随“道”而变动。“气”则是“道”和“器”的介质，作为道和万物之间的承接物。老子用阴阳二气的冲和来说明从“道”生成万物过程的素朴解释。万物都是在这种阴阳二气相交的状况过程中产生。慈善文化系统与老子的“道—器—气”的原理相通。“道”是深层的文化，亦指慈善文化的精神内核；“器”是“道”的体现，即将“道”化为有形的行为，在“道”的指导下构建慈善文化；“气”则是完成“理念”与“行为”相互转换所需的物质基础，亦指保障慈善文化得以构建的条件和机制。在慈善文化系统中，深层文化最为重要，它决定和制约了慈善文化的其他两个层次，而行为层和物质层是深层文化在慈善文化实践中的具体表现。本章将借鉴中国哲学的“道—器—气构建慈善文化的“描述—构建—解释”框架（如图 2-1 所示）。

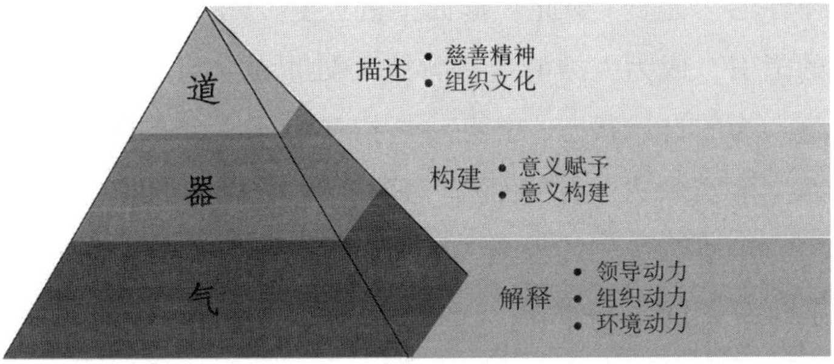

图 2-1　慈善文化的“描述—构建—解释”框架

一、道：慈善文化的描述

“慈善文化的描述”欲将挖掘出作为“道”的慈善文化，总结出指导慈善文化构建中的“规律性的道”。“道”是老子哲学的中心观念，其整个哲学系统围绕“道”而展开。有物混成，先天地生。“道”乃万物之宗，为一切存在的根源，天地万物由其所创生。“道”是自然界中最初的发动者，具有无穷的潜在力和创造力。人类的利他行为需要高尚价值观为支撑。慈善文化之“道”关注精神层面的慈善文化，即指引人们慈善行为的一整套价值体系，包括人们对慈善的价值判断、思维方式、评判标准、道德要求等。万物蓬勃地生长，都是“道”的潜在力之不断创发的一种表现。作为“道”的慈善文化是助推慈善事业发展的重要动力，从慈善事业生生不息、欣欣向荣的成长中，可以看出慈善文化的无穷活力。“寂兮寥兮，独立而不改，周行而不殆。”“道”无声无形，不是一个有具体形象之物。“道”之不可名，缘于其无形也。虽然“道”无固定形体，但它却并非空无所有，其中有象、其中有物、其中有精、其中有信，这说明了

“道”是一个实有的存在体。慈善文化亦无声无形，但广义的慈善文化指的是慈善意识、行为、载体以及相应的法律法规构成的集合体，显现出一个实有的存在体。

“道”固然是无形而不可见，恍惚而不可随，但当“道”作用于万事万物时，其所显现的基本特性足以成为我们人类行为的准则。因此，“道”又意指规律性的“道”。如此，形而上的“道”落实到生活层面，将作为人间行为的指引，成为人类的生活方式与处世的方法。“道”是指未经渗入一丝一毫人为的自然状态，“德”是指参与了人为的因素而仍然返回到自然的状态。落实到人生层面而作为我们生活准则的这一层次的“道”，就是“德”。作为“德”的慈善文化是慈善活动的思想基础和行动指南，支配和塑造行善者的慈善行为。这层意义的“道”，犹如从浓云降下来，平平实实地可以为我们人类所取法。在老子看来，“道”是永恒存在的东西。任何事物在变动中都会消失熄灭，而“道”不会随着外物的变化而消失。因此，精神层面的慈善文化生生不息，周行而不殆，永续地引导慈善事业的蓬勃发展。

考虑到一个慈善组织对外弘扬的慈善理念往往反映组织文化本身，因此本书将组织文化纳入慈善文化分析的范畴。“组织文化理论之父”Schein（沙因）将组织文化定义为：组织在长期发展过程中培育形成，为全体员工认同并共同遵守的价值准则、制度规程和行为规范①。组织文化是员工所“共享的”“默认的”的行为规范和价值体系。这些“假设”是组织处理内外部关系的行为准则，将指导管理者在处理繁杂的问题及权衡取舍时进行科学决策。因此，组织文化影响了慈善文化的扩散。对于一个慈善组织而言，组织文化表达了其对慈善事业和组织发展过程的态度，其对外宣扬的慈善思想、慈善理念和慈善价值观，譬如社会责任感、利他主义、理性财富观、志愿精神等理念等往往来源于组织文化。总之，慈善组织的从业者只有在掌握了慈善文化之“道”后，才能理解

① 欧阳雁玲，蔡媛青，王文娟．非营利组织文化对组织创新的作用机制研究［J］．科学学研究，2019，37（12）：2296-2304.

如何向外界弘扬慈善文化。

二、器：慈善文化的构建

老子用“道生一，一生二，二生三，三生万物”形容了“道”的创生万物的历程。“道”层层地向下落实，而创生万物。形而上的“道”落实到人生的层面上，其所显现的特性而为人类所体验、所取法。在创生的活动中，“道”内化于万物，而成为各物的属性。“器”可用来表现“道”层层地由无形质到有形质的一个先后而具持续性的活动过程。“故道生之，德畜之；长之育之；亭之毒之；养之覆之。”“道”创生万物以后，还要使万物得到培育，使万物得到成熟，使万物得到覆养。因而，“道”不仅创生万物，还要通过“器”内附于万物，畜养万物。可见，“器”是“道”的作用，也是“道”的显现。

慈善文化是刻意营造出来的，慈善组织在“道”的指引下，通过“活动”（“器”）将慈善文化深入人心，并将其转化为具体的慈善行为。“活动”指慈善组织在构建慈善文化中采取的一系列行为策略。文化是被一个社会中绝大多数成员所共享的生活模式或观念系统，而不是少数人的行为方式。作为一种普遍的社会规范，文化被社会成员广泛地接受或遵循。因此，为了让绝大多数成员习得慈善文化，成为一种社会共享的观念，这就需要行动主体（慈善组织、政府、学校、企业等）互相协商和通力合作，将慈善文化弘扬出去，并使这个具有特殊的意义文化在社会中付诸行动和实践。然而，将慈善文化内化于心并非一蹴而就的，而是需要围绕“意义赋予”（sense giving）和“意义构建”（sense making）开展持之以恒的活动。

顾名思义，意义赋予的本质是赋予慈善文化以内涵。某些主体作为慈善文化构建的引导者，不仅赋予了慈善文化特定的含义，还对组织成员和利益相关者的意义建构过程施加影响，引导着其他个体的意义建构方向。意义赋予者期望他们所倡导的慈善文化成为组织内部成员和外部群体认知和行动的导向。慈善组织的创始人和管理者通过赋予慈善文化象征物、慈善活动等特定的精神内涵，加强人们对慈善文化的感知和认同感。因此，意义赋予主要探讨的是行动主体，即慈善文化的倡导者，如何根据慈善文化的受众精准地设计出慈善文化的内容，其涉及的要素包括慈善文化的行动主体、慈善文化内容，以及受益对象。

所谓意义建构，指“个人或组织试图对来自其周边环境的一组信号作出说明和解释的社会建构过程”①。慈善文化的表现和维护最终都是通过个人意义建构实现的。借鉴 Ashforth（阿什福思）等的研究，意义建构的最终目的是让员工和公众建立对慈善文化的认同感，这也恰恰是检验慈善文化有效性的主要指标②。行为主体将慈善文化的核心理念总结、提炼以后，通过一系列意义构建的活动对慈善文化进行强化，不断地通过各种有效途径在管理实践中推进慈善文化，增强慈善文化和人们价值观、理念和假设的一致性，让慈善文化“落地”，转化为真正的慈善行为。换言之，慈善文化由发送者通过有效的传播载体或渠道传达给接收者，其中人际影响、制度执行、文化宣传是主要的传播渠道。总之，意义建构则指如何将慈善文化深入人心，内化成个人的行为，其涉及的要素包括实施方式、资源动员，以及实施结果。具体而言，慈善文化的行动者在“意义赋予”的基础上，设计实施的方案，以及动员活动开展所需的资源。资源可以是有形的，如物资，也可以是无形的，如人际关系、社会资本、专业知识等。行为主体利用筹措到的资源开展慈善文化活动，实现价值倡导的功能，从而激发个体的慈善行为，促进慈善事业的蓬勃发展。

老子认为，凡事是自然无为，致虚守静。“道”之所以被尊崇，“德”之所以被珍贵，是由于“道”生长万物而不加以干涉，“德”畜养万物而不加以主宰，顺其自然的结果。因而，“道”生长万物，“德”养育万物，使万物生长发展、成熟、结果，使其受到抚养、保护。“生而不有，为而不恃，长而不宰。”生长万物而不据为己有，抚育万物而不自恃有功，导

---

① MAITLIS S. The Social Processes of Organizational Sense-making［J］. Academy of Management Journal，2005，48（1）：21-49.

② ASHFORTH B E，HARRISON S H，CORLEY K G. Identification in Organizations：An Examination of Four Fundamental Questions［J］. Journal of Management，2008，34（3）：325-374.

引万物而不主宰，这就是奥妙玄远的“德”，体现了老子“自然无为”的观念。自然无为意指顺应事物自身的状况去自由发展，而不以外在的强制力量去约束它。慈善文化构建亦是如此，并非依赖于强制力量迫使人们遵循慈善文化的理念，而是“内化于心”的道德观念，人们受道德驱使自然而然地呈现出向善的行为。

三、气：慈善文化的解释

“气”是“道”和“器”之间的介质。先秦时代的道家用“气”来说明世界之始。老子用阴阳二气的冲和来说明从“道”生成万物过程的素朴解释。庄子之后，出现了“气化论”，将“气”作为“道”和“万物”之间的承接物。庄子以“气”的集散离合来对人类的万物之生灭变化作原理性说明。正如《知北游篇》中所云：人之生，气之聚也。聚则为生，散则为死。又如《庄子·田子方》所说：至阴肃肃，至阳赫赫；肃肃出乎天，赫赫发乎地；两者交通成和而物生焉。这里认为阴气是出乎天，阳气发乎于地，阴阳二气的“交通成和”即是老子所说的“冲气以为和”，万物就是在阴阳二气互相交冲而成均调和谐状态下化生出来的。此外，人类生命受天地阴阳之气而成立。在《庄子·秋水》中可见，比形于天地，而受气于阴阳。人类只不过是广大自然世界中的一物，同受阴阳之气，与大自然世界的万物在根本上是同质同根。《晋书·天文志》所载：天了无，质……日月众星，自然浮生虚空之中，其行其止皆须气焉。《原道训》所云：夫道者，覆天载地，廓四方，柝八极，高不可际，深不可测，包裹天地。气遍布天地宇宙间，是“道”与“万物”之间的介质。形而上的“道”在“气”的作用下生化成形而下之“器”。

因此，慈善文化之“气”是慈善文化之“道”生化慈善文化之“器”的物质基础或保障条件。我们可以从领导动力视角、组织动力视角、环境动力视角剖析影响慈善文化建设的因素。就领导动力视角而言，领导者在慈善文化价值观树立和传播中担任重要角色。领导者的个人特质、领导者行为和领导者风格都会影响慈善文化的意义赋予和传播机制。就组织动力视角而言，慈善文化构建的途径和效果会受到组织的价值取向、组织的内部治理能力、组织的公信力、组织的社会网络四大关键因素的影响。就环境动力视角而言，慈善文化根植于其社会和文化背景中，在一定程度上是由社会背景中的规范、价值观和实践所塑造。总之，慈善文化之“气”解释了慈善文化建设何以成功。

（一）领导动力视角

身处高位自然而然地折射出一种受人尊敬且充满荣誉的身份，这种身份是领导者的无形资产，能够发挥信号作用[①]。这有利于领导者赋予慈善文化特定的意义，以及影响意义建构的途径。本书认为领导者的先前经历、个人特质、领导风格和领导者行为均会对慈善文化产生影响。

一是领导者的经历。高阶理论、烙印理论都深刻地阐释了领导者背景，尤其是从业经历会影响他们的行为决策，进而影响组织行为和组织业绩。高阶理论提出，企业家个体认知与价值偏好在很大程度上影响了企业决策行为，而企业家价值认知系统又明显受到成长环境和文化土壤的塑造[②]。烙印理论（imprinting theory）同样强调，早期成长经历和所接受的文化熏陶会在高管个体的价值认知系统中留下鲜明的烙印，并持续影响高管和组织行为[③]。这两个理论同样适用于慈善组织。

二是领导者的个人特质。从影响力的视角来看，组织中非常突出的个人，代表着组织中主流的价值观和行为准则[④]。这种价值观表现出极强的感染性，甚至在组织中产出“涓滴效应”，即高层领导的榜样作用会通过

① PIAZZA A，CASTELLUCCI F. Status in Organization and Management Theory［J］. Journal of Management，2014，40（1）：287-315.

② HAMBRICK D C，MASON P A. Upper Echelons：The Organization as A Reflection of Its Top Managers［J］. Academy of Management Review，1984，9（2）：193-206.

③ MARQUIS C，TILCSIK A. Imprinting：Toward a Multilevel Theory［J］. The Academy of Management Annals，2013，7（1）：195-245.

④ POPPER M. Leaders Perceived as Distant and Close. Some Implications for Psychological Theory on Leadership［J］. Leadership Quarterly，2013，24（1）：1-8.

各层次管理者的示范最终蔓延到整个组织，对员工产生影响①。非营利组织领导人在一般人格特征方面与营利性企业家没有区别，都具有责任心（conscientiousness）、外向性（extraversion）、对新事物的开放性（openness）、情绪稳定性（emotional stability）和亲和性（agreeableness）。此外，非营利组织的领导人还具有较高的自我效能感、内部控制观、主动性以及承担风险和责任的能力②。这些特质会有利于领导者支撑自己的信念，并将自己的信念和愿景传递给追随者，并且激励这些追随者实现慈善组织的使命。

三是领导风格。近些年，学者将目光逐渐转向研究变革型、交易型、魅力型领导等新兴的领导风格。变革型领导会让下属意识到任务结果的价值和重要性，激发下属高层次的需要，促使他们能够将组织利益置于个人利益之上。领导者通过魅力（charisma）、精神激励（inspirational leadership）、个性化关怀（individualized consideration）和智力激发（intellectual stimulation）四个维度来塑造变革型领导力③。就交易型领导而言，领导者与下属之间构成一种契约关系，当下属按照约定完成任务之后，领导者会对其进行权变奖励（contingent reward），同时，为了规避风险、更好地达成预期效果，领导者会通过例外管理的方式对员工的工作进程进行监控④。Bass（巴斯）等人则从印象管理、愿景描绘、角色榜样、富有表现力以及将工作与价值观相连等 5 个方面对魅力型领导进行阐释⑤。尽管领导有不同的风格，但已有研究发现这些领导风格的共同点在于通过激发员工的内

---

① WATTS L L, NESS A M, STEELE L M, et al. Learning from Stories of Leadership: How Reading a- bout Personalized and Socialized Politicians Impacts Performance on an Ethical Decision-Making Simulation [J]. Leadership Quarterly, 2018, 29 (2): 276-294.

② LUKES M, STEPHAN U. Nonprofit Leaders and For-profit Entrepreneurs: Similar People with Different Motivation [J]. Ceskoslovenska Psychologie, 2012, 56 (1): 41-55.

③ BASS B M. Theory of transformational leadership redux [J]. Leadership Quarterly, 1995, 6 (4): 463-478.

④ 吴敏，黄旭，徐玖平，等. 交易型领导、变革型领导与家长式领导行为的比较研究 [J]. 科研管理，2007 (3): 168-176.

⑤ BASS B M. Leadership Beyond Expectations [M]. New York: Free Press, 1985.

在动机来调动他们的积极性。

四是领导者行为 。Trice（特里斯）等人是领导学研究领域最早提出“文化领导”概念的学者，他们提出的文化领导行为包括5项内容：率先垂范、建立成功及胜任的印象、清晰表达理念、向下属传递高期望，以及对他们的信心、激励①。Schein分析了领导者如何创建、深植、传播及变革组织文化②。他总结了领导者深植其信念、价值观和假设的机制。其中，6个主要的深植机制包括：领导者日常注意、评价、控制；领导者对关键事件和危机事件的反应；领导者分配资源；领导者率先垂范、教育和培训员工；领导者分配奖励和地位；领导者招募、选拔、提拔、开除人员。

总而言之，领导者的经历、特质、风格和行为影响了慈善文化的意义构建和意义赋予的途径。

（二）组织动力视角

慈善文化被视为所有大型慈善组织的灵魂。在慈善文化构建中，慈善组织充分发挥其主动性，采用形式多样的方式与社会公众、政府、企业、媒体等利益相关者沟通，向其传递组织的使命、能力、效率、规范性和价值观，从而帮助组织获得信任和资源。从组织层面来看，慈善文化构建的途径和效果会受到4个关键因素的影响，分别是组织的价值取向、组织的内部治理能力、组织的公信力、组织的社会网络。

一是组织的价值观取向。Spencer（斯潘塞）和Skalaban（斯卡拉班）发现慈善组织有两大不同的核心价值观，一种是围绕创造道德认同感（identity）的“规范取向”（normative orientation），领导者和成员用规范和道德的语言来描述他们组织的身份和活动。规范取向的组织旨在传递道德价值观，强调对目标群体的教育或教化。无论是针对特定目标群体还是新来者，这些组织计划了一系列广泛的活动，向外宣扬“我们是谁”。另一种

① TRICE H M, BEYER J M. The Cultures of Work Organizations［M］. Englewood Cliffs, NJ: Prentice-Hall, 1993.

② SCHEIN E H. Organizational Culture and Leadership［M］. San Francisco: Jossey Bass, 2004.

是专注于行动和任务的“项目取向”（project orientation），而非道德辩护。项目取向的慈善组织更倾向于讨论“投资者”和“融资”以及其他金融术语，他们朝着一种更务实，以商业为导向的观点发展。组织具有专业化能力，因其专业性与其他组织进行合作①。

二是组织的内部治理能力。治理能力指的是慈善组织的运行机制按照科学的方式追求正确的目标，并通过其利益相关者对其实施监督和制衡所产生的一种制度执行力②。慈善组织试图在复杂的环境中推广慈善文化，就需要设计各种管理举措以提升其内部治理能力，从而产生更大的组织效率和效果。Minzner（明兹纳）等于 2014 年提出了社会组织的五大关键的组织能力。一是组织发展，包括慈善组织的成立，理事会治理，存在或运用人力资源、财务、信息技术等有关的系统，存在或采用具体的政策和流程，财务控制等。二是项目发展，包括扩大或加强项目或服务的提供、项目监控、评估项目结果等。三是收入发展，包括多样化资助来源、财务可持续性以及捐赠者的发展等。四是领导力发展，包括领导者和员工的专业化和职业化发展，以及志愿者培训与发展等。五是社群参与，包括社群资产盘点、社群参与水平、社群需求评估运用、利用资源或合作关系③。

三是组织的公信力。公信力被视为公益组织存在的基石和生命线，是慈善组织的核心战略性资源。慈善组织的公信力指的是慈善组织获得社会公众信任和信赖的能力，也可表现为社会公众对慈善组织的满意度和信赖程度。具有高公信力的慈善组织对社会公众具有强大影响力和号召力，能实现“振臂一呼，应者云集”之功效，其最终外显的结果是社

---

① SPENCER S B, SKALABAN I A. Organizational culture in civic associations in Russia［J］. Voluntas：International Journal of Voluntary and Nonprofit Organizations，2018，29（5）：1080-1097.

② 周秋光，彭顺勇．慈善公益组织治理能力现代化的思考：公信力建设的视角［J］．湖南大学学报（社会科学版），2014，28（6）：54-59.

③ MINZNER A，KLERMAN J A，MARKOVITZ C E，et al. The impact of capacity-building programs on nonprofits：A random assignment evaluation［J］. Nonprofit and Voluntary Sector Quarterly，2014，43（3）：547-569.

会公众对慈善组织的满意程度和认知评价①。公信力体现在合法性、诚信度、绩效、主体品格、社会使命感和专业程度6个方面的外显指标②，影响着慈善组织是否能有效率、有效果地开展活动。需要注意的是，公信力的积累需要相当长的时间和持续不断的投资，非一日之功，但公信力的消失则可顷刻间“毁于一旦”。公信力有3个重要来源：一是基于过程的信任（process-based trust），即来源于个人之间过去和预期的互动和交往而产生的信任；二是基于社会特征的信任（characteristics-based），即来源于族缘或地缘等社会特征而产生的信任；三是基于制度的信任（institutional-based），即来源于正式的社会结构、制度和法律而产生的信任③。

四是组织的社会网络。单一组织难以独自处理复杂的社会问题，因此组织选择与其他组织合作，联合资源解决问题。“跨职能”协作（cross-functional collaboration），汇集了不同领域、不同性格的人，创造了不同的解决问题的方法，从而能有效地帮助慈善组织实现使命。当组织间有效地开展合作时，组织会积极地建立社会资本，从而激发出超越单一团队的成果。有学者提出组织所拥有的正式权威、对关键资源的支配权和制度合法性这三大因素影响组织间是否建立合作关系。因此，社会组织在外部策略上需要处理好与外部利益主体的关系：一是加入更多的专业协会与行业组织来加强对外合作的能力；二是与政府及其他组织保持良好的互动关系；三是通过实施低偿服务和资源多样化策略等方式获取新的资源，以改变组织本身与资助者及政治系统的单一依赖关系，从而巩固与社区的稳定关系，扩大生存发展前景④。

---

① 付海艳．慈善组织管理研究的回顾与展望［J］．中南财经政法大学学报，2013（6）：13-20，158.

② 石国亮．慈善组织公信力重塑过程中第三方评估机制研究［J］．中国行政管理，2012（9）：64-70.

③ ZUCKER L G. Production of Trust：Institutional Sources of Economic Structure，1840-1920［J］. Research in Organizational Behavior，1986（8）：53-111.

④ 贺志峰，崔云．公益慈善组织能力建构及其影响因素分析：基于广东省珠海市的调查［J］．社会工作，2015（3）：85-95.

（三）环境动力视角

慈善文化的共性体现在利他性和民间性。这种共性深藏于普遍的、永恒的人性之中，但是不同国家或地区的慈善文化又存在着显著的差异。在西方国家，慈善意识形成既有坚实的民主政治基础、激励慈善捐助的法律制度、深厚的慈善文化底蕴和传承、对慈善行为的正确传导等政治、文化环境因素，又有发达的市场经济和庞大的中产阶层等经济环境因素①。由此可见，慈善文化不是独立存在的，地区历史文化、经济技术、政治等条件塑造了不同的慈善文化。因此，需要将慈善文化置于特定区域和历史之中来考察。大多数慈善组织在其创建和成长过程中受外部环境的影响形成一些关键的价值观。这些价值观很可能以某种形式存在于大多数慈善组织中，并作为一个“骨架”来解释慈善组织如何解释慈善文化的内涵，以及如何构建慈善文化。

1. 社会环境

慈善文化是社会文化的重要组成部分，可以视为文化系统中的一个子系统。慈善文化在一定程度上是由传统和现代社会背景中的规范、价值观和实践所塑造。一方面，慈善文化受慈善历史和传统思想的影响。纵观中国历史，中华文化以儒家文化为主体，儒家的慈善观构成了中华传统慈善观的主体。从古至今，慈善文化作为中华文化血脉中的重要组成部分，被完好地保护与传承下来了。因此，慈善组织一以贯之地强调“仁者爱人”“行仁有方”“老吾老以及人之老，幼吾幼以及人之幼”等慈善思想。“慈善的历史”或“历史上的慈善”都深刻地影响着今天和未来的慈善。正如周秋光说，即便是立足于当代慈善文化研究，也不能离开慈善文化的历史而谈当代慈善文化，不能离开传统慈善文化来谈论现实慈善文化②。另一方面，现代的社会文化格局形塑了现代慈善文化格局。现代社会文化的价

---

① 王昌沛．西方国家公民慈善意识形成的环境因素分析［J］．郑州大学学报（哲学社会科学版），2015，48（1）：176-180.

② 周秋光．中华慈善文化及其传承与创新［J］．史学月刊，2020（8）：105-113.

值规范制约慈善文化的价值规范，后者是前者在慈善领域中的具体表达。事实上，慈善文化的价值规范只有获得占据主流价值观的有力支持，才有可能存在大规模的、持续的慈善行为。总之，传统与现代社会之间应该被关联起来，不可割断分离。

2. 政治环境

法律政策和政府态度等政策环境在很大程度上影响着慈善文化的建设。其一，当慈善事业的法律制度完善后，慈善文化才“有法可依”。性善论是中国慈善文化的哲学基础。从慈善行为的动机上说，行善被认为是个人修身的范畴，更多地停留于道德引领或号召①。不过，国家层面的制度指引和保障将进一步促使人们产生现代意义上的公益意识和慈善意识。因此，合理的制度安排可以将人们的恻隐之心事半功倍地转化成社会道德行为。其二，政府的态度直接影响慈善文化的行动策略。统治阶级拥有将自己的意志强加于社会的能力，并且有能力使符合自己利益的慈善模式占据主导地位。主导阶级的态度和行为决定了慈善文化建设的重要性。因此，如果主导阶级重视慈善事业发展，自然而然地也会重视慈善文化建设。

3. 经济环境

经济环境是慈善事业赖以生存和发展的最基本的环境。根据马克思的“经济结构—上层建筑—社会意识”的分析模式，经济环境对慈善文化的影响体现在以下几个方面。第一，经济基础决定上层建筑，生产力决定生产关系是亘古不变的道理。慈善事业总是在一定的物质条件基础上开展活动。马克思指出，在生产力发展的一定阶段上，当整个的商业生活和工业生活获得充分发展之后，社会组织才能从生产和生活交往中发展起来，并构成一个自主生活领域②。经济环境为慈善事业的繁荣奠定了坚实的经济基础，慈善事业的繁荣推动着社会形成浓厚的慈善文化氛围。第二，经济

① 郭祖炎．建立在责任及权利基础上的中国慈善文化［J］．人民论坛，2013（11）：181-183.

② 马克思，恩格斯．马克思恩格斯选集（第1卷）［M］．北京：人民出版社，1995.

基础很大程度上决定着人们的社会生活与精神层次。根据马斯洛的层次需求理论，当人们低层次的生存性需求得到满足之时，高层次的发展性需求将上升，这些高层次的需求包括社会归属感和社会责任感等。因此，当人们基本的物质生活问题得以解决时，人性中固有的爱人之心、利他之心也随之扩充，人们也更有能力将自己的利他意愿付诸行动。第三，互联网具有去中心化、开放、透明、高效等特点，与现代慈善所亟须的要素一拍即合。这也促使了公益组织加入互联网大潮，改变其组织管理模式，在运作思维方式上向互联网靠拢。此外，近年来互联网带来的慈善革命，使得更多的人潜移默化地受到慈善文化的熏陶，从而关注和参与慈善。因此，网络技术在公益慈善领域不仅作为一种高效的传播手段，更被视为一种开启“人人公益”新篇章的技术赋权的手段①。

① 刘秀秀．网络化时代的信息主义精神——来自互联网公益领域的经验［J］．江海学刊，2019（6）：111-117.

· 第二部分 ·

慈善文化建设之“脉”

慈善文化建设之“脉”大致回顾了宝安区慈善会的发展史，以及梳理了宝安区慈善会在慈善文化建设的3个时期。2007年，在宝安区委、区政府的推动之下，宝安区慈善会正式成立，是深圳市最早成立的区级慈善会。宝安区慈善会的设立源起于宝安经济快速发展形成的贫富差距，以及“关内”“关外”经济发展不平衡所产生的社会需求。自成立以来，宝安区慈善会坚持扶危济困、助医助残、救急赈灾的宗旨，致力于打造“透明慈善”“阳光慈善”。

宝安区慈善会15年的发展历程大致分为初创期（2007—2012年）和发展期（2013年至今）。初创期由区人大常委会原主任何植洪和区委原副书记、区纪委原书记张文枢作为区慈善会的会长、常务副会长。在第一届理事会的带领下，宝安区慈善会加强制度建设，以规矩成方圆；汇聚慈善力量，开辟慈善募捐渠道；开展慈善救助，践行济困扶危之心；推广慈善理念，助力慈善蔚然成风。发展期由宝安区委原副书记张洪华担任会长，宝安区民政局局长项健担任常务副会长。新一届的理事会在慈善会过往发展的基础之上，紧抓制度和能力建设，创新慈善募捐方式，扩大慈善救助范围，以慈善文化浸润人心，助推合力慈善。宝安区慈善会的慈善文化建设可划分为3个时期，探索期（2007—2012年）、创新期（2013—2017年）和突破期（2018年至今）。探索期致力于倡导“文化人人公益，处处可为”的理念；创新期则制订“文化战略”，使慈善文化如影随形；突破期破旧立新，不断推陈出新，丰富慈善文化的元素。

第三章　宝安区慈善会的发展历程

一、慈善会的成立：雪中送炭，矜贫救厄

宝安的历史源远流长，自东晋咸和年间置宝安县以来，迄今已有1600余年，其在发展的过程中更是先后孕育了“东方明珠”香港和改革开放的“一夜名城”深圳。宝安区慈善会的设立源起于宝安经济快速发展，以及“关内”和“关外”经济发展不平衡所产生的社会需求。

一方面，经济的迅猛发展导致社会矛盾集中凸显。1981年宝安县的GDP（国内生产总值）为1.7亿元，2000年增长到223亿元，20年增长了130倍，基本形成了工业为支柱、农业为基础、第三产业为龙头的产业格局。宝安区经济的迅速发展吸引了大量辍学的青少年来宝安打工挣钱，这导致宝安区在这段时间聚集了大量文化素质不高的青年群体。1999年，宝安区户籍人口25.9万，非户籍人口103.8万。而原村民则依靠土地和厂房出租、村集体分红等红利暴富起来，造成了一大批“四不”青年，即不读书、不务农、不务工、不经商①。20世纪90年代初期以后，宝安区已经步入了工业化、城市化的新进程，但也应看到，产业结构变动也导致了城乡发展不平衡、产业结构以及分布不合理、工业技术含量低、城市建设管理规范化质量不高、产业整体对外竞争力不高等问题②。市场取向的改革导致下岗、失业、贫困、医疗、养老等各种社会矛盾集中出现，仅仅依靠国家财政力量已经无法为社会成员提供基本的社会保障，利用慈善资源是政

① 李丹仪．沿海农村工业化与三大青年群体的发展——对广东省深圳市宝安区的调查分析［J］．广东青年职业学院学报，2000.

② 赵崇仁，胡细银．关于深圳市宝安区农村城市化发展的几个问题［J］．特区经济，1995（10）：2.

府解决治理危机的重要的替代性策略之一①。

另一方面，由于当时“一市两法”政策的施行，宝安区作为“关外”地区无法享受“关内”的政策优惠，导致其整体发展十分不均衡，区内仍然有很多低保、低收入、生活窘迫的困难群众，这在一定程度上使宝安一度成为国家治安重点整治的区域。相较于当时经济高速发展的香港和深圳，宝安区的实际发展却稍显落后。“关内”和“关外”的区别对待导致宝安区在经济和社会发展方面与“关内”形成一定的差距，需要发挥慈善的力量。由于“关内”实施深圳经济特区特殊的优惠政策，而身处“关外”的宝安则作为广东省的一个县级市实施的是全国以及广东省的政策，无法享受深圳经济特区的优惠政策。在这样的背景下，包括宝安在内的关外地区，大部分还是农村，没有完全的城市化。宝安包括基础设施建设、教育卫生等投入相对滞后。

区委常委会作出了成立宝安区慈善会的决定，决定由区人大常委会主任何植洪和区委副书记、区纪委原书记张文枢作为区慈善会的会长、常务副会长人选，负责区慈善会的筹备工作，并决定由区财政拨出 990 万元专款作为区慈善会的创始基金②。2007 年，在宝安区委、区政府的推动之下，宝安区慈善会正式成立，这也是深圳市首家区级慈善会。何植洪退休后，宝安区委、区政府安排其到区慈善会，继续发挥余热。何植洪说，这是组织对他的信任，也让他感到无比光荣，想不到自己这把年纪还能为宝安出一份力。他常用“老骥伏枥，志在千里”来勉励自己。宝安区慈善会成立之初，为了募集区慈善会的创始资金，何植洪带领宝安区慈善会的员工拜访了 10 多位企业家，并邀请他们参加慈善工作座谈会。在他们的影响下，这 10 多位企业家带动了更多的企业家参加座谈会，30 多位企业家当场捐赠了 3400 万元善款给宝安区慈善会。成立以来，慈善会始终坚持扶危济

① 田凯．组织外形化：非协调约束下的组织运作——一个研究中国慈善组织与政府关系的理论框架［J］．社会学研究，2004（4）：12.

② 何华兵．慈善会的功能拓展与社会吸纳——基于深圳市宝安区慈善会的分析［J］．探求，2019（3）：97-103.

困、助医助残、救急赈灾的宗旨，致力于打造“透明慈善”“阳光慈善”。在15年的发展历程中，慈善会在加强自身能力建设、打造慈善捐赠体系、拓展慈善救助方式、提升慈善公信力、推进合力慈善、形塑慈善文化等方面展开积极探索，取得了丰硕的成果，组织实力日益增强。

在2008年和2010年的深圳市鹏城慈善表彰大会上，宝安区慈善会被授予“慈善组织奖”。2008年，被授予“抗震救灾捐赠特别奖”，被市民政局授予“深圳市民政系统抗震救灾特别贡献集体”荣誉称号。2009年，被区委、区政府评为2008—2009年度“精神文明建设先进集体”。2011年和2012年被市政府授予“扶贫济困日组织奖”。2012年被评为“深圳市双拥模范单位”。2016年，荣获第三届鹏城慈善奖“鹏城慈善典范机构”荣誉称号。2018年，宝安区被授予唯一的“鹏城慈善典范区”荣誉称号。2019年，宝安区慈善会“第四届‘与爱同行’慈善微跑暨健康成长基金启动仪式”荣获2019年深圳慈善月活动“慈善创新活动（项目）”，宝安区慈善会荣获深圳市社会公益基金会颁发的“拾典·卓越协作者”奖。2020年，在第五届鹏城慈善奖评比中，宝安区慈善会被授予“鹏城慈善40年致敬单位”荣誉称号，还获得了两个“鹏城慈善典范项目（慈善信托）”奖项。

二、慈善会初创期：前人栽树，后人乘凉

慈善会成立至今，大致经历了初创期和发展期。2007—2012年处于初创阶段，在这一时期中，慈善会的组织架构基本形成，内部管理机制有序建设，慈善募捐、慈善救助活动陆续开展，社会治理功能日益凸显；2013年至今处于成长阶段，在这一时期中，慈善会立足现实发展条件以及过往发展经验，围绕自身建设、制度规范、资金募集、慈善救助、慈善文化、合力慈善等方面进行了更加丰富的探索与创新，区级慈善会在新型社会治理格局中的作用得以彰显。

宝安区慈善会作为深圳市首家区级慈善会，其在初期并没有多少经验可以借鉴，而慈善会的各项制度如何建设，慈善项目如何运转，慈善资金

如何筹措等一系列重要问题又是组织建立之根基所在，关系到慈善会的长续发展。因此，在第一届理事会成员的不懈努力之下，慈善会逐步完成了基本制度建设，初步搭建起慈善募捐渠道，推出多类慈善救助项目，并进一步向社会公众进行慈善理念的推广，为慈善会的发展打下了稳固的“地基”。

（一）加强制度建设，以规矩成方圆

制度建设是各项工作开展的重要前提。从发展伊始，慈善会就把自身的规范化建设视为工作的重中之重，制定了一系列制度规范。

首先是制定了慈善会的基本制度。慈善会制定了《宝安区慈善会章程》（以下简称《章程》）和《宝安区慈善会财务管理制度》（以下简称《财务管理制度》），为慈善会的后续建设与发展奠定了坚实的制度基础。《财务管理制度》对慈善会资金收入及管理、资金支出管理、票据管理、财产物资管理等事宜进行了详细规定，严格遵循封闭管理、专项核算、公开透明的原则。

其次是推出了救助项目化的管理制度。慈善会针对户籍困难居民重大疾病救助、劳务工重大疾病救助、自然灾害和重大医疗事故救助、驻地困难官兵救助等问题分别制定了《关于资助户籍困难居民重大疾病医疗暂行办法》《关于资助劳务工重大疾病医疗暂行办法》《关于自然灾害和突发性重大事故救助暂行办法》《关于资助驻地困难官兵试行办法》等制度，进一步明确了申请条件、办理审批程序及资金拨付的规范，使慈善会各类救助项目的开展都可以做到有章可循，避免了人情救助、关系救助、熟人救助等问题的出现。

（二）汇聚慈善力量，开辟慈善募捐渠道

慈善资金的募集是慈善会的重要工作内容之一，亦是后续各类慈善救助项目能够顺利开展的重要保障。慈善会成立伊始，由于各项工作尚处于起步阶段，暂无可以用作支持组织各项活动正常运转的资金支撑，宝安区

政府便拨付了990万元的财政资金用于慈善会的启动运行。后续各级政府有关部门及人员还通过带头捐助，动员企业、街道、社区等多方力量，使其参与慈善募捐活动的形式，助力慈善会顺利成长。

除了政府的帮助之外，慈善会自身也积极探索了多种慈善募捐活动，用来募集慈善资金，逐步学会自己“走路”。其中，有“慈善周年捐”“慈善一元捐”“广东扶贫济困日”“一十百千万”等常规的募捐活动，还有诸如为雨雪冰冻、地震、风灾、旱灾、泥石流等自然灾害事件所举办的特定募捐活动。慈善会还进一步探索了定向募捐方式，即根据捐赠人的捐赠意愿，为特定的对象进行捐赠和资助，实现了非定向捐款和定向捐款相结合。截至2012年12月31日，慈善会累计收到800余万元的定向项目捐款，所资助的项目达到26个，惠及了广东、河南、江西等6个省份的贫困地区。

（三）开展慈善救助，践行济困扶危之心

对于慈善会来说，其成立的初衷便是立足群众实际困难，对有需要的人予以切实的帮助。因此，慈善会积极探索了各类救助项目，涵盖了户籍困难居民、外来劳务工、驻地困难官兵、与自然灾害或突发事件相关的生活和医疗困难群众。

其一，开展医疗救助项目。慈善会秉持人道主义精神，针对宝安区内患有重大疾病的户籍困难居民推出相应的医疗救助项目。同时，慈善会还立足深圳实际，考虑到深圳市外来务工人员较多，因此针对这一部分群体的医疗救助需求也制定了专门的救助管理办法。

其二，开展自然灾害和重大突发性事故救助。自然灾害或者某些突发性事故往往会在短时间内造成巨大的损害，需要社会各界力量的支持和帮助。因此，慈善会针对这类问题制定了相应的救助管理办法，将其纳入慈善会日常救助捐助的项目范围之内。

其三，开展驻地困难官兵救助。2009年，慈善会率先在全国推行了驻地困难官兵救助项目，设立驻地困难官兵资助金，对宝安区内符合资助条

件的驻地官兵及其配偶、子女、父母等给予医疗资助、生活资助等帮助。

（四）推广慈善理念，助力慈善蔚然成风

除了办好自身的慈善事业之外，慈善会也希望能够培养、提升全社会的慈善意识，增强公众对慈善活动的参与感和认同感，强调捐赠不分多少，善举不分先后。因此，在慈善理念推广上，慈善会在这一阶段之中也进行了诸多探索与尝试。

首先，慈善会将慈善理念的推广灵活贯穿到各类慈善活动之中。以赈灾募捐、“一十百千万”慈善救助项目操作培训班等慈善活动为载体，向社会开展系列慈善知识宣传，并且通过积极参与“中华慈善奖”“南粤慈善奖”“鹏城慈善奖”等各级慈善评选表彰活动，宣传优秀人物事迹，树立慈善典型。

其次，慈善会积极开辟了多渠道、全方位的慈善宣传媒介通道。通过灵活运用报纸、广告、画册、广播、网络、海报等宣传手段，通过新闻传媒机构向社会宣传救助项目的制定过程、内容和申请程序等相关的信息，使得社会各界能够灵活便捷地接收到慈善信息。

经过6年的发展，慈善会总体已经走上正轨，为后面的发展奠定了良好的根基。慈善会现任会长张洪华也始终认为慈善会能够取得今天的成就，之前的两位领导是功不可没的，慈善会的章程、财务制度等一系列的制度规范都是靠他们一点点地去摸索制定出来的，这不仅让慈善会具备了良好的发端，后续的一系列工作也都是站在他们的肩膀上去做的。

三、慈善会发展期：锦上添花，精益求精

从2013年至今，宝安区慈善会属于发展阶段。2013年1月，慈善会选举产生第二届理事会成员，由宝安区委原副书记张洪华担任会长，宝安区民政局局长项健担任常务副会长。新一届的理事会在慈善会过往发展的基础之上，一方面对慈善会的既有工作做了进一步完善，另一方面也采取了许多创新行为，在自身建设、慈善募捐、慈善救助、慈善文化建设、合

力慈善打造方面取得了新的突破，避免慈善会发展落入故步自封的窠臼，极大地促进了慈善会的成长。

（一）打铁还需自身硬：紧抓制度和能力建设

面临着快速发展的社会环境和不断涌现的新发展难题，慈善会立足之根本就在于始终重视组织自身建设。在这一发展阶段之中，慈善会一方面进一步完善了既有的制度规范，包括完善《章程》《财务管理制度》《宝安区慈善会定向捐赠管理暂行办法》《深圳市宝安区慈善会关于资助劳务工重大疾病医疗暂行办法》等文件，做到“一活动一制度、一项目一制度”。慈善会也进一步完善了慈善会—街道—社区三级审批制度，实行定期向监事会报告财务工作制度，坚持完善审计和公开制度。2014 年，宝安区慈善会在全市各区级慈善会中率先实行第三方审计制度，并在宝安区慈善会微信公众号、慈善会官方网站等平台上定期向社会公开慈善金收支明细，接受社会监督。

另一方面慈善会也制定了新的制度和规范，立足现实发展之需要，新制定了《宝安区慈善会公益项目管理暂行办法》《宝安区慈善会志工管理办法》《深圳市宝安区慈善会冠名基金管理暂行办法》《宝安区慈善捐赠箱管理暂行办法》等文件。自 2013 年起，慈善会基于现实发展条件开始制订慈善会五年发展规划，用以明确慈善会未来工作重点和发展目标，也为慈善会各项工作的开展提供指导。至今已经形成了《宝安区慈善会发展规划（2013—2017）》《深圳市宝安区慈善会发展规划（2018—2022）》两份文本。

此外，慈善会还高度重视自身的能力建设，坚持走访和座谈活动，加强与名誉会长、理事、会员的沟通协调，同时不断创新学习制度，开展会长办公会专题学习、外出学习等多种形式的学习活动。慈善会还通过举办慈善与爱心专题讲座、慈善救助业务培训、慈善高端论坛等活动，不断增强慈善队伍专业化能力，并在全市各区率先成立了慈善志愿工作者队伍。

（二）能挣：创新慈善募捐方式

宝安区慈善会会长张洪华认为，对于一家带有基金会性质的公益慈善机构来说，非常重要的一项工作是必须想办法募集到更多的善款，因为有了善款才能够帮助更多的人，进而彰显慈善会的价值所在。因此，慈善会在这一发展阶段之中不断探索、开辟新的募捐方式，积极动员社会力量，灵活运用线上、线下相结合的方式打造出了多通路的慈善募捐渠道。

一是探索成立了慈善冠名基金。慈善会敏锐地意识到，有一部分企业家自身对于资助的项目有着较为强烈的个人偏好，部分人可能希望资助教育类的项目，有些则可能希望资助退役军人，等等。因此，本着充分尊重捐赠人意愿的原则，充分调动社会捐赠活力，慈善会探索打造出了慈善冠名基金。慈善冠名基金指的是由捐赠方在慈善会设立的，以捐赠单位或捐赠人的称谓和慈善公益项目名称所命名的基金，主要用于助学、助困、助医、助老、助孤、助残、救灾等慈善救助项目和符合慈善会章程规定的其他社会公益项目。慈善冠名基金的设立不仅可以帮助慈善会募捐更多的慈善金，而且也可以提升捐赠者的社会知名度，便于其对慈善金的使用情况进行监督。

二是丰富了慈善募捐的活动方式。慈善会开创了慈善晚宴、慈善拍卖会、“与爱同行”慈善微跑、慈善箱募捐、社会化大型募捐、公益慈善项目大赛等形式的慈善募捐活动，通过多样化的活动形式吸引社会各界人士参与慈善募捐活动，让慈善逐渐融入大家的日常生活。

三是开创了“互联网+慈善捐赠”模式。慈善会在微信平台上创建了公众号，订阅者可以在公众号内进行线上捐款、关注慈善动态、查询善款收支明细和救助记录，为捐赠者提供了极大的便利。

（三）会花：扩大慈善救助范围

在有了更多的善款之后，慈善会还要进一步思考如何把这些善款花出去，用这些善款去帮助更多有需要的人。因此，慈善会也一直在着力于创新慈善救助的模式。

首先，慈善会进一步降低了救助的门槛，拓宽了救助范围，提高救助标准。慈善会通过降低救助办法中对于月收入的标准要求，以使更多有困难的人能够具备接受救助的资格，同时，慈善会还将原来资助办法中的病种范围要求由 12 种增加到 16 种，进而能够帮助更多的患病人群。让更多人受益的同时，慈善会还进一步提高了对户籍困难居民、驻地官兵等人群的救助标准，让更多的人尽可能多获益。

其次，慈善会新增了救助项目，并率先实施专项精准资助、突发事件救助项目。2014 年，慈善会在全市创新出台《宝安区慈善会关于困难群众个案救助暂行办法》，对遭遇重大突发性事件或身患绝症危及生命，需要慈善救助的困难群众实施救助，进一步扩大了救助的范围。2015 年，慈善会利用其在“大爱无疆 与‘心’同行”关爱先天性心脏病儿童慈善晚宴中募集的 520 万元爱心基金，对具有宝安区户籍或者在宝安区内出生的外来务工人员患有先天性心脏病的孩子实施专项精准资助活动，制定了《宝安区慈善会关于先天性心脏病患儿医疗救助专项资金使用管理办法》。此外，慈善会也观察到，存在一部分因遭遇突发事件没有时间筹集资金，却又急需救助的困难人群，针对这一类困难群众的实际问题，慈善会每年也会有 100 万元的慈善金专门用以助力他们渡过难关。

最后，通过举办公益慈善项目大赛，进一步撬动社会资源。2015 年，慈善会在全市各区级慈善会中率先举办了第一届公益慈善项目大赛，面向全市各类优秀社会组织和企事业单位、志愿团体等公开征集公益项目，为最终申报成功的项目提供持续性的资金支持以及陪伴成长的赋能建设。大赛至今已经连续举办 5 届，参赛项目超过 300 个，资助项目共计 54 个，累计投入创投资金逾 1000 万元，覆盖人群达到 250 万。通过遴选和培育本土优质创新的公益项目，不仅能够满足多层次、多样化的社会服务需求，而且有效解决了慈善会人员短缺的问题，进一步提升了慈善会的专业化水平。

（四）春风化雨：以慈善文化浸润人心

慈善事业要持续发展不能光靠几个人或一代人，需要有一个“魂”来支撑和凝聚，而慈善文化正是慈善事业发展的“根”与“魂”。为此，慈善会也一直致力于为打造具有宝安特色的慈善文化而努力。

2013 年 10 月，慈善会在全市探索推进了“慈善文化进校园”工程，在区教育局和坪洲小学的大力支持之下，该项工程在坪洲小学举办试点启动仪式，通过将慈善活动与教学活动相结合，慈善理念与教学理念相融合的方式，在孩子们的心中埋下一颗小小的慈善“种子”，使孩子们具备一颗善良、感恩和有责任感的心。慈善会还编写了《我和慈善一起成长》慈善读本作为“慈善文化进校园”工程的配套读本一同进入校园。最终，慈善会用时 7 年，到 2020 年实现了“慈善文化进校园”工程在宝安区内小学中的全覆盖。

为了彰显宝安特色的慈善文化，2013 年，慈善会与宝安日报社合作，在全国范围内举办慈善之语征集活动，评选出了“美丽中国梦，慈善宝安行”“慈善为源，爱满天下”“慈以为宝，善化而安”等十大宝安慈善之语，成为宝安特色慈善文化的重要体现。2015 年，慈善会推出了慈善会会歌——《爱是唯一》，并制作了慈善会公益动漫宣传片——《大家一起做慈善》，通过悠扬的旋律以及动态的画面给予公众以美好的听觉和视觉体验，吸引更多的人能够关注、参与慈善事业。2016 年，慈善会以动漫宣传片中的主人公为原型，设计、推出了“慈善娃”爱心玩具，深受广大市民朋友的喜爱。2020 年，慈善会新建成了深圳市首个慈善地标“与爱同行慈善微跑”，倡导公众养成积极健康的生活方式与慈善理念。

除此之外，慈善会还开展丰富多彩的慈善文化活动。通过“我的善缘”有奖征文比赛，宣传市民身边的慈善人物和慈善故事。在“慈善宣传周”活动中向公众进行集中的慈善宣传和普及。举办宝安慈善论坛，邀请政府领导、专家学者、社会组织代表等人士，立足宝安实际，共同对宝安慈善事业的发展进行深入思考、讨论和探索。2017 年，在慈善会成立 10

周年之际，慈善会还举办了以“大爱宝安，善行道远”为主题的 10 周年回顾展览，循着时间的脉络，从探索、创新、收获、前行 4 个方面向全社会展示慈善会 10 年间的发展成果及未来发展之蓝图。

慈善会还进一步丰富了媒体宣传的形式，扩大媒体宣传的力度。慈善会与宝安日报社合作，自 2013 年起，每周推出一期“公益慈善”专栏，与宝安日报社共同创办了《善源》杂志。除了平面传媒之外，慈善会还升级了原有的网站平台，设置慈善会介绍、慈善动态、慈善捐助、慈善大家谈等栏目，并进一步利用微信公众平台及时发布活动资讯，拓展移动终端捐款、捐助等“微慈善”服务，促进慈善事业实现在互联网时代中的新发展。

（五）独木不成林：助推合力慈善

慈善事业要获得长远的发展，仅靠慈善会一己之力远无法实现。为了能够充分发挥慈善会作为枢纽型公益慈善组织的作用，凝聚多方力量，吸引更多的人参与慈善事业，慈善会创新性地开辟了一条打造“合力慈善”的道路。

2014 年 6 月，慈善会成立了一支由 350 名义工组成的慈善义工队伍，合力慈善由此肇端。后来，在宝安区慈善会第二届理事会第四次会议暨 2015 年度会员大会上，区委书记黄敏提出要充分发挥宝安区慈善会枢纽型公益慈善组织的作用，打造文化慈善、真心慈善、合力慈善和创新慈善。为了实现合力慈善的目标，慈善会采取与义工联、街道、街道商会、五类百强企业联合会、媒体签订战略协议的方式，利用它们的优势辐射更多的主体，形成强大的慈善合力。

通过与区义工联签订《深圳市宝安区慈善会 深圳市宝安区义工联合会推进公益慈善事业发展合作框架协议》，利用义工联拥有庞大义工队伍的优势，共同推进宝安公益慈善事业；通过与新安街道签订《深圳市宝安区慈善会 深圳市宝安区新安街道办事处推进公益慈善事业发展合作框架协议》，慈善会与新安街道通力合作、优势互补，逐步提升公益慈善的专业性、影响力和公信力，共同推进公益慈善事业的发展；通过与新安商会、西乡商会、航城商会、福永商会、福海商会、沙井商会、新桥商会、松岗商会、燕罗商会、石岩商会签订《推进慈善公益事业发展合作框架协议》，发挥区慈善会和各街道商会在公益慈善事业中的主力军作用，利用街道商会的优势逐步向中小企业延伸，推进“全民慈善，人人公益”，不断加强宝安公益慈善事业发展的深度、广度和高度；通过与区五类百强企业联合会签订《深圳市宝安区五类百强企业联合会 深圳市宝安区慈善会战略合作协议》，双方正式建立战略合作伙伴的关系，坚持社会实施、公众参与和专业运作，共同致力于社会效益的提升，同时发挥百强企业联合会的带动作用，调动大企业参与慈善事业的积极性；通过分别与宝安广电中心、宝安日报社签订《推进公益慈善发展合作框架协议》，双方立足自身优势，加强慈善宣传，在遵循合作共建、合作共享、合作共赢、合作推进的原则基础之上，共同开展慈善募捐、慈善救助活动，共同丰富慈善文化内涵，推进慈善队伍的建设。

第四章　宝安区慈善文化建设的探索与实践

宝安区慈善会的慈善文化建设可划分为3个时期，探索期（2007—2012年）、创新期（2013—2017年）和突破期（2018年至今）。

一、文化探索期：人人公益，处处可为

慈善会成立之初，一切如同一张白纸，只能摸着石头过河。九层之台，起于垒土。地基是建筑物的起点。只有地基坚牢，才能万丈高楼平地起。因此，第一届领导班子注重“打地基”的工作，即建章立制、探索慈善基金募集方式、创设慈善项目等。在成立之后的5年里，宝安区慈善会开展了管理制度的构建工作，制定了《宝安区慈善会章程》和《宝安区慈善会财务管理制度》，奠定了宝安区慈善会运行管理的制度基础。同时，制定了4个救助管理办法：《关于资助户籍困难居民重大疾病医疗暂行办法》《关于资助劳务工重大疾病医疗暂行办法》《关于自然灾害和突发性重大事故救助暂行办法》《关于资助驻地困难官兵试行办法》，以实现救助的制度化。尽管相比于基础性的功能，宝安区慈善会在慈善文化建设方面投入的精力相对较少，但是宝安区慈善会在成立之初仍然注重培养市民对慈善事业的认同感和参与感，倡导“人人皆可善”的理念。具体体现在以下方面。

第一，以重大慈善活动为依托，不断加大慈善宣传力度。在慈善会成立之时、一周年之际、大型赈灾募捐、慈善日等活动中进行慈善思想和理念的宣传，并宣传成立慈善会的目的、意义以及慈善会的章程、财务管理制度、慈善资金封闭管理模式和慈善项目。每次发起募捐活动时，宝安区慈善会都发放倡议书，阐明募捐的必要性，倡导“捐赠不分多少，善举不

分先后”的理念。2010年11月，慈善会以“一十百千万”募捐活动为载体，号召中小学生捐1元，普通市民捐10元，公职人员和个体工商户捐100元，一般企业捐1000元，规模以上企业捐1万元，动员全社会普遍参与慈善事业。该募捐方式，捐款标准不高、划分较细，得到社会普遍认同，不仅提高了募捐成效，也加强了“人人皆可善”的理念。

第二，运用多种形式，多渠道全方位开展慈善宣传。在报纸、广播电视、网络、公交车、公交站站台、交通要道、宝安区平面传媒上投放慈善公益广告，向社会宣传慈善。同时，在慈善捐款活动期间，通过与媒体合作印发倡议书的形式进行慈善宣传，动员社会捐赠。比如，在“5·12”汶川地震发生后第二天，慈善会通过宝安广播电视台、《宝安日报》等媒体公布抗震救灾捐赠热线和捐赠账号，并与宣传部门和新闻媒体配合，为深入宣传报道抗震救灾工作提供有关素材。此外，在台风“莫拉克”重创台湾、青海玉树特大地震时，宝安区慈善会亦及时于《宝安日报》刊登倡议书，在全区开展募捐活动。

第三，注重慈善项目操作的宣传。宝安区慈善会举行了慈善资助金启动仪式，印发了《救助办法宣传册》，并借助新闻媒体的力量，向社会宣传救助项目的制定过程、项目内容和申请程序。每年都在街道和社区举办慈善救助项目操作培训班，畅通了慈善救助渠道。同时，区慈善会还与区义工联合作，举办由全区义工参加的慈善救助工作培训班。区慈善会常务副会长张文枢参加并指导。培训重点是让义工队伍了解慈善救助及区慈善会的救助办法，建立一支熟悉慈善救助的义工队伍。慈善会强调慈善项目操作的宣传旨在为困难群众提供更及时、更精准、更有效的慈善服务，让无助者得到帮助，让绝望者看到希望。困难群众能切实享受到慈善带来的社会救济和福利，了解到慈善是社会安全网和社会保障体系的重要补充。

第四，注重宣传和树立慈善典型。宝安是一块充满爱心的热土。宝安区慈善会的成立带动宝安区慈善事业发展踏上新征程，一批批慈善人物在宝安区，如“南粤慈善奖”获得者陈锦花、“南粤慈善之星”林乐文、

“鹏城慈善奖慈善行为楷模”张海文等。因此，《宝安日报》与宝安区民政局、宝安区慈善会联合开设“爱在宝安”慈善典型栏目，对林乐文、郑焯辉、翁锐桂、苏洪根、黄尔春等慈善人物进行了专题报道，同时注重平民慈善的宣传，让这些爱心人士的事迹进入广大市民的视野，带动更多的市民参与慈善事业。此外，区慈善会积极推荐宝安区慈善人物参加“中华慈善奖”“南粤慈善奖”“鹏城慈善奖”等各级慈善评选表彰活动，树立了一批慈善典型，让爱心之花在宝安处处绽放。

二、文化创新期：文化战略，如影随形

2013 年，宝安区委原副书记张洪华当选第二届会长、区民政局局长项健担任常务副会长后，新一届的领导班子在原有的基础上，提出“文化慈善”理念，加大慈善文化建设与宣传。现任会长张洪华表示说：“原会长何植洪和常务副会长张文枢带领宝安区慈善会设计了 LOGO、建立了慈善会的官方网站。第一届的慈善会已经开始慈善文化建设的工作。”鉴于张会长曾在南海舰队政治部从事政治宣传工作，在文化建设和宣传方面具有优势，因此担任会长后主动提出加大慈善文化的建设力度。现任秘书长陈长贵也说：“慈善会注重文化建设与会长过去的阅历息息相关，张会长看问题有一定的深度和高度，能够抓住问题的核心。他意识到慈善文化建设是促进我国慈善事业发展的重要举措。文化看起来似乎是小事，但却是构建慈善文化是发展慈善事业的基础工程，是慈善事业的推手，需要十年磨一剑。”因此，自 2013 年起，宝安区慈善会在制定的第一个五年规划中提出了一系列创新慈善文化建设的举措（见表 4-1）。

一是丰富慈善文化“看得见”的元素。2015 年，宝安区慈善会创作了慈善会会歌《爱是唯一》。会歌由戴有斌和唐跃生共同作词，何亮作曲，耗时两年多精心创作而成。同年，慈善会制作并发布慈善会公益动漫宣传片《大家一起做慈善》。慈善文化通过活泼明快的动漫和优美动人的旋律，宣扬了“人人慈善”的理念。2016 年，慈善会推出“慈善娃”爱心玩具，让公众对宝安慈善有更为形象的认识。“慈善娃”是由爱心企业家忻元甫

先生根据慈善会公益动漫宣传片《大家一起做慈善》中的主人公宝宝和安安为原型设计。宝安区慈善会申请了“慈善娃”的外观专利，授权爱心企业生产销售，所得利润的50%捐赠给宝安区慈善会用于慈善事业。

二是借助传统媒体、学界的力量创作关于慈善文化的读物。自2013年起，宝安区慈善会与宝安日报社合作创办《慈善周刊》，每周设置一期慈善专栏，介绍慈善人物，报道慈善动态，弘扬传统文化，宣扬慈善理念。2014年，区慈善会与宝安日报社合作，共同创办内刊《善源》（双月刊）。《善源》的宗旨是：启迪善心、思辨善恶、传播善行、弘扬善念。设置的栏目有论坛、全景、圆桌、组织、善举、集萃、文渊、借鉴等。《善源》是研究慈善、传播慈善的媒介，聚集了全国专家、学者的新锐思想和独特见解，介绍其他公益慈善组织的先进经验和慈善公益人物的事迹，成为弘扬社会正能量的窗口。2017年，在宝安区慈善会成立10周年之际，慈善会委托何华兵等人撰写了《基层慈善改革创新实践——宝安区慈善会十年探索》一书，并由社会科学文献出版社出版发行。

三是充分发挥新闻媒体的宣传作用。慈善会积极与广播、电视、报纸等新闻媒体合作，宣传慈善政策法规、爱心企业个人、慈善救助项目、慈善理论研究成果，公布慈善募捐动态、善款收支情况、社会救助效果。通过新闻媒体的广泛宣传，社会各界可全面、清晰地浏览、掌握慈善政策，认知救助项目，熟悉救助程序，明晰善款使用情况。此外，慈善会与宝安电视台合作，在宝安电视台播放“十大慈善之语”，在黄金时间滚动播放慈善捐款名单，以及慈善公益动漫宣传片《大家一起做慈善》，让人们潜移默化地受到慈善文化渲染。同时，宝安区慈善会升级原有的网站，新的慈善会官方网站版面设置更加新颖和丰富，栏目设置了慈善会介绍、慈善动态、慈善救助、慈善大家谈等板块，通过对慈善会的工作进行及时全面的宣传，并与广大市民进行对接与互动，进一步扩大慈善会的影响。

四是开展丰富多彩的慈善活动。2013年，慈善会联合宝安日报社举办了“十大慈善之语”全国征集评选活动。2014年，开设宝安“慈善宣传周”，举办慈善义工队伍成立暨“慈善宣传周”启动仪式。宣传周上，宝安区慈善会宣布其微信公众号平台正式上线，这标志着宝安区慈善事业正式进入了“微时代”。宣传周的活动集中在宝安区各街道、各社区，以区慈善会救助办法和微信公众平台的推介为宣传重点。同年，宝安区慈善会举办优秀公益慈善项目选拔赛，借助社会力量做公益，以解决区慈善会人手不足的问题，同时吸引更多人关注慈善、参与慈善，为深圳市慈善公益事业及改革注入新力量。2015 年，慈善会又与宝安日报社联合举办“我的善缘”有奖征文比赛活动，以宣传身边的慈善人物和慈善故事。2016 年 4 月，区慈善会与区工商联、区义工联合会、中国银行宝安支行共同举行“与爱同行 · 慈善微跑”公益活动，在筹集善款的同时倡导健康的生活。同年，区慈善会举办了第一届宝安区慈善论坛，吸纳学界的力量，集思广益，总结宝安区慈善事业的经验、发展遇到的难题以及未来的发展方向。2017 年 5 月成立宝安区慈善奖组委会，并启动宝安区慈善奖评选活动，树立慈善典型。宝安区慈善奖表彰大会共评选出了慈善捐赠个人奖和企业奖各 20 名、慈善典范机构 10 名、慈善推动奖 20 名。

五是全面推动“慈善文化进校园”活动。2013 年，宝安区慈善会编写了小学生慈善读本《我和慈善一起成长》，在坪洲小学举办了慈善文化进校园试点活动，力求做到慈善活动与教学活动相融合，把慈善文化作为素质教育的重要组成部分，培养学生的善念，在孩子们的心中播下慈善的种子。2014 年，在宝安区教育局的大力支持下，区慈善会总结和推广了坪洲小学试点经验和做法，新增 6 所公办小学和 1 所民办小学作为试点推广。2016 年，新增 1 所区级公办小学、6 所街道小学和 1 所民办小学作为试点。在这一阶段，宝安区慈善会共推进了 16 所试点学校启动了“慈善文化进校园”项目，进一步将慈善教育与学校德育教育相融合，将慈善活动与教育实践相融合，让慈善理念从校园开始，辐射到每个家庭和每个社区，为宝安区慈善事业的发展营造良好的社会氛围。

表 4-1　宝安区慈善会在创新期开展的慈善文化活动①

模块	内容	产出
慈善文化元素	会歌《爱是唯一》	—
	公益动漫宣传片《大家一起做慈善》	—
	爱心玩具“慈善娃”	—
创作慈善文化读物	《慈善周刊》	截至 2017 年底，宝安日报社共推出“公益慈善”专栏 236 期
	《善源》	出版了 21 期
	《基层慈善改革创新实践——宝安区慈善会十年探索》	—
慈善文化活动	“十大慈善之语”	全国 10 多个省份热心人士的广泛参与，共收到来自全国各地的慈善之语 1400 多条
	“慈善宣传周”	截至 2017 年，举办了三届“慈善宣传周”，在各街道、宝安各 U 站、各社区宣传发放区慈善会救助办法 7000 多册，在宝安电视台、6 条线路 12 台公交车上宣传“十大慈善之语”，开展了 17 场“义工表演进社区”活动
	公益慈善项目大赛	自 2014 年至今已举办了 4 届公益慈善项目大赛
	“我的善缘”有奖征文活动	共收到 200 多篇来稿
	“与爱同行 · 慈善微跑”公益活动	第一届（2016 年），参与人数超 2000 人，募集善款近 100 万元 第二届（2017 年），参与人数超过 3000 人，募集善款近 25 万元
	“基层公益慈善机构创新发展深圳宝安论坛”	吸引了来自北京大学、中国人民大学等 11 所高校相关学者以及市内外基层公益组织代表 100 多人共同参与

① 笔者根据宝安区慈善会的资料整理而成。

续表

模块	内容	产出
慈善文化活动	宝安区慈善奖评选活动	慈善捐赠个人奖和企业奖各 20 名、慈善典范机构 10 名、慈善推动奖 20 名
慈善文化进校园	编写小学生慈善读本《我和慈善一起成长》	在 16 所试点学校共发放慈善读本 20000 多册
	学校启动“慈善文化进校园”活动	共 16 所学校，14 所公办小学，2 所民办小学

三、文化突破期：破旧立新，有口皆碑

2018 年 5 月 10 日，宝安区慈善会召开第三届会员大会暨第三届理事会第一次会议，宣布了区慈善会第三届理事会班子。区委书记姚任指出，区慈善会为宝安社会事业发展作出了重要贡献，新一届班子要不忘初心、牢记使命，立足宝安开展更广泛更精准的慈善工作，打造更有温度的、更有情怀的慈善文化。可见，区委书记也强调慈善文化建设的重要性。区慈善会在总结区慈善会第二届理事会工作经验和广泛调研的基础上，制定宝安区慈善会第二个五年规划。同样，第二个五年规划对慈善文化建设也提出了新要求。在慈善宣传方面，宝安区慈善会设定了具体的指标（见表 4-2）。在慈善文化建设的突破期，宝安区慈善会一方面注重提升宝安慈善文化建设的品牌效应，另一方面不断推陈出新，丰富慈善文化的元素。

表 4-2　宝安区慈善会第二个五年规划中慈善宣传的目标①

类别	指标	2022 年目标值	指标属性
慈善宣传	规模（百人以上）活动	≥10 场	预期性
	慈善文化宣传	≥20 次	约束性
	慈善宣传栏	≥50 个	预期性
	慈善评比表彰	≥2 次	预期性

① 深圳市宝安区慈善会发展规划（2018—2022）.

一是构建慈善文化宣传品牌项目（见表 4-3）。在创新期宝安区慈善会开展了一系列创新慈善文化建设的举措，如设计慈善文化的元素、创作慈善文化读物、丰富慈善文化的活动、推动慈善文化进校园等。而现阶段，宝安区慈善会更加注重慈善文化品牌项目的建设，通过打造一批响亮的慈善文化品牌，提升慈善文化的影响力和号召力。譬如，宝安区慈善会持续开展慈善文化进校园工程，继续与宝安日报社合作创办《慈善周刊》和《善源》杂志，建设慈善地标等。截至 2020 年底，实现了全区 139 所小学慈善文化进校园全覆盖，营造了学校、社会、家庭三位一体的慈善文化氛围。此外，2020 年，慈善会建成了深圳市首个慈善地标“与爱同行 · 慈善微跑”地标，把运动与慈善、活力与稳重、现代文化与传统文化相融合。张洪华会长表示说，“慈善文化进校园”“打造宝安特有慈善地标和慈善空间”是宝安区慈善会 2021 年的重点工作。

表 4-3　宝安区慈善会的品牌项目①

品牌项目	主要内容	主要利益相关方
《慈善周刊》《善源》杂志	宣传和报道关于慈善文化、慈善事业的内容	宝安区慈善会、宝安日报社
“慈善宣传周”	讲解慈善知识，传递慈善精神，弘扬慈善文化，号召市民参与慈善事业	宝安区慈善会、区义工联
公益慈善项目大赛	公益组织和慈善机构申报项目，宝安区慈善会提供资金支持	宝安区慈善会、深圳市社会公益基金会
“与爱同行 · 慈善微跑”	倡导健康生活方式，宣传慈善理念，筹集善款	宝安区慈善会、中国银行深圳宝安支行、宝安区工商业联合会、宝安区义工联合会
深圳首个慈善地标	设立永久性的慈善地标，将慈善与运动、活力和稳重、现代文化和传统文化相融合	宝安区慈善会、广兴源公司

① 笔者根据宝安区慈善会的资料整理而成。

续表

品牌项目	主要内容	主要利益相关方
深圳宝慈善论坛	围绕公益慈善热点话题，聚集全国专家学者在宝安“论剑”，探讨碰撞出未来的发展理念和路径，集思广益达成宝安共识	宝安区慈善会、深圳大学治理研究院
慈善文化进校园	在学校传播慈善理念、慈善知识，提高慈善意识，营造学校的慈善氛围	区教育局、宝安区慈善会、学校
慈善关爱空间	启动学生近视防控公益项目“爱眼空间”的建设。从公益慈善项目大赛中遴选优质项目落地宝安，建设项目关爱空间	宝安区慈善会、南方医科大学深圳医院、区教育局、中国银行宝安支行、新安工商联、深圳市社会公益基金会、深圳市心星园训练中心

二是加强宝安区慈善会自身的品牌管理。和企业产品一样，一个没有品牌的慈善事业和公益服务领域，注定没有立足之地。公益的规范性价值使品牌更受尊敬，品牌也使公益更具影响力。我国慈善事业出现一系列慈善丑闻也严重损害捐赠者和潜在捐赠者对慈善事业的信任感。而 2020 年新冠肺炎疫情防控期间，湖北省红十字会所暴露出来的种种问题再一次让国内慈善组织陷入公信力危机的旋涡。张洪华会长一直强调：“公信力是慈善组织的生命线。”因此，在突破期，宝安区慈善会还注重学习公益机构营销战略，强化慈善组织品牌建设，譬如完善组织内部结构，提升组织外部形象，与政府、媒体、公益行业、社区及企业等联合举办各类公益活动，以不断提升项目品牌效应和社会影响力。

三是全方位发挥新闻媒体的宣传作用。在前期，尽管宝安区慈善会积极与广播、电视、报纸等新闻媒体合作，其主阵地仍停留在文字的宣传。针对往年工作中存在的宣传短板，2020 年区慈善会加大了宣传力度。张洪华会长做客《公益民心桥》《民生访谈》，宣传区慈善会的公益之路；陈长贵秘书长参加宝安日报社《市民热线》栏目，为市民答疑解惑。区慈善会联合宝安广电、宝安融媒共同举办“慈善力量，温暖前行”网络直播访谈，收看人数达15万人次。同时，随着新媒体的出现，微信、微博等自媒体平台传播手段逐渐深入人心，宝安区慈善会充分利用新媒体独特的优势来做好宣传工作。慈善会善用新媒体宝安网、宝安融媒微信公众号、官方网站等向社会展示区慈善会风采，共刊登文章100多篇。通过多形式多渠道的宣传，大力普及慈善文化，增强广大市民的慈善意识，广泛带动社会各界参与慈善事业。

四是撰写宝安慈善系列丛书，总结慈善成果。宝安区慈善会成立13年来，在一张白纸上经历了三届的探索，成功地走出了一条宝安慈善之路。2020年初启动了撰写宝安慈善丛书工作，聘请国内公益慈善界的专家徐家良、唐娟、李健、章高荣等知名教授牵头组成课题组，分别对宝安区慈善会的合力慈善、宝安慈善历史、宝安慈善文化建设、宝安慈善之路等进行总结提升，为宝安区慈善事业的发展奠定基础，提供依据。同时，作为先行示范区的深圳宝安，也为全国、全省、区县一级公益慈善组织提供借鉴。

五是创建新型慈善文化传播阵地。结合宝安区文化艺术发展情况，营造以慈善公益为特质的城区文化。探索在区内文化艺术界等单位设立公益慈善书院、慈善书画院、慈善剧团等，积极发挥文化艺术界、宗教界在宣传和普及慈善文化方面的自身优势，发挥艺术家的特色专长、影响力和示范作用，设计和组织开展诸如慈善书画笔会、慈善义演等品牌化慈善特色项目。慈善文化是慈善事业发展的根与魂。因此，在慈善文化建设上，只有不断注入新的慈善元素、丰富慈善文化内涵，才能使慈善文化品牌永不褪色。

· 第三部分 ·

慈善文化建设之“道”

老子在《道德经》说，道生一，一生二，二生三，三生万物。“道”乃万物之宗，是一切存在的根源。“道”是重要却无形而不可见、恍惚而不可随的存在。当它作用于万物时，却表现了某种规律，这些规律却可作为我们人类行为的效准。形而上的“道”渐渐向下落，落实到生活的层面成为人类的生活方式与处世的方法。这层意义的道已经脱离了形上学的色彩，犹如从浓云降下来，平平实实地可以为我们人类所取法。慈善文化之道是慈善文化的内隐部分，沉淀于慈善组织的意识形态，如理想信念、道德规范、价值取向、行为准则等。随着组织继续获得成功，这套价值体系将成为慈善组织处理内外部关系的行为总则。“精神层”在慈善文化构成中处于决定的地位。因此，宝安区慈善会的精髓主要体现在经过 10 多年时间的摸索，沉淀下来的精神、作风和各种理念，这些隐性的东西成为宝安区慈善会运作中默认的假设和共享的行为规范。在宝安区慈善会的文化战略中，“真心慈善、合力慈善、文化慈善、创新慈善、持续慈善”定义了宝安区慈善会的精神。这些精神深深根植于宝安区慈善会，成为其可持续运作中永不枯竭的动力，周行而不殆，生生不息。

第五章　慈善文化之“道”

一、真心慈善：上善若水，厚德载物

慈善可以划分为“上善”和“下善”。下善，即人们将“慈善”作为手段，沽名钓誉，以“慈善之名”谋“一己私利”，抑或是受外部力量的驱使或强迫产生的非自愿的捐赠。这种慈善具有明显的利己性和虚伪性。上善，则是人们基于公民意识觉醒、社会责任意识、公共精神而行善，施善者和被助者都是具有平等人格且有尊严的人。老子在《道德经》所说：“上善若水。水善利万物而不争。”上善乃至善。这里老子以水的形象来说明“圣人”是“道”的体现者。最高境界的善行就好像水一样，水给万物带来益处，而不争夺利益，善于滋润万物却不与万物争高下、论长短。厚德载物，语出《周易・坤》：君子以厚德载物，其品德像大地一样能容养万物。宝安区慈善会正是秉承“真心慈善”的理念，怀揣“上善若水，厚德载物”的修养投入慈善事业。

“切实解决社会问题”是每个社会组织最基本的运作理念。宝安区慈善会是一个兼具社会团体和基金会属性的慈善机构。一方面，作为基金会，其价值追求是尽可能多地募集善款，并能将善款用于刀刃上；另一方面，作为社会团体，其价值追求是动员社会力量认识、支持、参与慈善。宝安区慈善会将两个功能融为一体，彰显出慈善会的价值所在。因此，张洪华会长时常说到宝安区慈善会要“能挣会花”。这恰恰体现了宝安区慈善会的属性。“能挣”，即聚财之道，意味着区慈善会要动员社会各界的力量来筹集善款，“会花”，即散财之道，则体现出区慈善会的社会价值。

（一）聚财之道：企业慈善与大众慈善相结合

宝安区慈善会具有很强的募集善款的能力。自2007年成立至2020年12月，募捐总额达6.85亿元，募款成绩斐然（如图5-1所示）。宝安区慈善会不断探索，开辟新的募捐方式，打造出了多通路的慈善募捐渠道。

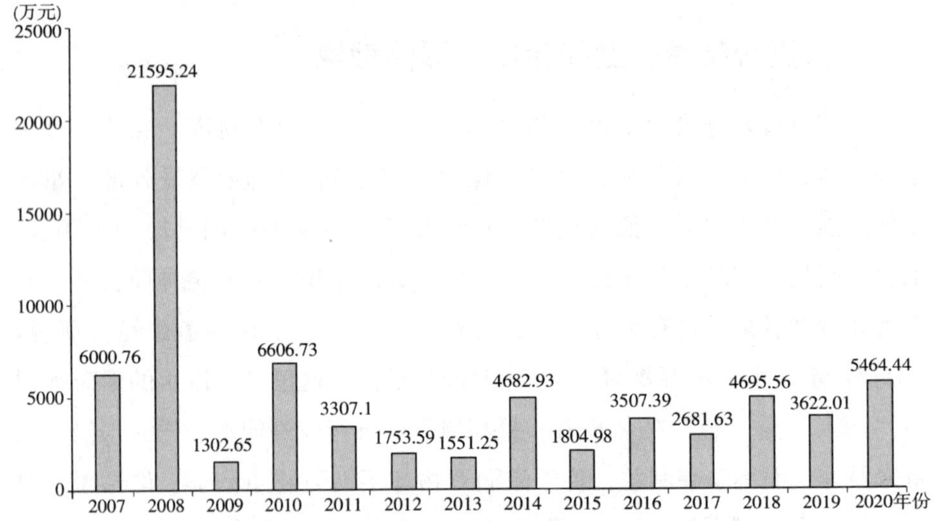

图5-1　2007—2020年宝安区慈善会的筹款额①

从图5-1中可以看出，宝安区慈善会在成立之初筹款6000.76万元。2008年，四川省汶川县发生了重大地震，破坏性极强、波及范围广、灾害损失严重，牵动全国亿万人的心弦。一方有难，八方支援，全国人民纷纷向受灾群众伸出援手。宝安区慈善会在2018年筹款约2.15亿元，其中为汶川地震筹得善款1.72亿元，募款成绩斐然。第二年，民众的捐赠热情锐减，但是宝安区慈善会仍然筹集了1302.65万元。2010年，宝安区慈善会筹集了6606.73万元，分别为国内发生的西南旱灾、青海玉树地震和舟曲泥石流三起较大的自然灾害筹集了36.43万元、3575.07万元和34.71万

① 根据深圳市宝安区慈善会2007—2020年的慈善金财务工作报告整理而成。筹款额主要包含非定向捐款、定向捐赠、专项资金、冠名基金、广东扶贫济困日、对口帮扶、赈灾捐赠、疫情防控等方面的捐赠收入。

元。尽管2011年“郭美美事件”使得全国公益组织深陷信任危机，但宝安区慈善会仍然募捐了3307.10万元。“郭美美事件”后，慈善会经历了2012年和2013年的募款小低谷。此时，中国慈善公益行业悄然发生变化，互联网慈善逐渐兴起。社交媒体动员了更多的人捐赠，但同时人们也越来越重视慈善组织的公信力、项目执行的透明度及项目的参与性和趣味性。如果慈善组织在项目实施方面出现不透明和低效率问题，在互联网时代容易受到诟病。因此，宝安区慈善会开始加强组织公信力的建设，以及通过创新性手段筹集资金。

2014—2020年，宝安区慈善会的常规筹款项目包括：非定向捐款、定向捐款、专项基金、冠名基金、广东扶贫济困日活动的捐赠收入（见表5-1）。2014年，宝安区慈善会收到深圳市宝安华丰实业有限公司定向捐赠给上海交通大学教育发展基金会用于上海交大地方合作基金项目1000万元，使得该年又达到捐赠额的一个小高峰。同时，该年尝试探索了新型的筹款方式，设立专项基金和冠名基金，筹款金额达40万元左右。从2015年开始，通过这两种方式筹款额达到500万元以上。2018年，冠名基金的收入达到1283.74万元，再创历史新高。此外，从2016年开始，“广东扶贫济困日”的收入占较大的比重。2014—2020年“广东扶贫济困日”的收入占常规项目总捐赠收入的49%，可见宝安区慈善会积极响应国家的号召，参与扶贫攻坚的工作。2020年，宝安区慈善会为新冠肺炎疫情防控筹措1018万元，总筹款额达到5464.44万元（见表5-1）。

表5-1　2014—2020年宝安区慈善会筹款来源①（万元）

项目 年份	非定向捐款	定向捐款	专项基金	冠名基金	广东扶贫济困日	对口帮扶	赈灾捐款	防控疫情	汇总
2014	2986.63	1227.13	24.48	16.37	380.60	0.00	47.72	0.00	4682.93
2015	222.11	598.36	505.81	34.00	443.17	0.00	1.53	0.00	1804.98
2016	10.23	132.00	219.04	315.47	2830.65	0.00	0.00	0.00	3507.39

① 根据深圳市宝安区慈善会2014—2020年的慈善金财务工作报告整理而成。

续表

项目 年份	非定向捐款	定向捐款	专项基金	冠名基金	广东扶贫济困日	对口帮扶	赈灾捐款	防控疫情	汇总
2017	22.80	95.43	28.06	186.97	1737.27	611.10	0.00	0.00	2681.63
2018	413.19	289.80	41.30	1283.74	1332.19	1335.34	0.00	0.00	4695.56
2019	12.97	675.03	37.16	310.00	2472.85	114.00	0.00	0.00	3622.01
2020	110.36	96.68	20.00	512.16	3707.30	0.00	0.00	1017.94	5464.44
汇总	3778.29	3114.43	875.85	2658.71	12904.03	2060.44	49.25	1017.94	26458.94

宝安区慈善会主要通过以下 6 种途径筹集善款。一是开展广东扶贫济困日活动。扶贫济困是我国促进共同富裕的重大战略部署。自 2010 年广东扶贫济困日活动开展以来，宝安区政府领导班子号召社会各界积极参与扶贫济困事业。宝安区慈善会响应号召，广泛动员全区更多社会力量参与扶贫济困，推动区域城乡协调发展。宝安区慈善会办公室刘曦光主任说："会长带着大家到企业去'化缘'，我们会长很有号召力，一呼百应，很多企业家愿意响应号召。"宝安区各组织，包括政府、事业单位和企业，以及广大市民积极参与捐赠，累计为"广东扶贫济困日"活动募集资金 1.6 亿元，大力支持我国的扶贫事业①。

二是设立"冠名基金"和"专项基金"。冠名基金或专项基金都是指由捐赠方在宝安区慈善会设立的以捐赠单位或捐赠人的称谓或公益慈善项目名称命名的资金。凡热心于慈善事业、自愿向宝安区慈善会捐赠善款的单位、个人（家庭），均可在宝安区慈善会设立慈善冠名基金或者慈善专项基金。冠名基金和专项基金的区别在于，设立冠名基金的金额不能低于人民币 50 万元，而区慈善会对专项基金的设立没有金额的要求。截至 2020 年 12 月底，宝安区慈善会共有 22 个冠名基金，筹集的善款约 2600 万元，使用了 1700 多万元。宝安区慈善会设立的慈善冠名基金和专项基金主要用于助学、助困、助医、助老、助孤、助残、救灾等慈善救助项目和

① 陈董成．党员干部职工等慷慨解囊，满满真情暖人心 宝安举行广东扶贫济困日活动［N］．深圳特区报，2021-07-01.

符合慈善会章程规定的其他社会公益项目。

三是开展慈善晚宴、慈善拍卖会等形式的慈善募捐活动。2015 年，宝安区慈善会在“大爱无疆与‘心’同行”关爱先天性心脏病儿童慈善晚宴中募集了 520 万元爱心基金，对具有宝安区户籍或者在宝安区内出生的外来务工人员患有先天性心脏病的孩子实施专项精准资助活动。在深圳白沙溪黑茶慈善关爱基金成立仪式中，宝安区慈善会同样举办了慈善拍卖活动，拍卖活动募集了约 80.6 万元的善款，并全部注入深圳白沙溪黑茶慈善关爱基金。

深圳白沙溪黑茶慈善关爱基金

2016 年 11 月 18 日，深圳白沙溪黑茶慈善关爱基金在深圳宝立方博览中心举行成立仪式。刘新安总经理代表湖南省白沙溪茶厂股份有限公司向该关爱基金捐赠 20 万元。古人云：“得志，泽加于民。”刘新安总经理在启动仪式上说：“深圳白沙溪黑茶慈善关爱基金的成立，是白沙溪黑茶产业报国、奉献社会的一项爱心善举，是我们白沙溪茶人生活中的一件大好事，这就是敢于担当社会责任，乐于扶危济贫、慈善为怀、积德好施的中华民族光荣传统，也是所有白沙溪茶人所追寻的境界。”

深圳白沙溪经销商黄晓凤女士代表深圳市天恒茶业有限公司向基金捐赠 10 万元，她希望奖励家乡学校的优秀教师和学生，宝安区慈善会则极力帮助她对接项目，最终对接了湖南“一家一”助学就业、同心温暖工程项目，资助湖南安化学校 100 多个贫困学生，并与政府进行 1∶1 的比例配捐。该项目在湖南影响非常大，黄晓凤女士也成为湖南省“一家一”助学就业的形象大使。

该活动还设置了慈善拍卖环节，会场吸引了 300 余位爱心人士。此次拍卖会上，大家摩拳擦掌，争相举牌竞拍，竞价声此起彼伏。经过多轮竞拍，湖南省白沙溪茶厂限量发行的 2016 支“龙凤呈祥”千两茶的 88 号由旭生美术馆馆长焦维明以 25.86 万元的高价成功拍下。当晚，所有拍品所获得的 80.56 万元和刘新安总经理及黄晓凤女士共捐赠的 30 万元，将全部作为深圳白沙溪黑茶慈善关爱基金的基金①。

四是举办体验式募捐活动。自2016年开始，宝安区慈善会每年都举办“与爱同行·慈善微跑”活动，将“跑步”与“慈善”相结合，吸引了市民的热情参与。活动集“运动、慈善、筹款”于一身，不仅倡导健康的生活方式，还弘扬慈善理念、募集善款，筹集的资金用于特定的慈善项目。

五是线下设置慈善募捐箱。宝安区慈善会在人员密集和人流量较多的地方设置慈善箱，譬如大型超市、大型酒店、银行、社区等。慈善箱的筹款是用于特定的慈善项目，比如自闭症儿童的康复和教育。因此，宝安区慈善会会在募捐箱旁边放置配套的慈善项目宣传资料。宝安区慈善会和银行在每一季度结束后共同去开箱，并向社会公开资金收入和资金使用明细。2013年10月10日，宝安区慈善会为了帮助“关爱自闭症儿童”项目筹集资金，在宝安区婚姻登记处大厅内设置了募捐箱。这也成为宝安区慈善会在公共场所设置的第一个募捐箱。2014年9月3日，“慈善募捐箱进驻中国银行”启动仪式在中国银行深圳宝安支行举行，慈善募捐箱进驻中国银行宝安支行各网点。同年12月4日，“慈善募捐箱进驻邮政储蓄银行”启动。

六是拓宽互联网募捐渠道。在互联网慈善的浪潮下，宝安区慈善会开创了互联网+慈善捐赠模式，在微信平台上开通“深圳市宝安区慈善会”公众号，订阅者可以在公众号内进行线上捐款、关注慈善动态、查询善款收支明细和救助记录，为捐赠者提供了极大的便利。

宝安区慈善会在聚财之道上采取了企业慈善与大众慈善相结合的策略。首先企业（资本家）与慈善事业具有天然的“亲和力”。韦伯在《新教伦理与资本主义精神》一书中指出，新教伦理一方面将在世上创造财富视为“天职”，因此人们殚精竭虑地工作劳动；另一方面又使人在勤奋的同时对个人生活施行禁欲的方式，克勤克俭，通过各种慈善手段将在世时创造的财富回馈给社会。他们认为依靠自己打拼而获得来的财富用于提高

① 慈小新．深圳白沙溪黑茶慈善关爱基金启动仪式圆满成功［EB/OL］．（2016-11-23）［2022-10-22］．https：//www. sohu. com/a/119594842_ 384624.

社会福祉是“蒙神喜悦”的。因此，新教主张通过俗世生活中的广义善行获得救赎。事实上，那些创造巨大财富的企业家在道德使然下很愿意捐款做善事。正如卡耐基所言，在巨富中死去是一种耻辱。同样，马克思在《德意志意识形态》一文中强调，市民社会本质核心是“物质生产关系总和”。慈善事业总是在一定的物质条件基础上开展活动。当整个的商业生活和工业生活获得充分发展之后，才能更好地协调利益关系，慈善事业也随之蒸蒸日上和蓬勃发展。而这些资本阶层动辄百万、千万甚至上亿元的捐赠，给慈善事业奠定了巨大的经济基础，带来的效益不容小觑。因此，宝安区慈善会与10个街道商会和企业建立了良好的关系。通过与产值百强、增加值百强、纳税百强、出口百强、创新百强五类百强企业联合会签订协议，动员宝安区的百强企业联合会参与慈善事业。同时，也与10个街道签订协议，借助商会的力量“撬活”小企业。

尽管宝安区企业家慈善会产生的经济效益和社会效益远高于大众捐赠，但慈善会仍然大力弘扬“人人皆可善，处处皆可为”，通过募捐箱、慈善微跑、互联网慈善等募捐渠道鼓励个人捐赠，动员广大群众的力量。这里的关键问题不在于捐赠数额的多与少，而在于捐赠行为背后的意义，即平民慈善重在激发人的“恻隐之心”，一种求善的内在精神。孔子提出，仁者爱人。“仁”体现出一种推己及人和助人为乐的利他精神。如果“人人皆可善”，那我们才能步入孔子描绘的令世人心驰神往的大同世界：“人不独亲其亲，不独子其子，使老有所终，壮有所用，幼有所长，矜寡孤独废疾者皆有所养。”这样才能实现孟子的“出入相友，守望相助，疾病相扶持，则百姓亲睦”的理想社会。慈善是天下苍生的福祉。仁爱之行、慈善之举都发自人们内心深处。因此，平民慈善有利于形成“远施周遍”，使“天下之人皆相爱”的“道德民风”。特别需要注意的是，我们不能用严苛的道德眼光来审视他们捐赠与否和捐赠数额，甚至高举“道德大棒”要求他人“乐善好施”。这种用捐赠数额丈量他人的“道德尺度”的作风，容易遏制捐赠者的慈善热情，不利于大众慈善理念的传播和普及①。

一言以蔽之，宝安区慈善会鼓励企业捐赠和大众捐赠，无论捐赠人捐多或捐少，他们有自由选择权，彼此之间是具有平等地位的主体。

（二）散财之道：多谋民生之利，多解民生之忧

1. 扶危济困

在“会花”方面，宝安区慈善会不断地调整、修订和完善资助办法。宝安区慈善会制定了五大救助基本办法，资助对象包括户籍居民和外来务工人员重大疾病救助、突发事件救助、特别个案救助、驻地官兵救助。

一是宝安区居民和外来务工人员重大疾病的救助。《宝安区慈善会关于资助宝安户籍困难居民重大疾病医疗暂行办法》为宝安区患重大疾病的户籍困难居民，资助适当的医疗费用。2014 年，该办法将原来每人每年累计最高资助限额的 4 万元提升至 6 万元。宝安区慈善会除了为本地户籍居民提供帮扶，也为患重大疾病的外来劳务工提供帮扶。宝安区慈善会意识到外来劳务工背井离乡来到宝安辛苦打拼，不仅保障了城市社会劳动力的供给，还繁荣了劳动力市场，给宝安区城市建设作出了重大贡献，他们是市民群众过上幸福生活背后的功臣，因此，宝安区慈善会提出要善待外来务工人员，并出台专门针对患重大疾病的劳务工的救助办法——《宝安区慈善会关于资助劳务工重大疾病医疗暂行办法》。

二是突发事件的救助。宝安区慈善会制定了《自然灾害和突发性重大事故救助暂行办法》，帮助遭遇自然灾害和突发性重大事故的群众。比如某人遭遇交通事故被送往医院，但是患者因其经济条件的限制甚至无法向医院支付基本的医疗费用。因此，慈善会每年拿出 100 万元资金专门用于自然灾害和突发性重大事故的救助。凡是记者或行人目击到群众遭遇自然灾害和突发性重大事故的情况，可直接给宝安区慈善会拨打电话，慈善会接到电话后会立即处理。宝安区慈善会采用属地核实的方式给予申请人资

① 刘威．“好人好事”与中国人的慈善观［J］．社会科学战线，2015（8）：188-196.

助，即规定申请人到事故发生地的社区工作站或居委会提出申请，经核实后报送街道社会事务办审核，再由街道社会事务办（科）送宝安区慈善会审批。慈善会审批后直接将资助金转入申请人的合法账户。

三是困难群众的个案救助。2014 年，慈善会在全市创新出台《宝安区慈善会关于困难群众个案救助暂行办法》，其资助对象是遭遇重大突发性事件或身患绝症危及生命并造成医疗费用负担过重的困难群众，且不符合慈善会其他救助办法规定的救助范围的个案。实际上，宝安区民政局也有社会救助的项目，但是政策刚性太强，对于救助的对象有严格的限制。此外，救助项目需要接受“国家—省—市”多层级的审计，不同层级的审计重点不一，审计流程严格且烦琐。宝安区民政局社会救助科的李科长反映：“事实上我们救助的人数不是特别多，但是似乎一年到头都在折腾准备这些审计的材料，我们想做点善事的时候不容易。”他分享了 2021 年的第一天发生在深圳龙华公园的故事。元旦佳节，人潮拥挤，游园赏花，在这热闹的景象中，一些游客发现有个襁褓婴儿被扔在桥面上薄薄的毛毯上。后面知情人回应称，这个孩子患有先天性疾病，母亲痴傻。新闻曝光后，这件事情得到了宝安区领导的重视。然而，按照现有的社会救助政策，救助对象必须提供宝安区的身份证或居住证。由于这位母亲无法提供有效证件，区级政府也难以突破政策的限制，否则从审计部门的角度来看则属于违规操作。为了既能解决困难又不违规，社会救助科科长联系了宝安区慈善会。由于区慈善会的资助办法较为灵活，资助对象包括非户籍人口，宝安区慈善会也很迅速地就解决了该问题，给予这位母亲相应的救助。

四是驻地官兵的救助。宝安是革命老区，也是驻军大区。驻区部队发扬了拥政爱民的优良传统，把驻地当作自己的故乡，勇于承担急难险重任务。驻地有困难，官兵走在前。只要驻地有灾情、险情，官兵总是力争在最短时间内赶赴现场。军爱民、民拥军、军民情深如鱼水一般。他们在抢险救灾、扶贫济困、维护社会稳定等方面发挥了重要作用，以实际行动为驻地经济建设和社会发展作出了积极贡献。为了加深军民鱼水情和发扬拥军优属的革命传统，宝安区慈善会专门设置了针对驻地军人的资助办法——《深圳市宝安区慈善会关于资助驻地困难官兵暂行办法》，这也是宝安区取得双拥模范城的一个重要支撑。宝安区慈善会关怀驻宝安区的部队官兵及其官兵的配偶、子女、父母。如果他们因自然灾害、突发性重大事故或者患重大疾病而导致家庭基本生活受到严重影响，宝安区慈善会给予他们生活资助金或医疗资助金。当驻地官兵本人遭遇重大疾病时，可到驻区所在部队提出申请，经部队团级政治处审核后，送区慈善会审批。部队官兵的家属则还需由其户口所在地乡镇人民政府或街道办事处的民政部门与人民武装部门初步核实。

2. 关怀退役军人

大江东去，岁月无声。老一辈的军人在战火纷飞、枪林弹雨的年代用其生命和血汗铸造了中国主权和领土完整的长城，为我们现在所处的和平时代打下了坚实的基础。身处和平年代的新一辈军人仍然肩负保家卫国的重任，心系人民群众的安危。我国现有数千万的退役军人脱下戎装后，继续秉承军队的光荣传统，奉献社会。他们是建设中国特色社会主义的重要力量。党的十八大以来，以习近平同志为核心的党中央高度重视退役军人工作。习近平说："我也是一名军转干部。军转干部是党和国家的宝贵财富，我们要倍加关心、倍加爱护。"① 一枝一叶总关情。老兵过得怎么样？工作安排如意不如意？这也是宝安区慈善会所牵挂的事情。

向海而生、因湾而兴的宝安区是一个革命老区，拥有中共宝安县第一次党员代表大会旧址、阳台山、洪田七烈士等红色印记。宝安区不乏参与抗美援朝、解放战争的老兵。老兵刘发祥于1955年随部队前往朝鲜，直至1958年随志愿军回国，曾驻扎陈川、肃川等地。老兵刘英球于1948年入伍参加解放华中南战争，加入东江纵队以野战军战士身份活动于东莞、惠阳、宝安等地；中华人民共和国成立后，东江纵队转为东江独立七团。1952年，刘英球又参加抗美援朝战争，从龙岗到丹东，跨过鸭绿江抵达朝

① 李秦卫．珍视军转干部这笔"宝贵财富"［N］．中国国防报，2018-12-11.

鲜新义州。战争炮火，刀枪无情，他们殊死搏斗，多次与死神擦肩而过。作为革命老区，宝安区一直有着拥军的优良传统。宝安区人大常委会原主任、宝安区慈善会第一任会长何植洪曾于 1965 年入伍广州军区 41 军 122 师炮兵团。1979 年 2 月 17 日，他随着其他战友集结在中越边境，参与了令他终生难忘的对越自卫反击战。自 2016 年以来，宝安区政府和驻区部队以创建双拥模范城为抓手，把双拥工作纳入发展规划、纳入制度体系、纳入综合保障、纳入督察考核的“四个纳入”工作方法，全力推进双拥各项任务落实。宝安区连续 5 年获得广东省双拥模范区称号。宝安区慈善会响应宝安区政府的号召，动员宝安区企业家设立慈善基金，目前宝安区慈善会有两个帮扶退伍军人的冠名基金——正强慈善关爱基金和奋成慈善基金。正强慈善关爱基金关注退役军人，奋成慈善基金关注“五老”人员①、烈属和抗美援朝老兵。这两个冠名基金被评为宝安区第一届双拥模范先进单位。

深圳市正强投资发展有限公司（以下简称“正强有限公司”）出资 50 万元作为初始资金成立正强慈善关爱基金，重点帮扶在宝安区福永、福海辖区内工作且面临经济困难的退役军人。正强有限公司贯彻落实习近平总书记关于退役军人工作的重要指示，真正把党和国家对军人的关怀落到实处，发扬了拥军优属的光荣传统，带着感情、责任、使命关爱退役军人。宝安区恒星高新科技（新兴）有限公司董事长苏洪根得知后，提出联合做强正强慈善关爱基金，再注入 50 万元资金。苏洪根先生说，强大的人民军队捍卫了我们国家的经济繁荣和生活安定。他希望社会上有更多的人关怀曾经为国防事业作出贡献的退役军人。与陈乐雄、苏洪根一样，深圳奋成房地产投资有限公司董事长林启中先生对这些军人也有深厚的敬佩之情。他于 2018 年 11 月出资 30 万元作为初始资金成立“奋成慈善基金”，用于资助和关爱宝安区“五老”人员、烈属等。2020 年，林启中在八一建军节来临之际又投入 10 万元资金于奋成慈善基金，旨在慰问参与抗美援朝

① “五老”人员指的是老地下党员、老游击队员、老接头户、老交通员、老苏区乡干部，他们在我国抗日战争、解放战争时期为革命作出过贡献。

的老兵。他说："抗美援朝老兵都是上过战场的英雄，最年轻的也已是80多岁高龄的老人。这些老兵保卫了朝鲜的独立和捍卫了新中国的安全。我们此举是为了表达对老兵们崇高的敬意。"

3. 脱贫攻坚

自2010年以来，宝安区慈善会积极投入扶贫事业。宝安承担了广西都安县和大化县、广东龙川县的对口扶贫工作。10年来，宝安区慈善会多措并举，动员社会力量支持扶贫，比如开展"干部职工爱心捐赠""社会组织扶贫济困""宝企帮百村""学子献爱心""社区扶贫募捐""拥政爱民献爱心""助力脱贫攻坚献爱心项目众筹"等一系列"广东扶贫济困日"爱心捐赠活动。2020年是党和国家向世界宣布要完成脱贫攻坚的收官之年，然而在新冠肺炎疫情的冲击下，扶贫工作面临巨大的压力。在时间紧、任务重、难度大的情况下，宝安区慈善会坚持实事求是、特事特办的工作原则，加班加点、简化流程，先拨付后完善手续的工作模式，从而加快扶贫资金的筹集、拨付及时到位，确保扶贫项目资金落实。

以广西都安瑶族自治县（以下简称"都安县"）的对口扶贫为例，宝安区慈善会参与了该县的"爱心水柜"和"贷牛（羊）还牛（羊）"项目。都安县是2020年国家挂牌督战的52个县之一。一方面，广西都安县地处滇黔桂石漠化片区，其特殊的气候和地质导致地表水资源稀缺，"饮水难"是个极其突出的民生问题。针对这一现实问题，宝安区慈善会广泛发动社会力量开展爱心水柜专项捐赠活动，用募集的1200多万元资金建成42个爱心水柜，解决了37个贫困村的饮水困难，让1万多名贫困村民喝上了干净水。此次援建的水柜每座容量60立方米，可基本解决每户家庭的全年用水问题。另一方面，宝安区开展了具有都安县扶贫特色的"贷牛（羊）还牛（羊）"项目，不仅激发当地农民发展的强劲内生动力，还切实给他们带来了增收致富的机会。该扶贫模式已成为宝安扶贫的典型案例，获得了国务院扶贫办的认可和称赞。都安县石山面积高达89%，石漠化严重，土地贫瘠，人均耕地不足0.7亩。根据其资源禀赋结构和市场需求，都安县适合发展牛羊产业。挂职都安县的宝安区干部陈海广表示说，在推进“贷牛（羊）还牛（羊）”产业发展方面，宝安区在资源、技术、市场等方面倾力扶持都安县，打造政府搭平台建机制、企业布局全产业链、村民零门槛参与的三方联动发展模式①。在项目开展过程中，宝安区更是从种养殖基地开始，到生产加工车间和冷链物流运输，再到产业园区基础设施建设等提供全产业链帮扶。

4. 抗击疫情

2020年初，新冠肺炎疫情如洪水猛兽一般席卷全国，成为中华人民共和国成立以来“传播速度最快、感染范围最广、防控难度最大”的重大突发性公共事件。在深圳宝安区，疫情初期南方医科大学深圳医院被确定为三个传染病定点医院之一。然而，当时医院的防疫物资严重匮乏，医院告急。接到求援信息后，宝安区慈善会迅速采取行动，将募集防控物资作为首要任务。在关键时刻，慈善会与各街道商会明确分工，积极协调爱心商会、爱心企业家筹集紧缺物资，仅用4天时间就筹集到防护服250件、隔离服2700件、N95口罩8120个、医用口罩27250个等大批防疫物资，及时将防疫物资分送到医疗、公安、交警等单位，为一线抗击疫情防控提供了坚实保障和支撑。同时，还募集善款1017.93万元用于防疫，为宝安区疫情防控发挥了重要作用。面对前所未有的挑战，宝安区慈善会坚持“把准方向、实事求是、特事特办、群策群力、高度透明、及时有效”的工作原则，发动社会力量，投入抗疫一线。宝安区慈善会动员的每一笔善款和每一批防疫物资都化成一股股抵御疫情寒潮的暖流。

二、合力慈善：人心齐，泰山移

“合力慈善”深深地镌刻在了宝安区慈善会的基因里，影响着慈善会的每一个行为。“合作”是现代公益慈善组织的一种非常重要的精神。慈善组织除了要具备较高的专业能力，还必须能够与同类别或跨类别的组织

① 滨海宝安．宝安助力三县完成脱贫摘帽！精准帮扶272个村24.8万人致富［EB/OL］．（2021-02-27）［2022-10-22］．https：//xw.qq.com/cmsid/20210227A04RPN00.

合作。宝安区慈善会深刻地意识到合作的重要性，每一项活动都体现出“合力慈善”的作风。

宝安区慈善会仅有5个工作人员，每个人都身兼数职，然而5个人的力量仍然是有限的。慈善会除了维持日常运营，还要统筹众多项目。同时，慈善会作为一个资源平台，擅长筹集资金，提供项目服务并非其所长，但又希望能为宝安区做更多的善事。于是，宝安区慈善会通过借助外部力量面向宝安区居民提供社会服务。正如哲学家所说，一滴水只有把它放在大海里，才永远不会干涸。宝安区慈善会跳出组织边界后，外面便是一片广阔的天空。譬如，宝安区慈善会与深圳市社会公益基金会（以下简称“社基会”）合作举办的宝安区慈善会公益慈善项目大赛就是“合力慈善”的一个典型的例子。

宝安区慈善会举办公益项目大赛，撬动更多的社会组织针对真实存在的社会需求进行创新项目的策划。社基会作为项目大赛的执行方，专注于利用公益创投平台支持社会创新项目成长。从2015年开始，至今已连续举办了5届公益项目大赛，参赛项目已超300个，申报单位涵盖全市各类优秀社会组织和企事业单位、志愿团体等，资助项目达54个，累计投入创投资金逾1000万元，覆盖人群达到250万人。单丝不成线，独木不成林。慈善会作为社会资源的聚集地，通过项目大赛有效地进行资源配置，不仅解决了区慈善会人力资源短缺的问题，还引领公益伙伴创新服务的提供方式和提供方案，满足了本土社区多层次、多样化的社会服务需求，惠及更多困难群众及时有效解决社会问题。“公益项目大赛”只是合力慈善中小小的一个例子，这样的例子在宝安区慈善会数不胜数。从募集善款到扶危济困，再到抗击疫情等，宝安区慈善会都善于动员社会力量，共同参与慈善事业。正所谓，人心齐，泰山移。

在扶贫方面，针对任务重、资金一度紧缺的扶贫现状，宝安区慈善会与各街道商会按照签订的合力慈善框架协议的工作职责分工，多渠道募集扶贫资金。宝安区工商联（总商会）发动部分会员企业募集资金320万元用于“百企帮百村”项目；宝安民建慈善关爱基金、金星伟业集团关爱基金、新桥商会公益慈善基金、沙井商会公益慈善基金、航城商会公益慈善基金等多个冠名基金出资157.2万元用于扶贫项目。同时，宝安区慈善会还积极参与区人大、区政协发动人大代表、政协委员募集扶贫资金。全年共募集帮扶资金3722万多元，用于广东龙川和广西大化、都安扶贫攻坚。此外，宝安区慈善会在扶贫工作中还发挥定向募捐优势，帮助企业家对接项目。慈善会先后接受宝安区建筑行业协会、深圳市锦绣财务税务顾问有限公司、深圳市凯德丰投资有限公司、华晟地产开发（深圳）有限公司、深圳市恒源商业管理有限公司、深圳市建丰房地产开发有限公司、湛江市华旭房地产开发有限公司、深圳市广兴源投资发展有限公司8家企业捐赠296.68万元，通过项目对接的模式，精准帮扶了广东湛江、福建泉州、西藏察隅、福建连城、四川甘孜等地区，助力贫困地区改善民生。

“合力慈善”在这次的疫情抗击中也发挥得淋漓尽致，彰显了宝安区慈善会的魅力。宝安区是深圳面积最大的区，宝安国际机场又坐落在这里，多条高速公路在宝安区穿梭。这些地理特性使得宝安区增添了疫情防控的难度和复杂性。深圳市将宝安区的南方医院作为一个定点医院，收治感染新冠肺炎的病人，但是深圳市仅分配了100套防护服给医院。医院的院长给张洪华会长发微信：“首长啊，没子弹了！口罩没有了，我的口罩一个星期都舍不得丢。”在这种紧要关头，宝安区慈善会临危不乱，井然有序地开展工作。他们清楚地知道该如何动员社会力量。首先，宝安区慈善会与商会进行分工协作。宝安区的市级医院、区属医院和公安是宝安区慈善会重点保护的对象。街道商会重点保护的对象是街道的医院、派出所和社区。他们负责各自街道的疫情防控，借助企业的力量为街道医院、社区等筹集防控物资，甚至主动给街道的医院搭建帐篷用于发热病人的初筛和分诊。同时，宝安区慈善会发挥媒体“鼓与呼”的作用。宝安区慈善会第一时间通过多家媒体平台以《凝心聚力抗疫情，宝安慈善在行动》为主题向全区发布募捐倡议，一大批社会组织和企业纷纷响应，参与捐款捐物。街道在宝安区慈善会设立疫情专项基金，由区慈善会来管理资金。各街道内企业捐赠的钱发放到街道的疫情防控专项基金。当时国外疫情还没全面暴发，在与各街道商会的共同努力下，宝安区慈善会仅用了 4 天的时间从国外进口防护服、N95 口罩等防疫物资，及时将防疫物资分送到医疗、公安、交警等单位。

三、文化慈善：春风化雨，润物无声

老子在《道德经》说：“天下万物生于有，有生于无。”天下有形的东西都来自无形。一个慈善组织的灵魂恰恰是这无形之物——组织文化，慈善事业的灵魂是慈善文化。慈善事业的发展如果没有慈善文化的支撑，难以行稳致远。张洪华会长在宝安区慈善会任职之初提出，宝安区慈善会要打造具有宝安特色的慈善文化，用文化去感染人、凝聚人、温暖人。宝安区慈善会不仅让员工接受慈善文化的熏陶，还不断地推动慈善文化进学校、进企业、进社区。张洪华会长说：“文化是一个民族的精神和灵魂，也是一座城市的根脉。国家要弘扬中华民族的传统文化，家庭要有家族文化，企业、慈善组织如果没有文化作为魂，不可能做强。”

慈善公益捐赠通常是民间组织最重要和持续的来源和保障。慈善捐赠具有志愿性，而非强制性，慈善组织不能“逼捐”和“强捐”，也不能直接让捐赠人捐款，否则就显得十分生硬。因此，张洪华会长提出“玩慈善”的理念。文化就是慈善事业的润滑剂。他说：“做慈善一定要温柔地去做，要用文化激发人内心的善意，而不要干巴巴让别人捐款。”从会歌《爱是唯一》、宣传动漫、慈善娃，到慈善征文、十大慈善标语的征集、《善源》杂志和《慈善周刊》的创办，再到慈善宣传周、慈善文化进校园、慈善地标等，宝安区慈善会在慈善文化建设方面革故鼎新，不断注入新的慈善元素，来保证文化的活力。

同时，宝安区慈善会通过慈善论坛、慈善晚会、慈善沙龙等座谈、联谊形式，加强慈善组织、爱心企业与媒体之间的沟通互动，调动企业的捐赠积极性，助推善款募集，扩大社会影响。举办“宝安慈善论坛”等大型活动，开展“慈善宣传周”活动，通过多种渠道进行宣传和引导，增加公众对慈善事业的认知，培育慈善价值观，提高全区公民的慈善意识，营造

“人人皆可慈善、人人皆能慈善”的公益氛围。近几年，宝安区慈善会还注重打造慈善文化宣传品牌。慈善会建成了深圳市首个慈善地标“与爱同行慈善微跑”地标，把运动与慈善、活力与稳重、现代文化与传统文化相融合。2020年底实现了宝安区慈善文化进校园的全覆盖。这些活动将成为宝安区慈善会的文化品牌项目。

宝安区慈善会在成立之初通过领导站台、募集大会、座谈会的方式来动员企业家募集善款。现在慈善会已经跳脱出这种旧的资金筹措的模式，慈善文化激发了人性中固有的爱人之人，提升捐赠者的自愿性。宝安区的很多企业家说：“过去是政府让我做慈善，让我捐款，现在我是愿意主动来做，我愿意去成立冠名基金。”宝安区慈善会现在不需要通过领导站台来筹款善款，有的企业家主动联系慈善会，说要捐赠一笔钱给慈善会。他们出于社会责任感，主动参与慈善事业。这种观念的转变不是短时间能完成的，而是需要持之以恒的文化感染和感召才得以实现。

当张洪华会长提出“用文化影响人”的理念，慈善会的员工还不能理解为何慈善会要开展一系列与文化相关的项目。现在他们也理解了“文化是一个逐渐丰富的过程，把所有的项目串联起来就形成了文化的整体”。罗马并非一日建成的，慈善文化氛围的形成也绝非“一夕之功”。宝安区慈善会持之以恒地开展慈善文化活动，大力宣传现代慈善理念、慈善意识和慈善价值，从根本上用文化的元素渗透到每个人心里，广泛调动社会各界力量参与慈善事业的积极性、主动性、创造性，从而逐渐形成了一个人人参与慈善的氛围。一言以蔽之，宝安区慈善会以润物细无声的方式助推慈善事业的发展。

四、创新慈善：变则通，通则久

变化，以求通达，随着通达而至的是长久。彼得·德鲁克在《非营利组织管理》一书中说，不要被动地等待机会降临，而要主动地组织资源进行突破创新。变革并非威胁，而是机会。成功的组织领导者往往能未雨绸缪，防患于未然，主动积极地预见危机，而不是被动地回避危机，亡羊补牢。此外，组织在取得成功之时仍然需要乘势进取、不断成长，保持变革的能力；当组织发展趋于缓慢、稳定之时，需要保持冲劲、弹性、活力和远见，否则组织极易僵化①。宝安区慈善会亦是如此。尽管宝安区慈善会是具有政府背景的慈善组织，发展趋于稳定，但是该慈善会仍然保持冲劲和弹性。组织领导者必须设法使组织能够预见风暴将近，经得起风吹浪打并有超前的应付计划，才能实现组织的持续创新。“创新慈善”的理念时刻扎根于慈善会。张洪华会长说：“宝安区慈善会 15 年来，骨子里就秉承了创新精神，骨子里就要去探索，因为我们是深圳第一家区级慈善会，没有太多的成形的借鉴经验，我们通过不断地去摸索和创新，走出了一条宝安特色的慈善之路。”2018 年，深圳市第四届“鹏城慈善奖”评选活动新增了“深圳市鹏城慈善典范区”的奖项，宝安是深圳市唯一获评该奖项的行政区。这是宝安区慈善发展机制不断健全和创新所交出的“满意答卷”。2020 年，在第五届鹏城慈善奖评比中，宝安区慈善会又被授予“鹏城慈善 40 年致敬单位”荣誉称号。该奖项褒扬了宝安区慈善会在推动慈善事业创新发展方面作出关键性、里程碑式贡献。

“创新”指的是帮助重新定义社会问题本质及其提出创新性的解决方案，包括思想创新、制度创新和行动创新。这三大创新推动着宝安区慈善会及其公益服务供给的实践过程，使其乘风破浪，稳步前进。

首先，思想创新。常有所疑，乃创新之发端，勇于破疑，乃创新之动力。创新的关键和前提在于观念创新。宝安区慈善会破除因循守旧的保守思想，充分发挥主观能动性和创造性。思想创新包括宝安区慈善会涌现的新的使命和价值诉求，以及相应的新概念、理论或范式等。回顾宝安区慈善会的历史可以看到，从 2007—2012 年是第一阶段，宝安区慈善会以缓解宝安经济快速发展形成的贫富差距为引领，以扶危济困、助医助残、救急赈灾为宗旨，采用“官办慈善”的方式救济困难群体。这种救济模式更多的是借鉴政府背景的优势动员社会捐赠。2012 年后，宝安区慈善会以实现

① 彼德・德鲁克．非营利组织管理［M］．北京：机械工业出版社，2018.

全民公益为引领，开始注重其专业化水平，采用“合力慈善”的方式激发公民的公共责任意识，让多元主体共同参与慈善。比如，宝安区于2015年启动的公益慈善项目大赛彰显了宝安区的创新精神。该项目大赛已跳脱出传统慈善救助模式的窠臼，转化为创新的公益创投模式，推动宝安区公益生态的发展。宝安区慈善会具有较强的包容性，始终保持一种时不我待、只争朝夕的拼搏精神，在实践中大胆探索，敢闯敢试、突破常规，不断推陈出新。

其次，制度创新。本质上，制度是观念的规制化形式。制度是在组织运行着的规则，涉及组织设立与变更、组织架构、职权配置、运行程序、管理方法、工作方式的规范性约定。尽管制度的优势在于其稳定性和持续性，但是制度仍然需要不断与时俱进。宝安区慈善会是具有官方背景的慈善组织，经费是由政府定期划拨的，导致其内在自我发展的动力不足。同时，工作方式容易出现程序化、服务内容固定化、行事习惯僵化等问题，阻碍了慈善组织配置资源的效能，影响着公益服务水平的提高。宝安区慈善会通过制度创新，突破组织现有条条框框的限制。一方面，宝安区慈善会完善其管理制度。2017年，区慈善会及时修订《深圳市宝安区慈善会财务管理制度》和《深圳市宝安区慈善会章程》，并在全市区级慈善组织中率先实施第三方审计，通过官网和微信公众平台公布慈善资金的收支情况，接受全社会共同监督。另一方面，宝安区慈善会与时俱进，降低救助门槛，拓宽救助范围，提高救助金额。慈善会通过降低救助办法中对于月收入的标准要求，使得更多有困难的人可以获得救助的资格，还将原来资助办法中的病种范围要求由12种增加到16种，覆盖更多的患病人群，并进一步提升了对户籍困难居民、驻地官兵等人群的救助标准。同时，宝安区慈善会新增了救助项目，并率先实施专项精准资助、突发事件救助项目。

最后，行为创新。思想或理念的创新指引着组织行为的改变。以资金筹集为例，起初宝安区慈善会通过行政力量动员企业家参与慈善事业。行政募捐在很长一段时间内饱受诟病，以政府之手推动“全民募捐”，不仅违反了法律，还会使群众陷入沉重的心理负担[①]。慈善行政化可能会引发诸如伤害群众热情、异化慈善生态等问题，慈善事业只有由人们自觉推动，才能真正实现繁荣、壮大[②]。现在慈善会已经跳脱出这种旧的资金筹措模式，而是通过慈善文化的渲染激发了人性中固有的爱人之人，提升捐赠者的自愿性。宝安区很多企业家说："过去是政府让我做慈善，让我捐款，现在我是愿意主动来做，我愿意去成立冠名基金。"如今，宝安区慈善会采用多种慈善募捐方式组合推进，如公开募捐、互联网捐赠、设立冠名或专项基金、慈善微跑等。"郭美美事件"后，宝安区慈善会陷入2012年和2013年的募款低谷。因此，2014年，宝安区慈善会举行了"慈心暖人间——善举行宝安"的募捐活动，慈善会与各街道精心组织和层层发动，深入街道、社区、企业、学校开展全民参与募捐试点活动，联合宝安区义工联举办街头募捐活动，在人流密集地设置定点募捐箱。短短一个月的时间，活动的募款额达3044万元。此外，宝安区慈善会运用互联网技术创新募集善款的工具，改变以往只能依赖银行汇款和募捐的传统模式，降低了筹款门槛。为此，宝安区慈善会在其官网的"慈善捐助"子平台公布慈善会的捐助账号和捐赠热线，以及公布慈善会的收支明细和捐赠记录等信息，以提高慈善会的透明度。同时，慈善会开设微信公众号和开通微信募款通道。宝安区慈善会还举办公众喜闻乐见的筹款形式——体验式募捐活动，比如"慈善微跑"活动将"慈善+运动"相结合，提高了公益的趣味性和体验感，公众在运动的同时还能参与慈善事业。

总之，创造力是慈善文化的灵魂，思想创新引导制度变革和行为创新。蕴藏在民众心中"向善"的能量一旦被激发，慈善事业就能焕发蓬勃生机。

五、持续慈善：恒则有成，条修叶贯

项目作为一种资源配置形式逐渐成为公益慈善活动运行的主要载体。

---

① 何勇海．不能用行政方式强制募捐［N］．人民法院报，2007-06-15.

② 李劭强．摊派募捐指标凸显行政化隐忧［N］．法制日报，2014-04-14.

项目旨在通过直接捐赠、“募用分离”以及购买服务等手段，突破慈善组织资金瓶颈，弥合社会与市场和政府之间的外部分化问题，搭建起公益慈善事业不同主体的对话与合作机制。以项目制为核心的公益慈善事业运行机制，形成了慈善组织与更广泛的利益相关者之间的复杂交换关系。项目就好比一个标准化的业务模块，具有迅速复制和规模化的潜力，针对某一社会问题设计的项目组合规则可以移植、扩散并形成复合联动，为满足组织需求进行重组和复用。项目的标准化、复用性特征使其迅速成为慈善服务的完全替代品，然而，项目并不等于服务，项目是为了完成某一具体目标的暂时性努力，并且混淆两者的关系有可能引发慈善服务碎片化的问题。宝安区慈善会的一个难能可贵的精神是“持续慈善”。“持续慈善”的要义在于从项目思维转身服务思维，具体体现在两方面：一是项目的持久性，即恒则有成；二是项目的系统性，即条修叶贯。“条修叶贯”出自《淮南子·兵略训》的“下至介鳞，上及毛羽，条修叶贯，万物百族，由本至末，莫不有序”，比喻有条理、有系统。

一方面，宝安区慈善会将项目转化为日常运营的服务，致力于将服务做得更为扎实。这是宝安区慈善会的精神追求。宝安区慈善会认准的事情，将排除万难将其坚守下去。譬如，宝安区慈善会至今已推行了 9 年的慈善文化进学校活动，连续举办了 5 届宝安区公益慈善项目大赛，开展了 7 年的慈善微跑活动。宝安区慈善会现任会长说道：“项目具有短期制的特点，今天在这里刨个坑做一两年，项目还没完善，影响力还没出来，又跑那儿刨个坑，把前面的事情扔掉，这样做永远做不出影响力，也不可能把这个项目做成品牌。慈善组织只有影响力大了，才能带动更多的人加入公益慈善。只有不断坚持和坚守，才能行得更为久远。”浅尝辄止、笃新怠旧，容易功亏一篑。慈善文化的作用并不是立竿见影的，单纯地依靠征集“慈善十大语言”、发布“慈善动漫”、打造“慈善地标”这些零散的活动难以激发人们慈善意识的觉醒，而是需要长期潜移默化的熏陶和感染。正如《荀子·劝学篇》所曰：“锲而舍之，朽木不折；锲而不舍，金石可镂。”对于宝安区慈善会来说，每一项慈善文化的项目都已经成为宝安区慈善会的常规化服务。

另一方面，宝安区慈善会运用模块化思维对慈善文化建设进行整体规划，统筹慈善文化构建链条上的各个环节，合理安排资金的投放和使用。必须承认，慈善文化建设是一项庞大且复杂的工程，这就要求宝安区慈善会对任务进行分解从而以“项目化”的方式构建慈善文化，但与此同时短期化的项目容易使慈善组织陷入“只见树木不见森林”的短视化思维，造成慈善服务碎片化和主体行动的无序化。项目由目标、执行者、任务、时间点和预算构成，服务是完成与组织使命相关的一系列活动的集合。从两者的关系上来看，服务是单个组织实施的项目在时间跨度上的组合，这些不同项目可以按照一定规则组成链条。基于此，宝安区慈善会深入挖掘慈善文化的元素，运用系统性思维将所有慈善文化要素串联成一个整体，构建永续性和系统性的慈善文化系统，着力提升慈善文化的广度和深度，从而真正地将慈善文化深入人心。宝安区慈善会不断在丰富和完善慈善文化的元素，最终形成一个庞大的、有影响力的慈善文化体系。“不积跬步，无以至千里；不积小流，无以成江海。骐骥一跃，不能十步；驽马十驾，功在不舍。”由此可见，慈善文化建设是一场旷日持久的服务。

·第四部分·

慈善文化建设之“器”

“道生之，德畜之，长之育之，亭之毒之，养之覆之。”“道”层层地向下落实，而创生万物。创生万物以后，还需要蓄养万物，使万物成长作育，使万物安宁心性，使万物爱养调护。夫物生而后则畜，畜而后形，形成而为器。其所由生者道也，所畜者德也，所形者物也，所成者器也。所以，“道”不仅创生万物，还要内附于万物，以蓄养它们、培育它们。慈善文化建设就是慈善文化之“道”借助“器”层层地由无形的“慈善文化”转换成有形的“慈善文化”的一个持续性的活动过程。因此，慈善文化是刻意营造出来的，慈善组织在“道”的指引下，通过“器”，即有形的活动，将慈善文化深入人心，并将其转化为具体的慈善行为。“活动”指慈善组织在构建慈善文化中采取的一系列行为策略。文化是被一个社会中绝大多数成员所共享的生活模式或观念系统，而不是少数人的行为方式。作为一种普遍的社会规范，文化被社会成员广泛地接受或遵循。因此，为了让绝大多数成员习得慈善文化，成为一种社会共享的观念，这就需要行动主体（慈善组织、政府、学校、企业等）互相协商和通力合作，将慈善文化弘扬出去，并使这个具有特殊意义的文化在社会中付诸行动和实践。

第六章　慈善的标识：用符号象征慈善精神

慈善文化的象征物是慈善文化活动的产品和符号，比如慈善故事、慈善典范、精心设计的标识、口号、歌曲等，这些象征物是揭示慈善思想、信念和行为的线索，并且能够被人们直观地“看到”、“听到”和“接触到”。“象征物”是传播慈善文化价值观的有效手段。宝安区慈善会多措并举打造慈善文化的象征物，赋予其慈善意义，吸引更多人关心慈善、追求慈善、参与慈善。譬如，征集了十大慈善标语，集思广益，倡导人人参与慈善；创作并推出区慈善会会歌《爱是唯一》，用饱含善与爱的音符拨动人们“善”的心弦；制作慈善动漫短片《大家一起做慈善》，通过道德疏导，倡导人多力量大；设计了慈善玩具“宝宝”和“安安”，承载着“慈以为宝，善化而安”的深意；树立和宣传慈善典型，率先垂范，引人入善。

一、慈善标语：集思广益，共同书写

2013 年，宝安区慈善会联合宝安日报社，开展了“十大慈善之语”征集活动。通过该活动促进公众参与慈善事业，了解慈善文化的精神，推动宝安区形成浓厚的慈善氛围。2013 年 7 月 16 日，秘书长刘国玲在宝安日报社主持召开慈善之语征集活动新闻发布会，向全国公开征集“慈善之语”。《南方都市报》《羊城晚报》《深圳特区报》《深圳商报》《深圳晚报》等媒体记者出席了发布会。在新闻发布会上，刘国玲秘书长说：“征集‘慈善之语’意在弘扬慈善文化。”慈善之语的征集活动引导更多市民公众参与慈善之语的创造和解读，充分体现他们对慈善事业的理解。截至 9 月 15 日，共征得 1400 多条投稿。宝安区慈善会通过群众参与投票和专家评审，评选出生动形象、富有创意和感染力的十大慈善语言。同时，《宝安日报》将慈善之语刊登出来，宝安电视台也在电视上频频播放，从而潜移默化地让群众记住这十句朗朗上口的标语。2014 年 2 月，会长张洪华向到场的“十大慈善之语”的作者颁发证书和奖金。

宝安区慈善会评选出的十大慈善之语

大道至简，慈善从微

以慈待人人人尊，以善行事事事成

美丽中国梦，慈善宝安行

慈善多一分，宝安美十分

慈以为宝，善化而安

文明点亮心灯，慈善温暖人间

登录慈善大舞台，下载希望正能量

慈心能致远，善举品更高

慈心点燃梦想，善举托起希望

“慈”之以恒，天天向“善”

时隔 6 年，宝安区民政局发起了“宝安慈善之星语”评选活动。该评选活动筛选了市民和媒体提出的 20 条慈善之语，加上宝安区慈善会征集的 10 条慈善之语进入“宝安慈善之语”的最终评选环节。宝安区民政局采用线下和线上双管齐下的方式广泛动员全民参与投票，不仅在全区各社区党群服务中心设立“宝安慈善之语”评选活动的现场投票点，还在宝安区民政局、区慈善会等网站开放慈善口号征集活动的投票窗口，在宝安区慈善会、《宝安日报》、宝安区社会工作者协会的微信公众号上刊登“宝安慈善之语”评选公告。在宝安民政局评选出 10 条宝安慈善之语中，有 5 条标语来自宝安区慈善会 2013 年所征集的慈善之语，分别为：美丽中国梦，慈善宝安行；慈善多一分，宝安美十分；慈以为宝，善化而安；“慈”之以恒，天天向“善”；慈心能致远，善举品更高。

宝安区民政局评选出的“宝安慈善之语”

美丽中国梦，慈善宝安行；
慈善为源，爱满天下；
慈善多一分，宝安美十分；
慈以为宝，善化而安；
“慈”之以恒，天天向“善”；
慈心能致远，善举品更高；
有爱的人生更温暖，有爱的宝安更美好；
人人做慈善、天天做慈善；
爱无疆界，善可积德；
慈善温度，直抵人心。

二、慈善歌曲：片片爱心，缕缕深情

饱含善与爱的慈善歌曲易于拨动人们心弦，激发人们心中的善意。《感恩的心》《爱的奉献》《让世界充满爱》，还有迈克尔·杰克逊专门为救援非洲饥民所创作的慈善歌曲都是人们耳熟能详的歌曲。家喻户晓，传唱无数。每一个音符都蕴含着细腻真挚的情感，每一个节奏都轻缓而有力地击打着我们的灵魂，让人们产生共鸣。2015 年 4 月 24 日，宝安区慈善会在宝立方酒店会议室发布了慈善会会歌《爱是唯一》。

《爱是唯一》是由戴有斌老师和唐跃生老师共同作词，何亮老师作曲而成。戴有斌曾任深圳市宝安区文化局局长，是宝安发展的亲历者之一，先后策划推动了宝安广播剧、打工文学、街舞等宝安特色文学艺术品牌的发展。他始终致力于宝安文学艺术活动及品牌建设，是宝安区夺得的数个中宣部“五个一工程”奖、数十个国家级政府文化和文学艺术大奖背后重要的策划者和推动者。同时，他还创作了《长江水·长城砖》《回家》《山的美·城的美》《诚信之本》等数十首歌曲。唐跃生是词作家，也是名诗人，其歌曲代表作《亲爱的中国我爱你》《母亲在，家就在》《永远的小平》。他曾获中宣部“五个一工程”奖，文化部“群星奖”金奖，中国音协“金钟奖”。2011 年 6 月，由唐跃生填词、姚峰作曲和总政合唱团演唱的歌曲《迎风飘扬的旗》成为在中央电视台黄金档播出的纪录片《旗帜》的片尾曲，该纪录片是为了庆祝中国共产党建党 90 周年而拍摄的。

戴有斌和唐跃生不仅在《爱是唯一》中谱写出了慈善强大的力量，更是将其内心对慈善的敬仰和细腻的感情寄托于歌曲之中。歌词优美、浅显易懂又富有感染力。片片爱心，缕缕深情。饱含爱意的歌词也给我们带来了很多启发和思考。善的源泉来自人们的内心，这首歌如同找到了“善”的泉眼，让泉水汩汩地涌出。“如果感动是一场雨，就算变成泥土我也愿意。……遇见你，爱睁开眼睛，看悲伤的叶子长出欢喜。……在慈善的世界里，你是另一个我，我是另一个你……”恻隐之心，人皆有之。在慈善的世界里，你我未曾分离，你我是命运共同体。爱之花盛开的地方，生命欣欣向荣。正如太阳用光芒挥洒大地，一切生命得以蓬勃发展，正如雨水用身躯滋润万物，一切生命之花竞相开放。为了追逐感动和幸福，我们愿意经历风雨变成万千泥土。当他人陷入窘境之时，爱是滋润心田的泉流。当别人遭遇坎坷之时，爱能带来慰藉的星光。你我的善意共筑起躲避风暴的港湾，悲伤的叶子长出欢喜，踽踽独行的人不再感到孤寂。

当戴有斌和唐跃生创作完歌词后，宝安区文联主席找了三位作曲人，不同作曲人的风格迥异。张洪华听完三人的谱曲后，立马选择了年轻人何亮所创作的曲子。何亮遵循词意的基础上，用舒缓大气而又真挚浓烈的旋律，抒发了强烈的感情，让爱同筑一颗心，实现了词曲的有机结合。当这首歌的旋律响起时，犹如潺潺流动的泉水，使陷入痛苦中的人们感到了人生旅途的甘甜；犹如飘荡在夜空中的歌谣，使孤苦无依的人感到了人间的温情。这首歌唱出慈善人和受助人的心声，让我们感受到它的激情和感染力，同时也能让我们感受到大爱的境界，净化和升华我们的灵魂。2015 年 4 月 24 日，宝安区慈善会举办了慈善会歌《爱是唯一》的新闻发布会，特别邀请了歌手顾莉雅演唱《爱是唯一》。发布会上，顾莉雅还在现场教所有嘉宾一起演唱，彼此传递爱的祝福。顾莉雅一直都积极参与慈善公益，她是保护中国古茶树大使、绿色公益爱心大使、希望工程爱心大使、海南省爱心艺术团形象大使等，曾获最佳公益明星形象奖。她表示，希望慈善歌曲的演唱能够将爱传遍宝安。现如今，《爱是唯一》已被很多宝安人熟悉和传唱，甚至有电影制作人想把这首歌作为主题曲。2018 年，《爱是唯一》成为第四届“鹏城慈善奖”颁奖盛典压轴的主题曲。

爱是唯一

词/戴有斌、唐跃生　曲/何亮

如果感动是一场雨
就算变成泥土我也愿意
如果幸福是一道虹
就算经历风雨我也愿意
遇见你　爱睁开眼睛
看悲伤的叶子长出欢喜
因为你 我没有孤寂
在给予的时候找到自己

在慈善的世界里
你是另一个我
在慈善的世界里
我是另一个你
抬头擦去泪滴
因为我们从未分离
心在这里 爱是唯一

转身看见美丽
因为我们别无所求

爱是唯一 心在这里
在慈善的世界里
我是另一个你
转身看见美丽
因为我们别无所求
心在这里 爱是唯一
心在这里 爱是唯一

三、慈善短片：道德疏导，引人向善

慈善短片是一把火炬，点燃人们前行的路。公益事业的发展离不开信息的传播和交换。慈善宣传短片就是传播媒介之一。公益短片主要内容是倡导社会正能量和主旋律，树立正确的行为规范，唤醒公众良知，在思想道德、文化教育方面发挥了重要的作用。许许多多的公益短片让我们潸然泪下。

2015年，宝安区慈善会制作了慈善动漫宣传短片——《大家一起做慈善》。通过主人公“宝宝”和“安安”的故事，阐述了“人心齐、泰山移”的道理，号召全民参与慈善队伍。宝安区慈善会通过公益短片传递了向善的理念，倡导了良好的道德风尚，有利于公民文化素质和社会文明程度的提升。在短片中，一个写着“慈善”“公益”“慈善活动”的巨大礼盒坐落在地上，宝宝想把礼盒搬起来，使尽浑身解数，礼盒却纹丝不动。安安看到后，立马跑过去帮忙。两人费了九牛二虎之力才将其抬起。然而，礼盒太重，两人汗流浃背，步履维艰，只能停下脚步稍作休息。这时，宝宝和安安看到从礼盒飘出好多爱心气球，气球上分别写着扶孤、救灾、助学……两人抬头望着天空。宝宝灰心丧气地说：“安安，我想帮助那些有困难的人，但是我一个人的力量不够。”这时，一群人接踵而至。安安指着人群处，安慰道：“宝宝，你看！他们也来做慈善啦，人多力量大呀。”宝宝一看，立马跳起来，兴奋地说：“对啊，大家一起做慈善，就可以帮助很多人了。”这时，天空中的气球变成了一个个笑脸，一幕幕做公益的瞬间。老人、年轻人、小孩都喊着“一起来，一起来……”所有人共同出力，轻而易举地就将礼盒抬起。礼盒也散发出金色的光芒。宝宝抬起手，呼吁道：“朋友们快来呀！”随着高昂的音乐接近尾声，画面出现了深圳市宝安区慈善会的标识及捐款热线。

宝安区慈善会制作的慈善短片《我们一起做慈善》不仅是宝安区的一道亮丽的风景线，更是一座引导人们前进的灯塔。首先，《大家一起做慈善》发挥了价值导向和道德教化的功能。这则公益短片弘扬了“合力慈善”的理念，符合宝安区主旋律和公共利益，表达了宝安区慈善会的价值追求。将那个“沉甸甸”的礼盒比喻慈善事业。仅靠一个人的力量无法撬动慈善，只有众志成城、聚沙成塔才能促使慈善事业蓬勃发展。人们观看慈善短片的过程，也是对其蕴含的思想和价值取向的解读过程。当人们不由自主地授受短片所倡导的价值时，慈善短片也就潜移默化地渗透到人们的精神世界。

其次《我们一起做慈善》体现了创意元素。为了更好地吸引公众的目光，创意元素无疑是不可或缺的。“宝宝”和“安安”是宝安区慈善会邀请日本专业动画设计师设计出的形象。两个人物的外观可爱活泼。两个名字合起来，正好是“宝安”，同时也体现出了“慈以为宝，善化而安”的寓意。

再次，这则慈善短片融入了人文关怀的情愫，以情感人，以理育人。动之以情，晓之以理。通过视觉和听觉的渲染，引起观众共鸣。这则短片凸显了社会责任感，引人向善、匡扶正义，就像阳光一样温暖人、感染人和引导人。《我们一起做慈善》以“宝宝”和“安安”的两个小朋友着手，在人物语言和表现形式上用细节和生动的故事去说明道理，而不是采用刻板和严肃的说教。表现形式和手法浅显易懂，使受众受教于无形中，犹如沐浴在一股现代的文明之风中。

最后，《我们一起做慈善》这则慈善短片避免了冗长拖沓，在有限的时间里鲜明地体现了想要表达的主旨。通过恰到好处的表现形式、新颖的创意，在短短的54秒的时间内，呈现出了让人印象深刻的内容。慈善会与宝安电视台合作，不仅在宝安电视台播放“十大慈善之语”，还在黄金时间滚动播放慈善宣传片《大家一起做慈善》，让人们潜移默化地受到慈善文化渲染。此外，慈善短片的制作也可以给宝安区慈善会带来直接的受益，吸引更多的社会关注。

四、慈善玩具：慈以为宝，善化而安

“宝宝”和“安安”是深圳市宝安区慈善会和深圳市宝安区松岗田洋塑胶玩具制品厂合作推出的慈善产品。2015 年，田洋塑胶玩具制品厂属于宝安区慈善会的副会长单位。宝安区慈善会询问该厂的厂长李培华是否可以按照《大家一起做慈善》中主人公“宝宝”与“安安”的外观形象制作宝安“慈善娃”爱心玩具（如图 6–1 所示）。两个“慈善娃”一个是男娃，一个是女娃。宝安区慈善会还提出“日行一善，天天向善，人人争当慈善娃”的口号。很快，该制品厂就设计出了一对慈善娃“宝宝”和“安安”。双方已签订合作协议，田洋塑胶玩具制品厂面向市场售卖宝安“慈善娃”爱心玩具，销售利润的 50% 捐赠给区慈善会用于支持宝安区慈善事业。同时，宝安区慈善会在收到捐赠后，还会给制品厂开具捐赠专用收据。2016 年 11 月 30 日，宝安区慈善会成功地在国家知识产权局为“慈善娃”申请到了外观专利。张洪华会长说：“当时区里的一个领导说要用我们的慈善娃，我说可以，但要拿钱来，现在已经正式地对外销售了。”

张洪华会长说：“‘慈善娃’在第五届的中国公益慈善项目交流展示会（以下简称“慈展会”）分会场发生了一个有趣的故事。”2016 年 9 月 23 日，第五届中国慈展会在深圳会展中心开幕。作为慈展会有史以来第一个分会场，宝安区新安街道海裕社区分会场于当日上午正式亮相。民政部副部长高晓兵、民政部社会福利和慈善事业促进司司长俞建良、民政部社会福利和慈善事业促进司副司长孟志强、广东省民政厅副厅长饶美奕、深圳市委常委田夫、宝安区委书记黄敏等一行前往分会场参观。当高副部长来到宝安区慈善会的展位时，张洪华会长向之介绍了宝安区慈善会的情况，当介绍到宝安区慈善会的五年规划时，高副部长为之一震，她说道：“这个区县的慈善机构也有五年规划，以前都没听说过。”随后，一行人看到了慈善会的“慈善娃”。高副部长说，这个玩偶很好。张洪华会长笑道：“这是我们宝安区慈善文化元素的一个重要的体现，他们名为‘宝宝’和‘安安’，乖巧可爱，很萌。”工作人员随即说将“慈善娃”送给高副部长，结果高副部长问道：“这个慈善娃是卖的吗？卖多少钱？”

“我们卖30块钱，”工作人员答道。高副部长的秘书、宝安区民政局局长纷纷掏出手机准备扫码付款。高副部长立马拒绝，并坚称要自己付款，通过在线捐款功能献出自己的一份爱心。宝安区慈善会也将“慈善娃”赠予高副部长。高副部长说道：“这捐赠也很方便，几秒钟就献了一个爱心。微信捐助的方式能有效拓宽捐赠渠道，方便群众随时参与慈善，值得推广。”高副部长回到北京后感叹道：“我看到了一个我们国家最基层做得最好的慈善会在深圳宝安区。”听到这句话，宝安区慈善会的所有人员觉得很感动，更加坚定了投入慈善事业的方向。

图6-1 宝安区慈善会的“慈善娃”

五、慈善地标：身栖宝安，心泊慈善

地标不仅彰显城市美学，更是城市文化的重要载体。为进一步丰富、弘扬宝安慈善文化，打造宝安“慈善+”系列品牌项目，倡导积极健康的生活方式和慈善理念，宝安区慈善会于2020年10月27日在宝安区航城街道教育城学子路公园管理处广场上成功建立起深圳市首个慈善地标——

“与爱同行慈善微跑”，以慈善地标彰显宝安形象，突出宝安精神，展示宝安文化，见证宝安发展。后来，又新建了沙井慈善地标和新桥慈善地标。今后将力争打造“一街道一慈善地标”。

（一）地标：看见慈善

慈善地标的想法萌生于2019年，与慈善会会长张洪华先生先前的从军经历密切相关。张会长之前在军队中主要负责政治宣传工作，拥有较为丰富的文化宣传经验和体悟。他认为，一个国家、一个军队都拥有自己的文化，文化是魂。因此，就宝安而言也应该打造起具有宝安特色的慈善文化。进一步地，用什么方式来去彰显宝安的慈善文化亦是十分重要的问题，在这一点上，慈善会也一直在不懈地探索实现多种多样的文化载体。无论是慈善会从最开始的LOGO设计，还是到慈善会会歌、“慈善娃”、慈善动漫、慈善标语等一系列文化产物的推出，都是在努力地帮助实现慈善文化元素可以真正地植根人们日常的生活，为每位市民启迪一颗慈善之心。

基于此，张会长认为：“慈善不能仅仅靠在广播里讲，在电视上放，它作为一个城市的重要文化元素是否能够进行固化，建立一个户外的载体，给予人们一种现实的力量。”出于对上述问题的思考，张会长便萌生出了建立慈善地标的想法，并进一步地将慈善地标和慈善微跑融合起来。通过设立慈善地标这样的一个标识，把运动和慈善、活力与稳重、传统和现代文化相融合，让人们看到地标就能想到慈善微跑，想到健康与慈善，愿意为慈善奉献自己的一份善心，以此不断激发市民参与慈善事业的热情。张会长将建立慈善地标的想法提出之后得到了广兴源公司董事长黄耀文的赞同与大力支持，当即便主动提出要出资建立以及负责慈善地标的设计工作。关于慈善地标的设计问题，由深圳天赋文化传播有限公司主要负责，设计人员与慈善会张会长一同就慈善地标的设计理念、主题等内容进行商议，并反复对设计方案进行多次修订。最终，在经历了10余次设计研讨会之后，慈善地标的设计方案得以确定。

（二）设计：匠心独具

整个慈善地标的设计被划分为三大主要板块。其一以凤凰山为载体，彰显宝安源远流长的历史。据清康熙年间《新安县志》记载：“凤凰岩，在茅山之北，巨石嵯峨；广数丈，洞澈若堂室，相传有凤凰栖于内，故得名。”凤凰山不仅景色优美且具有十分深厚的历史文化底蕴，凤凰山上承载着独特的文氏文化和福文化，分别可以追溯至宋末元初以及元末明初，山中也拥有凤凰文昌塔、凤凰仙洞、凤岩古庙等众多历史文化景观，因此凤凰山无疑是宝安历史的重要见证。其二通过奔跑者的人物形象，倡导健康的生活方式。跑步是一项简单便捷、高效健康的有氧运动方式，对提升身体素质，释放疲劳压力，提升个人自信等均大有裨益，已经逐渐成为全民运动的必备项目之一。在慈善地标上，两名跑友在橙红色的赛道上为爱奔跑，充分彰显了慈善微跑将运动与慈善相结合的活动特色，跑友们在奔跑中收获健康的体魄，也在奔跑中为宝安慈善注入能量。其三便是实现更高层次的慈善提升。慈善会张会长在慈善地标的落成仪式上曾讲道，慈善地标从2019年设想的提出到今天的落成，短短不到一年的时间，凝聚了宝安爱心企业家和慈善人的智慧和付出。张洪华会长说：“我们希望倡导一个健康的生活方式，宣传慈善理念，通过慈善地标激发更多的人参与慈善，募集更多的善款，帮助更多需要帮助的人。”

除此之外，为了能够进一步地将慈善地标与宝安的历史文化相结合，慈善会耗时半年，运用网络意见征求等形式，经过慈善会会长及其他有关人员逐字逐句地反复酝酿和打磨，最终通过一首赋的形式，为慈善地标赋予浓厚的历史和文化底蕴，扩大慈善地标的宣传面，促使慈善地标能够在更大的范围内得到认可。

慈善微跑地标落成记

水击南溟，鹏城始肇；枝繁桐树，凤凰来栖。边陲历沧桑之变，古邑成膏腴之区。岁月徂逝，气象万千。昔者黄芦苦竹，罾罟耗桩，而今耸广厦于平畴，竞百舸于江流也。而况凤凰山者，空林叠翠，曲径通幽，商贾游客，多集于此，摩肩接踵，络绎缤纷，诚栖止之宝壤，乃欢娱之胜地也。

岁在丙申，时维春暮，宝安区慈善会乃携四方同好，襄微跑活动于此。观其服皆橙色，言必淳良，鳌孤既张，慈善是举。或徐或疾，穿梭绿道之中；有老有少，行走芳林之内，果能仗义而扶危，疏财以济困。以是市人之属，远近悉闻；经年而后，允为典则。烝民康宁之愿，信矣斯张；为政宽仁之德，于焉而布也。

夫慈者爱也，善者吉也。今观慈善微跑之举，秉之以宽仁之心，申之以温厚之情。人恒陶乐于此，犹能寄情于山水，游目于烟岚。仁心之为道腴者，可缉于千年；慈善之为雅尚者，比播扬于万世。是以敷文勒石，志微跑之趣，铭慈善之功劳。人能晤此，莫不神往而形随；后之览者，宁无感同而深受者乎。

（三）落成：见证慈善

2020 年，深圳市首个慈善地标正式落成。宝安区慈善会会长张洪华，区民政局党组书记、局长，区慈善会常务副会长黄平彪，深圳市慈善事业联合会常务副会长兼秘书长刘国玲，航城街道党工委书记王立萍，区工商联（总商会）副主席石慧娟，共青团宝安区委副书记丁艳，中国银行宝安支行行长梁卫华，南方医科大学深圳医院副院长蔡文智出席活动，区慈善会、区工商联（总商会）、航城街道、区义工联、中国银行宝安支行、南方医科大学深圳医院、深圳市广兴源投资发展有限公司的代表等近百人一同见证了慈善微跑地标的落成剪彩仪式。慈善地标从最初的一个想法到真正落成仅用了不到一年的时间，充分体现出了深圳速度、创新精神、敢闯敢干的魄力以及浓厚的公益慈善氛围，其中更是凝聚了宝安人对于慈善所倾注的心血。通过设立这个永久性的标志物，可以让其见证和记载慈善微跑活动，丰富宝安慈善文化的内涵，向社会传递人人慈善的理念，让更多的人为宝安慈善的发展助力。

宝安区慈善地标的设立不仅对于宝安慈善文化的建设发展具有重要意义，其影响力亦扩大到了全国。深圳市慈善事业联合会常务副会长兼秘书长刘国玲认为，“与爱同行慈善微跑”地标的落成，为深圳市慈善事业联合会进行慈善文化空间标准的设计，以及慈善地标的设计提供了一个典型的案例和成功经验，其设置能够让深圳市民真切感受到慈善就在自己的身边。除此之外，慈善地标业已成为各地学习借鉴的优秀范例。“有很多外地的参访者，例如重庆、莆田等地，他们的书记主动要求到宝安参访学习，看看我们是如何建设的慈善地标，实际效果到底如何。现在，慈善地标也成为宝安区一个网红的打卡地，外面前来参观交流的人一定会点名要求参观我们的慈善地标，它的影响力已经显示出来。”张洪华会长介绍道。

（四）发展：持之以恒

“与爱同行慈善微跑”地标的设立是一个良好的开端，接下来，慈善会还会继续将慈善地标的建设逐步向各个街道推进，张洪华会长计划在其任职期间能够实现“一街道一地标”的目标。目前，慈善地标的建设工作也在有序地推进，2021 年，慈善会计划在沙井街道、新桥街道、松岗街道三个街道中建成慈善地标。张洪华会长表示：“沙井目前已经拨付了 100 万元的慈善地标建设资金，除此之外还拥有 100 平方米的慈善空间。新桥街道也找我就建设慈善地标的事情商量过若干次，目前商会也表达了积极的出资意愿。至于松岗街道，由于松岗本身是慈善娃的生产地，如此便可以将慈善娃与慈善地标的建设相结合。”

宝安区慈善会通过建立慈善地标的方式，赋予了宝安新的城市文化，壮大慈善力量，让宝安人在慈善的春风中沐浴，时时刻刻体悟慈善之美，感受慈善之力，践行慈善之举。深圳市慈善事业联合会的刘国玲常务副会长表示说：“宝安区慈善会以创新举措建设慈善地标，也为‘深慈联’制定慈善地标的标准和实施办法提供成功的借鉴。”

六、慈善典型：率先垂范，循循善诱

慈善文化落地的过程就是民众对于慈善文化的认同和内化成行为的过程。慈善文化建设需要长时间的坚守和推进。先进典型对传播慈善观念和传承慈善文化方面起着举足轻重的作用。鲜活的实践案例更易于受众接受和把握。慈善典型是社会上的榜样，提供了强烈的可视化信号，给予民众心灵上的触动，甚至效仿。因此，宝安区慈善会非常注重树立和宣传慈善典型。

第一，宝安区慈善会开展了慈善先进典型的评选和表彰活动。2010年，宝安区慈善会设立宝安慈善奖，以区政府名义表彰热心支持和参与宝安慈善公益事业且在慈善公益领域作出突出贡献的单位或各界人士。2010年3月9日，会长何植洪主持召开第九次会长办公会议，讨论首届“宝安慈善奖”评选方案。4月6日，深圳市宝安区民政局和宝安区慈善会印发了《关于开展首届“宝安慈善奖”评选活动的通知》，内设慈善个人奖、慈善企业奖、慈善组织奖、抗震救灾捐赠特别奖。4月28日，宝安区人民政府印发《关于表彰首届宝安区慈善奖和2008年抗震救灾捐赠特别奖获奖者的通报》，决定对首届宝安区慈善奖和2008年抗震救灾捐赠特别奖获奖者进行通报表彰，授予蔡吉胜等79人“慈善个人奖”，艾美特电器（深圳）有限公司等60家企业“慈善企业奖”，深圳市宝安区福永商会等30个单位“慈善组织奖”，广东恒丰投资集团有限公司等18个单位“2008年抗震救灾捐赠特别奖”。2017年6月30日，宝安区慈善会再次举行了“宝安区慈善奖表彰大会”，表彰了70个慈善单位、企业和个人。欧阳泉等20人获颁“慈善捐赠个人奖”，深圳市华丰世纪投资（集团）有限公司等20家企业获颁“慈善企业奖”，深圳市宝安区义工联合会等10个单位获颁“慈善典范机构”，深圳市宝安区总商会等20个单位、企业和个人获颁“慈善推动奖”。

宝安区慈善会采用多方参与的方式评选出慈善典型。在首届“宝安慈善奖”的评选活动中，宝安区政府部门、各街道办事处、人民团体可以推荐表彰对象，社会各界和个人也可以推荐或自荐表彰对象。评选委员会由宝安区政府、人大、政协、纪委及各街道办领导、公益机构、企业代表等多方面人士构成。在2017年的宝安区慈善奖评选活动中，为保证评选的威权性及专业性，宝安慈善奖组委会特邀北京大学深圳研究生院社会学系教授于长江、深圳市企业评价协会执行副会长兼秘书长李亚平、深圳职业技术学院副教授倪赤丹、深圳市关爱办专职副主任陈励、深圳市公众力咨询中心理事长范军、南方都市报深圳站运行总监高逸川、深圳商报公益线负责人管亚东、宝安区政协委员邓植中、宝安区人大代表穆林、宝安区社会福利中心保育部副部长费英英、宝安区社会工作者协会秘书长赵育民共11位专家组成独立评审团对申报对象进行评审。除了慈善捐赠个人奖和慈善捐赠企业奖分别按捐赠额排名确定前20个获奖人，慈善推动奖和慈善典范机构奖都需要专家现场打分，根据评分结果确定20个慈善推动奖和10个慈善典范机构奖。但需要注意的是，2014年6月民政部印发的新修订的《“中华慈善奖”评选表彰办法》设计了多项突出社会参与的条款，赋予人们选择的权利。公众可以通过网络提名、网络投票等形式选出让他们感动的人物[①]。因此，宝安区慈善会可以在评奖环节更加重视人民的“声音”，充分利用网络和新媒体的力量，鼓励人们将身边的好人好事说出来，使慈善先进典型更具亲民性。

第二，宝安区慈善会宣传善款捐赠典型。2014年3—4月，宝安区慈善会举行“慈心暖人间·善举行宝安”募捐活动，募得善款约2700万元。这次募捐活动是慈善会成立后首次采用社会化募捐方式筹款。4月24日，宝安区慈善会发布《关于表彰“慈心暖人间·善举行宝安”募捐活动优秀单位和个人的通报》，对曾广安等5人授予“优秀个人奖”，深圳市崛起教育投资公司等26家企业授予“优秀单位奖”，授予深圳市宝安区福永商会等3个单位“优秀组织奖”，深圳市宏发投资集团有限公司等6个单位被授予“突出贡献奖”。此外，宝安区慈善会陆续在《宝安日报》公布2014

① 石国亮. 慈善先进典型的选树与推广［J］. 中国民政，2017（3）：41-42.

年“慈心暖人间·善举行宝安”募捐活动捐款名单，并组织《深圳特区报》《宝安日报》等宣传善款捐赠典型。

第三，宝安区慈善会充分利用媒体的力量，深入挖掘先进典型事迹。《宝安日报》与宝安区民政局和慈善会联合开设“爱在宝安”宝安区慈善典型栏目，对黄尔春、林乐文、苏洪根、郑焯辉、翁锐桂等慈善人物进行了专题报道。慈善人物的示范效应能够影响更多的市民参与慈善事业。《宝安日报》在报道慈善典型时，并非将其塑造成为“神”的形象，而是充分挖掘先进慈善人物的事迹，在真实的社会情境中呈现先进典型的事迹，以细节的呈现来感动人，同时准确提炼出先进典型的精神，使先进典型更具真实性和感染力。同时，宝安区慈善会聚焦平凡小人物，突出先进典型在平凡中的伟大。这些人物是一些默默无闻、无私奉献的普通人，但他们却为社会树立了榜样和标杆。譬如，宝安区慈善会开展的“最美宝安人”活动借助媒体和发动群众的力量，深入基层社区，挖掘令市民感动的“最美宝安人”，大力发掘和树立一批各行各业践行社会主义核心价值观和深圳精神的先进典型。该活动树立了曾柳英、费英英、黄勤立等一批慈善典型。通过示范和引导，激励市民争做经济发展的建设者、社会主义道德的示范者、诚信风尚的引领者、公平正义的维护者。

黄尔春是深圳市金港实业有限公司董事长，同时也担任宝安区慈善会副会长和福永商会（工商联）会长。2008 年荣获首届“鹏城慈善奖”的“慈善个人”奖。自 1995 年他捐赠一大笔资金投入家乡的教育事业后，长期以来热心参与慈善事业，帮助孤寡老人、失学儿童、贫困家庭，支持扶贫和文化教育事业。他说，人的一生所赚取的财富来自社会，企业和个人飞黄腾达后，为社会多奉献才是真正有意义的事①。林乐文是深圳市金泓昇投资集团董事局主席、中华慈善总会副会长和广东省公益事业促进会会长。2006 年初，《福布斯》杂志公布了 2005 年中国内地非国有企业慈善捐赠 100 榜中，林乐文以捐资 1100 多万元居第 15 位。2007 年获全国“五一

① 邱志东，刘洁. 黄尔春：从福永打拼出来的企业家和慈善家［N］. 深圳晚报，2019-06-26.

劳动奖章”和广东省“慈善之星”光荣称号。他同样认为：“人的责任就是回报社会。做生意不单是为了能吃饱，更高层次上讲是如何回报社会。获得别人发自内心的尊重是人生的真正财富，尊重你的人越多，你积累的财富越大。”慈善事业成为林乐文人生中的重要事业，他每年捐赠其公司利润的5%~10%用于慈善事业①。宝安区福永商会常务副会长、邦深电子厂董事长苏洪根先生在玉林市看到东昌孤儿院条件简陋，决定捐资建设东昌孤儿院慈济楼，改善孩子们的生活条件。同时，苏洪根先生还资助孩子们读大学直到孩子毕业参加工作②③。这些人身上都体现出朴素的财富观。

除了企业家，宝安区还有许多既平凡又伟大的普通民众。曾柳英已是古稀老人，现为深圳市宝安区“爱心一族”协会会长。“爱心一族”代表用真诚善良赠人玫瑰。2000年夏天，协会正式挂牌成立。20多年曾柳英累计发起义工环保宣传、交通安全劝导活动超过10万人次，为困难群体募捐善款1000多万元，资助超过5500名贫困学生，在贫困山区修建了多所学校、敬老院和多座桥梁④。费英英于1983年1月出生，是广东省深圳市宝安区社会福利中心一名普通的员工。17年以来，长期坚守在福利事业第一线，把每个孤残儿童都当作自己的骨肉亲人一样精心呵护，在孤残儿童心中树起了亲人般的形象，中心几百位孤残儿童都亲切地唤她为“英英姐姐”“英英妈妈”。17年，她累计护理孤残儿童1500余名，帮助800多名孩子回归家庭、融入社会，被誉为“最美保育妈妈”。2019年4月，荣获民政部最高荣誉“孺子牛奖”表彰，是广东省唯一获奖者⑤。黄勤立具有拾金不昧的高尚品质，两次拾获巨款而不为所动。1993年的一天早上，在深圳香格里拉酒店打工的黄勤立发现已退房的客人在房间遗漏了28万元港

① 中华潮汕商会．慈善人生 辉煌成就——对话“南粤慈善之星”林乐文［EB/OL］．(2022-08-12)［2022-10-22］．http：//zhcssh. cn/portal/article/detail. html? id=74.

② 林子权．宝安企业家玉林献爱心［N］．宝安日报，2011-11-15.

③ 黄芳．苏洪根：年近耄耋 依旧续写慈善故事［N］．宝安日报，2022-09-26.

④ 叶洋特．曾柳英：20多年默默做好事传播正能量［N］．深圳晚报，2019-10-11.

⑤ 江文华．不忘初心丨孤残儿童守护者费英英：17年坚守，愿永远做孩子们的“妈妈”［EB/OL］．(2019-07-02)［2022-10-22］．https：//ycpai. ycwb. com/ycppad/content/2019-07/02/content_ 440447. html.

币和一台笔记本电脑。尽管内心有过挣扎，但想起父母常说“要做老实人，不贪他人财”，他将捡到的财物上交酒店办公室，归还给失主。1995年，失主为感谢黄勤立，资助其经营西餐厅。1999年，黄勤立在餐厅事业做得风生水起之时设立丛林爱心基金，每月从营业收入中拨付2%救济困难员工。致富思源，他也热心公益事业，收养孤儿，关爱留守儿童、关爱孤残和重病儿童、资助贫困学生，为梅县成立客家联谊会，为来深的贫困同乡提供帮助。其常年坚持帮助外来务工人员等先进事迹获得第五届全国道德模范提名奖①。

① 黄宙辉，吴大海．打工仔黄勤立：两拾巨款还失主 创业成功又行善［N］．羊城晚报，2015-08-19.

第七章　慈善微跑：用脚步丈量慈善

“运动”与“慈善”会碰撞出什么样的火花？宝安区慈善会坚持倡导营造慈善人人参与的良好氛围，也一直在不懈地探索多种多样的慈善参与形式。2016年，慈善会秉承倡导运动健康的生活方式；宣传人人慈善的理念；募集更多的善款来帮助需要帮助的人的三个理念，创新性地将慈善与跑步相结合，与宝安区工商联、宝安区义工联合会、中国银行宝安支行共同举办了“与爱同行”慈善微跑公益活动，遵循自愿、公开、公平、公正的原则，组织市民进行5~10千米的行山徒步，通过这样健康、绿色、活力的活动方式号召更多的市民能够关心慈善、追求慈善、参与慈善。至今，慈善会已经成功举办了5届慈善微跑活动，慈善微跑也已成为宝安区一道亮丽的慈善风景线。

一、选址：凤凰山上，慈善绽放

慈善会在初期选址时原拟定深圳湾运动公园，后期考虑到跨区域协调、交通便利性等问题，最终将慈善微跑活动的举办地点定于深圳市凤凰山森林公园。凤凰山被誉为宝安第一山，是深圳市规划重点建设的森林公园之一。山体位于深圳市宝安区福永与航城两地交界处，为深圳市西北部珠江口东岸的一座低矮的山脉，海拔376米，山体呈东北—西南走向。方圆29.7平方千米，从北至南横跨新桥、凤凰、福永、航城4个街道，主体部分位于福永与航城交界处。凤凰山景色宜人，植被覆盖率高，同时基础设施建设较为完备，设有步福古道、沿溪步道和盘山公路，可以满足市民徒步、骑行、登山等多样化需求。因此，慈善会将慈善微跑的活动地点选在凤凰山，能够充分利用凤凰山自身优势，为活动参与者提供一个安全、优美、便利的跑步环境。

二、合作：齐心协力，助力微跑

为了保障慈善微跑活动能够有序推进，慈善会与宝安区工商联、义工联以及中国银行宝安支行充分发挥各自的优势与力量，通力合作，为慈善微跑活动的顺利举办保驾护航。其中，宝安区慈善会负责与区公安分局、区城管局、航城街道办、凤凰山森林公园管理处协调活动场地的使用问题，与驻区媒体、区内媒体协调活动的宣传报道工作，以及与宝安第一外国语学校协调启动仪式场地使用的问题及其他相关的工作。宝安区工商联和中国银行宝安支行主要负责发动区内企业组织人员积极参加慈善微跑活动，动员参与善款募捐。其中，中国银行宝安支行还进一步承担了落实物资、场地布置，启动仪式主持人，为参与者购买商业保险，协调专业机构对活动进行总体策划与设计等工作。区义工联则立足众多义工优势，发动义工进行统计汇总报名人员名单、物资发放、活动签到、协调应急医疗、在徒步活动路程的折返点设置服务站等服务性工作。

三、开跑：以爱之名，为善奔跑

2016年4月23日上午8时30分，在宝安区委副书记、政法委书记、组织部部长李勇的一声枪响之后，第一届“与爱同行”慈善微跑活动在宝安区第一外国语学校顺利开跑。尽管活动当天细雨连绵，但参赛者依旧热情高涨，来自各行各业2000余名的爱心人士沿着凤凰山山径，通过奔跑为慈善助力，让爱心汇聚。

为保障参与人员安全，主办方将参加者划分为红、黄、蓝、绿、橙、紫共6支队伍，分别鸣枪出发。在活动伊始，由两名专业的健身教练带领跑友进行热身运动，并免费为跑友提供雨衣、饮用水等物资。考虑到参与者身体素质的差异，活动分别设置了5千米和10千米两种距离的折返跑，跑友们可以根据自身的身体情况自主选择跑道。同时，还在跑道沿路设置饮用水补给站，沿途有义工进行领跑，医护人员进行陪跑，于细节之处尽显主办方的细心与贴心。

此次慈善微跑活动最终筹集了来自10余家爱心企业及个人的善款共计100余万元，所得的善款存入中国银行宝安支行来建立此次活动的专项基金，用以帮扶社会困难群体。除了募集善款之外，慈善会希望通过慈善微跑的活动能够进一步向更多的人心里播撒慈善的种子，传播慈善理念，培育社会各界人士的慈善意识，动员人们能够积极主动参与慈善事业的建设。“我们慈善会一直倡导一个理念，就是人人慈善。这个活动从报名开始大家就非常踊跃，希望能够通过参与活动的2000余人把人人慈善的理念传播出去，让更多的人能够了解慈善、追求慈善、参与慈善。”慈善会的张洪华会长真切说道。慈善微跑也将进一步打造成为宝安区慈善会的品牌活动，每年举办一届，吸引更多的宝安人参与。

2017年4月15日，第二届慈善微跑活动如期而至，跑友们身着橙色T恤衫齐聚凤凰山，为爱奔跑。在第一届慈善微跑活动获得良好反响的基础之上，第二届慈善微跑活动继续严格落实启动筹备、全面筹备、冲刺筹备、赛事实施等各项工作进程，为参与人员打造绿色、健康、安全、舒心的活动参与体验。第二届慈善微跑活动共计吸引了3000余名跑友参加，较之第一届参与人数有明显的增长，慈善微跑的活动理念正逐步为更多的人所接受、认可，越来越多的爱心人士渐渐汇入慈善的暖流。

2018年4月14日，“一、二、三，开跑!”在一声发令枪鸣中，第三届慈善微跑活动在宝安区第一外国语学校正式开幕。本届慈善微跑活动报名参与人数达到近6000人，经过筛选最终确定了3500名参与者。基于前两届活动的经验，本次活动的志愿服务质量更加精进，近300名志愿者分布在凤凰山上蜿蜒的10千米跑道之上，为跑友们提供后勤寄存、检录签到、现场指引、医护陪跑、交通引导、关爱督导、医疗保障、秩序维护、对外宣传、应急指挥、疏导等全方位的服务，充分弘扬了“奉献、友爱、互助、进步”的志愿精神。经过3年的打造，慈善微跑已经成为宝安区一个亮丽的品牌活动。

2019年5月11日，约3500名来自社会各界热心慈善的公益人士在凤凰山上开启了第四届慈善微跑活动的新征程。在本届微跑活动之中，宝安区慈善会的专利玩偶慈善娃——“宝宝”和“安安”作为本届活动的主题吉祥物亮相赛场。“宝宝”“安安”以萌趣可爱的外观吸引了众多参赛者驻足合影，慈善娃的亮相不仅进一步点燃了参与者的热情和激情，更让慈善的理念向更多人所传递。除此之外，这届活动还采用了扫码捐款的新方式，将慈善与互联网相结合，能够在最大限度上为爱心人士提供便利的捐款渠道，让大家可以为宝安区慈善事业的建设注入自己的一份能量。

受新冠肺炎疫情的影响，第五届慈善微跑活动时隔两年，于 2021 年 5 月 15 日在凤凰山绿道成功举办，1500 余名身着橙红色运动衫的微跑爱好者满怀慈善之爱，顷刻间就将凤凰山“染”成了一片橙色的爱心海洋。本次活动不仅有“宝宝”和“安安”为参与人员加油助威，还设有慈善地标打卡处和慈善微跑打卡处，跑友们可以在此合影留念。同时，这届活动也继续沿用了扫描二维码的线上捐款方式，只需拿起手机扫一扫即可为慈善公益项目增添一份力量和温暖。张洪华会长表示，慈善微跑活动的理念和目标已经被更多的人所接受和落实，慈善会将继续通过慈善微跑活动的方式来向社会传播慈善理念。引领广大市民用脚步丈量慈善，用行动播撒爱心，以自身行动弘扬慈善公益文化，让爱的种子播撒到每一块土地上，绽放出更多娇艳的慈善之花。

四、微跑：点滴善举，成就大爱

举办慈善微跑活动具有三个重要的意义：一是向社会传播快乐和正能量；二是帮助人们打造积极向上的心态；三是用慈心暖人间，以善举行宝安。对于慈善会而言，慈善微跑活动的十分重要功能之一就是“开源”，即向社会各界筹集善款用于项目救助。

在捐款动员方面，慈善会主要通过中国银行和工商联的力量来进一步撬动支持。其一，慈善会诸多救助项目的捐赠款项都由中国银行负责接收，并进行票据开具、资金清点，以及一些资产的保值增值业务，因此慈善会与中国银行建立起了较为密切且良好的合作关系，当慈善会提出慈善微跑活动的想法时便获得了中国银行的认可和支持。对于中国银行而言，其诸多客户中不乏具备较高经济实力的企业家，因此其便可以立足自身庞大的客户群体优势来进行动员，吸引银行客户自愿参与慈善微跑活动，做正能量的传播者和践行人。其二，慈善会与工商联的关系亦是十分密切。一方面，工商联的主席曾任慈善会副会长一职；另一方面，工商联中各个商会的会长现都任慈善会副会长，因此无论是工商联还是旗下商会都与宝安区慈善会有着紧密的关系，再加上工商联与商会之间的领导与业务指导关系进一步强化了慈善会、工商联、商会三者之间的联系，总体而言极大地降低了资源的动员与整合难度，进而可以实现对慈善微跑活动的高效助推。

在经历了 4 届慈善微跑活动之后，慈善微跑的力量也正在逐渐向社会回馈。2019 年 7 月，宝安区慈善会与南方医科大学深圳医院合作设立了“与爱同行慈善微跑”健康成长专项基金救助项目，主要针对未满 18 周岁的户籍困难居民和宝安出生的青少年先天性心脏病、烧伤患者进行医疗慈善救助，同时成立了眼健康关爱空间，致力于降低青少年的近视率。

“不积跬步，无以至千里；不积小流，无以成江海。”慈善微跑启示我们，大道至简，慈善从微，慈善人人可为。慈善事业的健康发展，不仅有赖于政府、慈善组织，也需要每一个人的参与和力量。在慈善微跑活动中，每一位为爱奔跑的人都在通过自己的脚步和汗水将爱一点一点汇聚成为更加广阔的慈善海洋，为需要帮助的人带去希望。

第八章　公益慈善项目大赛：构筑公益慈善新生态

始于佛山取经，立足宝安慈善，宝安区慈善会自 2014 年举办了第一届公益慈善项目大赛以来，一坚持就 7 个年头，从成形、规范，到成熟，不断上下求索。

宝安区慈善会公益慈善项目大赛是面向全市的公益项目赋能资助计划，由深圳市宝安区慈善会发起，深圳市社会公益基金会承办运营。申报机构涵盖在深圳市依法登记注册并在宝安区有分支或团队的社会福利机构、公益性事业单位、公益慈善类社会组织。项目大赛帮助宝安区慈善会实现了从一个人做好事到一群人做好事，从“独角戏”变成“大合唱”。作为宝安区运作 7 年的“老牌”公益创投赛事，“资助金规模大、创投周期长、投后管理精细”已经成为大赛的独家特色。

一、始于佛山取经，立足宝安慈善

2014 年 10 月，宝安区慈善会的张洪华会长率队前往佛山进行学习之旅。佛山市慈善会于 2012 年与佛山日报社开始合作“佛山市第一届公益慈善项目大赛”，他们基于“全民公益”理念，通过公益项目大赛的形式，向社会征集公益项目，激发佛山民间公益的活力。同时，链接社会资源，促成佛山当地众多爱心企业与优秀的公益慈善项目的合作，实现公益慈善资源的有效整合和配置。这对张洪华会长启发很大，他意识到宝安区慈善会属于传统的救助项目，发挥的作用较为局限，如果在宝安区举办公益慈善项目大赛，便可撬动更多的公益力量，缓解宝安区慈善会人力资源不足的问题，并提升宝安区社会组织的能力。学习之旅结束后，张洪华会长一行人回到宝安后就坚定了开展公益慈善项目大赛的想法。

首先，缓解人手不足的问题。宝安区慈善会人员一共 7 个人，其中 5 个专职人员，两个是退休老干部——张洪华会长和陈长贵秘书长。即使 7 个人都最大化地发挥作用，力量仍然有限。正所谓土多好打墙，人多力量强。因此，宝安区慈善会开始思考如何从几个人做慈善变成千上万人与之一起做慈善。阿基米德说："给我一个支点，我就能撬动地球。"此语虽然夸张，但也说明了通过杠杆原理，人们可以凭借小小之力撬动庞然大物。"庞然大物"指的是能够满足宝安区多层次、多样化的社会服务需求，惠及更多困难群众以及有效解决社会问题的各种行为。宝安区慈善会擅长筹集资金，作为一个资源平台，他们正是通过"公益慈善项目大赛"这个"支点"，撬动民间组织的力量，创新服务的供给方式，为宝安区居民带来便利。

其次，提升宝安区的公益服务水平。宝安区过去属于"关外"，跟"关内"的南山区、福田区相比，其公益服务的整体水平和能力还与之相距甚远，社工的能力亟须提升。宝安区慈善会面向全市从 100 多个公益项目中遴选出 10 个服务于宝安区的优秀项目。百舸争流，这种优胜劣汰的丛林法在某种程度上倒逼宝安区的社工提升自身的专业水平和能力。同时，宝安区慈善会也通过"遴选+赋能"的方式，给成功入围的项目提供持续的资金支持、赋能建设和多方资源链接，以此提升其项目质量和影响力。

二、借力公益创投，激发公益活力

"纸上得来终觉浅，绝知此事要躬行。"宝安区慈善会一旦作出决定便雷厉风行，一干到底。宝安区慈善会在公益大赛项目运营方面仅仅是"准专业"，因此，慈善会将其定位为枢纽型慈善机构，借助第三方力量运营项目大赛。于是，慈善会立刻梳理可以承办公益慈善项目大赛的执行方，其中一家机构脱颖而出——深圳市社会公益基金会（以下简称社基会）。社基会成立于 1991 年，是一家市级的公募基金会，在深圳市具有较强的影响力。同时，社基会在运营公益慈善项目大赛方面颇具经验，驾轻就熟。社基会从 2012—2020 年连续 9 届作为中国公益慈善项目大赛的执行方，在推动中国公益创投的发展方面展开了许多前沿探索，培育了一批具有社会影响力的公益慈善项目。

宝安区慈善会看到了社基会的专业能力，决定与之商谈合作事宜。商谈过程中，张洪华会长坦诚地说："我们常年按照既定的救济项目来做。我们募集到更多善款后，怎么帮助更多的人是慈善会的价值所在。所以，非常想通过公益项目大赛实现全民公益。"宝安区慈善会开始并未想到公益创投的思路，只是想克服自身人手不足的问题，并为宝安提供一些接地气的社会服务。

社基会的杨钦焕秘书长回应道："我们宝安的基础太差，不能简单地择优选项目，而是需要采用公益创投的方式，在公开遴选项目后，还得对项目有匹配的能力建设，陪伴成长的一系列过程。宝安要培育一些有专业能力的人才队伍和品牌项目。"张洪华会长一听，耳目一新，觉得社基会提出的方案具有竞争力和可操作性。宝安区的公益慈善项目大赛不仅借鉴了佛山市慈善会的经验，还在此基础上有所创新。

洽谈过程中，宝安区慈善会认可社基会提出的公益创投的理念。与传统的公益资助方式相比，公益创投鼓励社会组织敢于拥抱风险，探索创新性的解决方案；对项目的支持不仅停留在资金层面，而更加倾向于陪伴式和参与式的资助。建立纠错容错机制，提供能力建设和发展机会；倡导系统性解决问题，着力促进行业发展和跨界合作；强调项目未来的发展潜力，注重评估资助的效果①。同时，社基会也认可宝安区慈善会支持发展公益事业的理念，即社会需求呈现多元化的特征，政府本身在提供公共物品的过程也存在问题和局限性，比如存在浪费和低效率问题，难以满足每一个人对公共物品的需求。因此，需要调动社会组织的主观能动性和创新性来满足社会多层次和多元化的需求。

双方一拍即合，宝安区慈善会选择了社基会作为项目的执行方，并决定采用公益创投的理念运作公益慈善项目大赛。两者各取所需，优势互

---

① 朱照南．从传统资助到公益创投：基金会行动模式的转型与挑战［J］．中国社会组织，2017（2）：16-18.

补。慈善会擅长筹集资金，社基会擅长运营公益慈善项目大赛。当机立断，不拖泥带水。2014 年 12 月，仅仅在佛山学习之旅后的两个月，宝安区慈善会与社基会合作在深圳市各区级慈善会中率先推行慈善公益项目招募，开展第一届公益慈善项目大赛。宝安区慈善会和社基会相当于公益领域的“投资者”的角色，以“投资”思维，寻找那些能够更好地解决困难和弱势群体问题的项目，帮助具有潜力的公益项目不断成长，实现大规模和高效的可持续运营。公益创投比购买服务对宝安慈善事业的发展有更大的促进作用，不仅可以覆盖更多的服务人群，也能真正地把宝安区公益组织队伍带起来。

2020 年，宝安区公益慈善项目大赛获得了第五届鹏城慈善奖的典范项目。与这相反佛山市慈善会的公益慈善项目大赛举办 4 届大赛后便戛然而止。从 2015 年开始，佛山市慈善会转向与佛山市民政局联合主办公益创投项目——创益合伙人计划。从中更加可以看出，公益创投比传统项目资助更加具有生命力。

三、注重分工合作，共襄慈善盛宴

5 届公益慈善项目大赛以来，宝安区慈善会与社基会分工明确，以社群化思维构筑宝安慈善品牌。宝安区慈善会作为出资方，其主要工作可总结为“3 定+1 促”，具体如下：

一是定资金。宝安区慈善会决定公益慈善项目大赛的预算，以及分配项目资助金和赛事的运作经费的比例。慈善会为每一届的项目大赛设置了 300 万元的慈善资助金，其中 30 万～40 万元左右的经费用于社基会的项目运作，包括配套的培训、跟踪服务等，其余的资金用于资助入选的 10 个项目，每个项目资助金额原则上不超过 30 万元。慈善资助金来源于宝安区慈善会的非定向捐款。

二是定基调。每一届项目大赛的基调不尽相同。第一届是“先行先试”，宝安区慈善会想方设法地将大赛先办起来；第二届是“大赛规范化”，让整个项目大赛的运转更加规范，并增加了“项目淘汰”机制；第三届是“品牌化”，不仅将该活动打造成宝安区慈善会的品牌项目，提升慈善会影响力，还致力于培育出类似于“百年老店”的品牌公益项目；第四届是“项目可持续”，通过对项目提供两年的资金扶持、能力建设，采用持续性、动态性的项目生命周期观察，使得入选的项目取得长足的发展；第五届是“项目实体化”，让公益项目在宝安区有实体空间，扎根于宝安，长期服务于宝安居民。

三是定方向。宝安区慈善会长期关注宝安区的民众需求，比起社基会更加了解民之所需、民之所向，因此慈善会会提出项目的侧重点或服务领域。申报项目的方案须回应宝安区的社会民生需求。第五届项目大赛的基调是“项目实体化”，宝安区慈善会则倾向于扶持有潜力在宝安区扎根的项目。

四是促协调。慈善会作为枢纽型慈善组织为社会组织链接不同的资源，因此需要协调和处理各种内外部关系，重新整合和配置资源。动员媒体资源对大赛的启动、项目遴选、决赛路演、项目辅导、项目实施效果等进行跟踪报道；构建跨界专家网络，对资助项目进行会诊总结、日常指导，更加精准地帮助项目落地和成长；协调政府关系，以帮助区外的公益项目顺利落地宝安。

深圳市社会公益基金会作为执行方，主要工作是根据宝安区慈善会的经费、目标定位来策划和实施公益慈善项目大赛。在方案设计、赛程的安排、专家评委的邀请等方面，宝安区慈善会会遵循社基会的意见。宝安区慈善会给予深圳社基会很多空间去摸索和创新。2020 年，社基会编制了公益创投的标准化文件，文件涵盖了运营募投、经费拨付、项目监管、绩效评价、管退等一系列公益创投的环节。

社基会的具体工作如下：

一是项目遴选。首先，深圳社基会发布项目招募公告，对宝安区公益慈善项目大赛进行宣传推介。其次，组织专家评审团，对申报的项目进行初评。以第五届项目大赛为例，评审小组根据项目品牌策略、服务实体化策略、目标定位、可持续发展、操作实施、项目创新六大指标决定项目是否入围。再次，评审小组会对初评入围的项目进行尽责调查。调查内容包括客观和主观两方面，客观内容指的是组织背景、使命与愿景、员工配置、财务管理、基础设施等客观情况，主观内容则涉及项目团队的初衷、运作能力与对公益创投的认知等。根据入围项目的尽责调查分和入围初评分按照 7∶3 的比例计算晋级分数，晋级 15 个项目。最后，深圳社基会将组织专家开展对晋级项目的路演培训，并组织最终的决赛路演。由业内领导、资深专家、跨界人士等组成评审团，根据参赛项目展示的方案、路演及答辩情况进行现场打分。最终按照各评委打出的平均分，从高到低确定资助名额。

二是协议签订。在签订资助协议之前，深圳社基会召开预算编制评审会，与每一个获得资助的项目方进行项目执行辅导和预算编制沟通。审核晋级项目的预算，其中包括削减不合规及不合理的预算，严格要求获资助项目合理编报预算表。最后，宝安区慈善会和深圳社基会根据预算编制评审会结果，与项目签订资助协议，明确项目考核的指标体系。前两届的项目大赛为一年制，从第三届开始将项目周期延长至两年，加大对项目的关注和培育，从而确保公益创投的质量。社基会的杨钦焕秘书长说："一年制的培育周期难以看到项目的成效。刚发现项目存在问题、补齐资源，开展能力建设的培训，项目还未步入正轨就到了验收评估环节。"

三是赋能建设。如果将项目比喻成种子，那么宝安区慈善会与深圳社基会提供的资金和资源就好比是种子生根发芽所需要的土壤、阳光和雨露，这些是一个公益组织成长的基础。深圳社基会在公益创投的周期内每月收集及整理资助项目的月报，其内容包含项目进度表、计划表以及辅以文字和资料说明，并依据项目实施情况进行辅导和支持；对评审专家严格把关，组织"五人跨界导师团"，定期对入选的项目进行跟踪访谈、定期问诊，并根据项目实施进展针对性开展 4 期量身定制的辅导和培训；社基会联合宝安区慈善会、导师团、受资助项目组成互联网社群，加强不同利益相关者的信息共享，为项目方提供常态化的运营指导。

杨秘书长坦言："我们的全国大赛的投后管理都没有宝安的投后管理做

得好。”每个项目都配有专门的项目官员持续跟踪项目。“项目面临的问题都不尽相同，有的需要场地，有的需要与政府部门对接，有的需要筹集更多的善款，有的则需要能力方面的培训和建设。但我们的项目官员都能及时回应项目方的诉求。”杨秘书长继续说道。此外，项目官员每个季度都需要开展项目复盘，总结项目运作过程中存在的不足和提出下一步的改进计划。

四是项目评估与验收。深圳社基会在项目周期内会开展4次项目评估，根据项目的实施效果，决定是否继续给项目方拨款，还是淘汰撤资。在项目结项时，围绕项目的目标完成情况、项目成效、品牌建设、影响力、项目可持续发展等方面，对获资助项目进行档案资料查阅、项目答辩、项目负责人访谈，以及服务对象及相关方访谈，对项目进行评分。在第三届快结束之时，宝安区慈善会和社基会提出来打造“百年老店”的目标，为了激励项目提高其质量和持续发展能力，首创了“保送”制度，承诺在第三届的结项评估中排名第一的项目直接免试晋级为下一届资助项目。宝安区心星园训练中心的“自闭症艺术社区支持计划”项目在第三届的项目评估中拔得头筹，成为社基会重点打造的一个品牌项目。该项目于2019年获得了第四届鹏城慈善典范项目。

五是与慈善会沟通。宝安区慈善会与深圳社基会合作较为顺利。首先，深圳社基会每个月编制月度报告，不仅对项目进行监测，保证对公益创投的质量和资金使用的有效性，还将报告提交给慈善会，及时将在运营中存在的问题和改进建议以报告的形式反馈给慈善会。月度报告的内容包括：入选项目进度完成情况统计表（见表8-1）、项目经费使用情况（见表8-2）、项目服务故事、项目下月的工作计划、社基会的工作汇报，以及深圳社基会下月的工作计划。其次，深圳社基会向区慈善会商定淘汰退出的项目和重点培育的项目。一方面，社基会与慈善会协调设立了淘汰机制，淘汰机制并非针对机构本身，而是针对他们执行的项目是否能达到公益创投的目标。在资助过程中，社基会非常注重对公益创投的绩效管理和绩效评价，对项目进行实地走访和考察评估，核查项目实施情况，若发现项目执行效果不达标，则会终止资助。另一方面，深圳社基会希望通过公益创投培育出在宝安区具有示范效应和典型性的品牌创投项目，因此，社基会在培育过程中特别留意去挖掘和培育有潜力的种子项目，为这些项目链接额外的资源，以及提供额外的指导。

表 8-1　公益慈善项目进度完成情况统计表

项目名称	"护蕾行动"校园欺凌减除计划之社区共行动				
执行单位	深圳市阳光家庭综合服务中心				
指标明细	量化指标 可分列展开	本月完成量 可分解展开	累计完成量 本月完成+ 之前完成	累计完成率 累计完成/总 计划×100%	备注 正常、超前、滞 后（说明原因）
护蕾行动启动仪式	1 场	—	1 场	100.00%	正常完成
护蕾课堂	60 节	0 节	1 节	1.60%	滞后：因第一期护蕾讲师考核较晚，相应的护蕾课堂、儿童的护蕾课堂、儿童工作坊的开展都随之较计划滞后
"护蕾讲师"培育工作坊	3 期	0 期	1 期	33.33%	因疫情、机构评估等因素滞后，第 1 期共分为 3 场线上培训+1 场线下考核，于 9 月底完成了最后一场考核，培育护蕾讲师 8 名
护蕾儿童工作坊	60 节	0 节	5 节	8.30%	11 月在塘头社区开展工作坊
护蕾行动微信群线上微课	20 节	0 节	0 节	0.00%	计划 12 月开展录制

注：数据来源于深圳市社会公益基金会。

表 8-2　公益慈善项目经费使用情况

项目简称	项目资助金额（元）	本月实际支出（元）	实际累计支出（元）	累计支出占资助金额百分比（%）	备注（结余：超额；正常及原因）
爱·会·保护自己	244777	0	85935	35. 11	正常
少年派安全阅读	177180. 6	6420	159528. 15	90. 03	正常
护蕾行动	242836	0	23177. 63	9. 54	结余 219658. 37 元
戒毒帮扶计划	233672	2000	137159. 79	58. 7	正常
老有才	250000	0	175000	70	
阿尔茨海默病	220000	0	199704	90. 77	
心明眼亮	66052. 8	8300	91752. 8	138. 91	
心智障碍者	252696	9849. 83	145253. 44	57. 48	正常
永乐课堂	246600	18400	162620	66	正常
育儿有道	249800. 84	0	38975. 89	15. 6	
星星童画梦	172383. 6	尚未统计	103579. 61	60. 1	目前只统计到 9 月底

注：数据来源于深圳市社会公益基金会。

需要注意的是，前 3 届的公益慈善项目大赛由宝安区慈善会主办，深圳社基会承办。从第四届开始，主办方新增了宝安日报社和宝安广播电视中心，他们主要负责整个项目大赛和入选项目的宣传推广工作。宝安日报社和宝安广播电视中心作为公益慈善项目大赛的组织方，从头到尾全程参与项目大赛的过程，跟进整个流程，负责项目的宣传推介工作，以及扩大赛事的影响力，挖掘那些项目里面的故事。第五届公益慈善项目大赛于2021 年 6 月启动，将深化和媒体的合作，发挥媒体在项目大赛中的积极作用，提升项目大赛的社会影响力。

四、四届创投之路，七年磨成一剑

2014 年 12 月，宝安区慈善会举办了第一届公益慈善项目大赛，从 20 个公益项目中选拔出 9 个项目予以资助，项目类型涵盖了关爱自闭症群体、困难义工、外来务工家庭、环境保护、关爱老人等。由于第一届项目大赛的基调是“成形”，在佛山学习之旅后，立马组织宝安区的公益项目大赛，此时公益项目大赛的影响力尚未发挥出来，仅吸引了 20 个项目参赛。

经过一年的耕耘，2015 年底宝安区慈善会总结上一届的成功的经验，举办了第二届公益慈善项目大赛，吸引全市共 92 家社会组织的 117 个项目参赛，其中有 20 个项目进入决赛，13 个项目获得资助。为扩大项目大赛的影响力，此届大赛引入网络传播竞赛作为晋级赛的评分机制之一，根据网络传播竞赛和尽责调查的得分，决定进入决赛的资格。其间共有 46367 名公众参与投票，为宝安区慈善会的微信公益号增加近 4.6 万名粉丝。第二届大赛的另一个新的举措是增加了爱心企业家现场认领爱心项目的环节。杨钦焕表示说：“宝安区慈善会资源动员能力很强，具有很强的公信力，受到社会的认可，所以很多企业家愿意给他们捐款。”第二届宝安区慈善项目大赛的决赛中，有企业家在现场认领项目，13 个获得资助的项目中有 7 个项目被企业家现场认领（见表 8-3），剩余的 5 个项目由宝安区慈善会资助。

公益慈善项目大赛搭建了企业家和项目间的纽带，使得有意做善事而不知如何去做、不知做什么项目的企业家实现与项目的对接。针对企业家认领的项目，宝安区慈善会还会定期带领企业家进行项目考察，与受助人或项目执行方进行定期交流，提高企业对项目的认知度，进一步增强企业对项目以及宝安区慈善会的信任。但是，企业家认领项目仅在第二届做过试验。企业家认领项目后，并没有足够的时间跟进项目，因此他们更愿意直接捐钱给宝安区慈善会，由慈善会和社基会来跟进项目。

表 8-3 第二届公益慈善项目大赛企业认领的项目

序号	项目名称	申报单位	认领企业/个人
1	“耆巢添丁·乐享颐年”——福永街道（空巢）老人居家养老社工服务项目	深圳市融雪盛平社工服务中心	邦深科技（深圳）有限公司
2	“点亮星灯，璀璨星空”关爱自闭症项目	深圳市宝安区义工联合会	林其中（深圳市雍畝实业有限公司董事长）
3	零污染——有害垃圾回收无害化处理项目	绿宝宝垃圾分类指导中心	卢暖培（广东恒丰投资集团有限公司董事长）
4	“我是小画工”外来工子女社区融合计划	深圳市南山区南风社会工作服务社	宝安区新安商会会长林填发
5	“爱的供养”关爱优秀困难义工项目	深圳市宝安区义工联合会	刘焕德（展兴达五金塑胶制品有限公司董事长）
6	“欢乐空间”——社区外来务工子女圆梦计划	深圳市宝安区慧家社会事务服务中心	深圳市华丰世纪投资（集团）有限公司
7	星星童画梦，慈会蓝天下——自闭症儿童艺术潜能开发计划	深圳市宝安区心星园训练中心	宝安区西乡商会

注：数据来源于深圳宝安区慈善会。

第三届公益慈善项目大赛于 2017 年 1 月启动，共收到参赛项目 126 个，有效项目 113 个，申报项目的质量和创新性有大幅的提升。此届项目大赛的基调是推出“赛事品牌”和“项目品牌”两个品牌建设。在赛事品牌建设方面，首创“社群化”赛事服务机制，社基会联合宝安区慈善会、导师团、受资助项目组成互联网社群，加强信息共享和线下互动，为项目方提供常态化的运营指导。同时优化“导师制”，由学者、实务领袖、媒体人士等20位专家组建“跨界导师团”，以导师会诊的方式加强导师团和项目的对接成效。在项目品牌建设方面，旨在挖掘品牌公益项目，为宝安公益慈善项目提供示范效应，具体做法包括：一是将项目周期设置为两年，加大对项目的培育力度，拓展项目成长空间；二是改进评选标准，在申报环节增加对项目未来品牌建设策略的评估，包括品牌可识别性、可复制性和可持续性3个方面；三是重视海选环节，充分挖掘具有高成长性种子项目。

经过3届公益慈善项目大赛的经验积累和沉淀，宝安区慈善会和深圳社基会从赛制设计、项目评审、培育孵化到监管评估形成了一个区县级完善的公益创投资金与公益项目对接的平台。第三届受资助项目基本全部完成项目的预设目标，具有品牌建设意识，大部分项目还打造了自身的品牌形象。“星星童话梦，慈绘蓝天下”——自闭症儿童艺术支持项目、“护蕾行动——校园欺凌减除计划”等项目具有一定的行业知名度。比如，“护蕾行动”的服务模式、项目经验在专业领域的权威平台发表并被同行邀请分享经验。

2019年6月，第四届公益慈善项目大赛启动，105个项目入围，最终有10个优质公益项目从激烈的评选中脱颖而出，还有1个项目在第三届项目结项评估中获得免赛资格。11个入围项目共获得近268万元的项目资助金，项目服务覆盖了特殊群体康复、儿童成长、养老关怀、戒毒人员帮扶、家庭教育等不同领域。从2019年8月至今，据不完全统计，10个项目共开展活动2875场，直接服务人数19306人，间接服务人次48830人次，开展个案服务数171个，覆盖社区多个，培育了31名护蕾讲师，20名个案管理员，完成宣传类视频39个。第四届的项目大赛的基调是“可持续发展”。跨界导师团定期问诊、“慈善会+社基会”双平台常态化支持、媒体专题报道等仍是助力公益项目持续发展的手段。深圳市社基会秘书长杨钦焕指出：“持续性地培育成长也是公益创投的重要部分，对项目方而言，陪伴性成长应是作为动力而不是压力。在两年期的执行过程中，社基会及时开展评估和辅导，发现问题、修订方向，确保后续高质量发展。”

公益创投是一个系统的工程，涉及出资方、实施方和作为承办方的第三方专业机构。宝安区慈善会会长在决赛中表示："希望项目方保持满腔热情，主动做好慈善事业的担当者，做一个专业、有情怀的公益人；希望承办方深圳市社基会和协办方深圳大学城市治理研究院通力合作，以宝安区公益慈善项目大赛为火种，顺着公益创投热潮，碰撞出更多社会创新的火花，以点带面，亦可燎原。"①

总而言之，宝安区慈善会和深圳市社基会致力于用公益创投的理念和模式解决社会问题，将"公益创投"理念植入赛制设计，坚持资助和培育并举，在资助的过程中设置多重"陪伴"模式，以提升项目的管理运营效能和可持续发展的能力。

五、借势公益大赛，传播慈善文化

公益慈善项目大赛对于慈善文化主要起到两大作用，一是带动更多民间组织利用现代慈善理念做慈善，二是提升公众对慈善事业的认知。

首先，用"现代慈善理念"激发宝安区民间公益的活力。宝安区的公益慈善项目大赛采用"公益创投"的理念运作。宝安区慈善会扮演了"发现者"、"支持者"和"倡导者"角色。一是发现者。宝安区慈善会寻找并资助那些具有可操作性、创新性的社会服务模式，鼓励社会组织探索解决社会问题的新方法。在公益慈善项目大赛的申报要求中明确提出，"不接收以直接资助为主要形式的扶贫济困、救灾、医疗类项目"，以此鼓励社会组织采用更具创新性的方法回应宝安区社会民生需求，而不是以扶贫济困的方式为主，对孤老残幼等特殊群体进行救济和收养。二是支持者。宝安区慈善会向具有解决社会问题潜力的公益组织提供全面支持，注重对受助机构进行能力建设和效果评估。宝安区慈善会联合深圳社基会、深圳大学社会管理创新研究所、宝安日报社、宝安广播电视中心等合作单位为

① 郭悦．宝安区慈善会第四届公益慈善项目大赛获奖项目签约［EB/OL］．（2019-08-23）［2022-10-22］．https：//static. nfapp. southcn. com/content/201908/23/c2552178. html.

资助项目提供项目设计、能力建设、人才培养、媒体支持、社群搭建等强化服务，培育宝安区本土品牌公益项目。三是倡导者。一旦受资助项目的服务模式被证明是有效的，宝安区慈善会联合媒体的力量，对项目进行社会倡导，将其打造为品牌项目，在社会上进行大规模推广。公益慈善项目大赛借助传媒的优势，为慈善事业发声，引领公益慈善的风向标。这种杠杆和示范效应，也逐步带动更多民间组织利用现代慈善理念做慈善。

其次，借助民间组织的力量提升公众对慈善的认知。宝安区慈善会不断地思考如何通过公益项目大赛的力量让优质项目直接实现规模化和可持续发展，从而覆盖更多的服务人群，直接影响成千上万受助对象的生活。截至目前，宝安区慈善会已资助项目达 54 个，覆盖人群达到 250 万人。公益服务覆盖的范围越广，向社会公众普及慈善理念的范围也越广。在第二届的项目大赛引入网络传播竞赛的方式计算晋级赛的分数，动员了 46367 名公众参与投票，第三届的项目大赛组织了“线上线下相结合”的决赛路演，现场有近 300 人参与了决赛观摩，线上 U 学院直播平台有近 800 人次参与观看，极大地扩大了活动影响力。公益慈善项目大赛整合了宝安区十分具影响力的媒体平台，将公益理念传播更广，也让企业、公众在大赛中认识到更多有态度的、创新的公益项目，从而吸引民众关注和参与慈善。宝安区慈善会会长张洪华表示，开展公益慈善项目大赛不仅为了选拔和培养更多的慈善公益项目，还让更多的人能够参与慈善公益事业，让慈善公益项目惠及更多的群众。项目大赛帮助宝安区慈善会实现了从“独角戏”变成“大合唱”。宝安区公益慈善项目大赛目前在宝安区具有较高的知名度。宝安区首届项目大赛仅吸引了 20 个项目参赛，此后申报项目的数量有大幅的上升。后续 3 届收到的有效参赛项目分别为 117 个、113 个、105 个。

总而言之，宝安区慈善会和宝安媒体搭台，将企业、第三方机构乃至地方政府优势资源整合在一起，构建宝安区的公益慈善生态，实现公益慈善资源的有效整合与配置，激发宝安区民间公益活动，使得从事公益慈善活动的氛围越发浓厚。

六、直面慈善难题，打造慈善标杆

宝安区公益慈善项目大赛接下来将有意识地推动慈善项目的“实体化”，打造慈善空间，让入选的项目能够扎根于宝安，而不是资助期限一到，项目在宝安的运作就戛然而止。因此，第五届公益慈善项目大赛的工作思路是引导公益服务实体化，在宝安构建项目服务基地。当项目的运营人员出现流动时，也不会对项目造成颠覆性的影响。

第五届宝安区公益慈善项目大赛由深圳市宝安区慈善会、宝安日报社、宝安广播电视中心主办，深圳市社会公益基金会承办，于2021年6月23日正式启动。第五届项目大赛的内容聚集慈善空间建设、公益服务站点打造方向，其亮点在于提出了“项目化、空间化、实体化”，引导公益服务在宝安区实现实体化，强化宝安本土慈善品牌烙印。该届项目大赛特别关注项目实体化的潜力，并对于这类项目提供个性化的项目培育支持，让其在宝安区建立实体化的公益服务空间。深圳市社基会将在慈善空间的建设中，充分发挥其在项目赋能、资源整合等各方面的优势，与宝安区慈善会共同将慈善空间打造成宝安区慈善的标杆和示范点，供更多的公益慈善项目借鉴。此外，第五届项目大赛将宝安日报社和宝安广播电视中心作为主办方之一，深化与媒体的合作，加大了宝安媒体对项目大赛的宣传报道和传播力度。宝安广电中心党委书记、主任杜俊平表示，宝安广电中心在公益慈善项目大赛中从以往旁观者、见证者、宣传报道者的身份转变成参与者的身份，他们将全面落实项目大赛的宣传报道，让善政德行广为人知。宝安日报社同样全程跟进项目大赛的报道，并通过报纸、刊物等多渠道进行宣传。项目大赛从探路到形成宝安公益事业的品牌，赛制在逐年完善，第五届公益慈善项目大赛由原来的5个评委增加为7个评委，评审团融合了专家视角、媒体视角、资方视角和公益视角，成员有专家学者、媒体人员、资方代表、实践领袖、优秀公益项目代表、社区公司代表等。路演的项目名额由原来的15个增加至18个，一方面充分挖掘有潜力的项目，另一方面增加项目之间的竞争力。

宝安区慈善会自 2015 年启动公益慈善项目大赛以来，至 2021 年已持续运作了 8 年，成功举办了 5 届，累计资助和培育了优质公益慈善项目 43 个，资助金额达 1047.8 万元。于 2021 年启动的第五届项目大赛遴选出了 11 个公益项目获得资助资格。通过梳理 5 届获资助的项目，涉及较多的服务领域有特殊儿童康复和教育（12）、青少年儿童（12）、老年人（8）、家庭教育（5）、环境保护（4）、外来务工（3）。5 届宝安区公益慈善项目大赛的项目汇总见表 8-4。宝安区公益慈善项目大赛按照第一届探门路，第二届规范化，第三、四届品牌化，第五届公益服务实体化的路径发展，尝试形成宝安区独特的公益慈善生态网络，打造公益创投的“宝安模式”。宝安区慈善会举办的公益慈善项目大赛，鼓励和支持公益组织的创新实践，促进宝安区公益组织的专业化发展，为宝安区公益慈善生态进入良性发展奠定了基础。首先，公益慈善项目大赛对于宝安区的公益项目的能力提升取得了一定的成效，培育了一批品牌项目，比如“护蕾行动”将其在宝安积累下来的经验编辑成书向行业输出标准。其次，为了打造符合中国慈善联合会标准的公益创投案例，宝安区慈善会在项目遴选、能力建设、项目宣传、投后服务等方面不断优化，精益求精，在全国形成了一定知名度、影响力和示范效应。宝安区相当于公益创投实践的“试验田”，深圳市社基会将宝安区公益创投的成功经验复制至全国公益创投大赛。最后，宝安区慈善会成为全国公益创投标准的制定者之一，“宝安模式”成熟的经验和做法被编进全国公益创投的行业指南。

表 8-4　五届宝安区公益慈善项目大赛的项目汇总

宝安区慈善会公益慈善项目大赛历届资助项目名单		
首届（2015—2016 年）		
序号	项目名称	执行单位
1	“点亮星灯，璀璨星空”关爱自闭儿童项目	深圳市宝安区义工联合会
2	“爱的供养”关爱优秀困难义工项目	深圳市宝安区义工联合会
3	助力幸福社区——来深建设者家庭发展能力提升计划	深圳市宝安区慧家社会事务服务中心

续表

宝安区慈善会公益慈善项目大赛历届资助项目名单		
首届（2015—2016 年）		
序号	项目名称	执行单位
宝安区慈善会公益慈善项目大赛历届资助项目名单		
4	自闭症青少年康复支援及职业技能辅导	深圳市宝安区爱心智慧特殊儿童康复中心
5	“环保酵素改变生活”社区环境净化项目	深圳市宝安区旭源社会工作服务中心
6	宝安区外来务工贫困家庭脑瘫孩子康复救治项目	深圳市宝安区庆春特殊儿童康复中心
7	守护天使——少女意外妊娠关爱项目	深圳市宝安区乐邦社会工作服务社
8	“渲绿”低碳环保公益宣讲项目	深圳市宝安区绿宝宝垃圾分类指导中心
9	福利机构老人白内障复明手术	深圳市宝安区社会福利中心
第二届（2016—2017 年）		
序号	项目名称	执行单位
1	星星童画梦·慈绘蓝天下——自闭症儿童艺术潜能开发计划	深圳市宝安区心星园训练中心
2	“耆巢添丁·乐享颐年”福永街道空巢老人居家养老社工服务	深圳市融雪盛平社工服务中心
3	我是小画工——外来工子女社区融合计划	深圳市南山区南风社会工作服务社
4	欢乐空间——社区外来务工子女圆梦计划	深圳市宝安区慧家社会事务服务中心
5	“点亮星灯，璀璨星空”关爱自闭症儿童	深圳市宝安区义工联合会
6	盲健同行——让视障者更好地融入主流	深圳市信息无障碍研究会
7	“电子保姆”——社区老人居家安全支援计划	深圳市宝安区乐邦社会工作社

续表

宝安区慈善会公益慈善项目大赛历届资助项目名单		
第二届（2016—2017 年）		
序号	项目名称	执行单位
8	如是·宝安区阳光妈妈拼布创业技能培训	深圳市如是布艺制作交流中心
9	让爱更完美	深圳市宝安区庆春特殊儿童康复中心
10	特别的爱给特别的你——特殊儿童家长们的驿站	永乐特殊儿童康复中心
11	“爱的供养”关爱优秀困难义工项目	深圳市宝安区义工联合会
12	生涯梦工坊（宝安站）——青年就业促进计划	深圳市生涯规划与发展协会
13	零污染——有害垃圾回收无害化处理	深圳市宝安区绿宝宝垃圾分类指导中心
第三届（2017—2019 年）		
序号	项目名称	执行单位
1	爱树·宝安爱树行	深圳市爱树生态保育促进中心
2	永乐特殊儿童课堂	宝安区永乐特殊儿童康复中心
3	“护蕾行动”深圳市宝安区中小学“校园欺凌”减除计划	深圳市阳光家庭社会服务中心
4	育儿有道——3~6 岁孩子父母管教能力提升项目	深圳市宝安区尚德社会工作服务社
5	宝安·快乐陶笛亲子乐团	深圳市福田区颂雅艺术团
6	四点半更精彩，周末“创”起来——青少年科创计划	深圳市益网社会公益文化促进中心
7	共享蓝天——宝安区戒毒学员社会帮扶计划	深圳市宝安区禁毒协会
8	“智慧保姆”社区老人居家安全支援计划	深圳市宝安区乐邦社会工作社

续表

宝安区慈善会公益慈善项目大赛历届资助项目名单		
第三届（2017—2019 年）		
序号	项目名称	执行单位
9	宝安社区公益达人（改名为：社区星火计划——宝安区社会组织骨干及居民领袖培育计划）	深圳经济特区社会工作学院
10	星星童画梦·慈绘蓝天下——自闭症艺术社区支持计划	深圳市宝安区心星园训练中心
第四届（2019—2021 年）		
序号	项目名称	执行机构
1	星星童画梦·慈绘蓝天下——星空守护者计划	深圳市宝安区心星园训练中心
2	守护时光留下的记忆，阿尔茨海默病早期筛查	深圳市宝安区鑫梓润养老服务中心
3	“护蕾行动”校园欺凌减除计划之社区共行动	深圳市阳光家庭综合服务中心
4	爱·会·保护自己——关爱未成年人预防性侵安全教育工具包项目	深圳市集爱社会工作服务与发展中心
5	永乐特殊儿童课堂	深圳市宝安区永乐特殊儿童康复中心
6	深圳老有才社区文化服务中心	深圳市广电公益基金会
7	共享蓝天——宝安区戒毒学员社会帮扶计划	深圳市宝安区禁毒协会
8	心明眼亮暨新安街道光明计划	深圳市星光眼健康公益服务中心
9	心智障碍者资源中心——个案管理模式支持残疾人家庭计划	深圳市自闭症研究会
10	少年派安全阅读	深圳市益网社会公益文化促进中心
11	育儿有道，为爱成长——幼小衔接家长积极养育能力提升项目	深圳市宝安区尚德社会工作服务社

续表

宝安区慈善会公益慈善项目大赛历届资助项目名单		
第五届（2021—2023 年）		
序号	项目名称	执行单位
1	宝安知友慈善关爱空间伴你行	深圳市宝安区鑫梓润养老服务中心
2	春风快乐成长计划——宝安区儿童性安全友好示范城区	深圳市春风应激干预服务中心
3	家友·益站——困境妇儿家庭公益服务空间打造计划	深圳市宝安区妇女儿童福利会
4	暖融有我——精神康复者家庭自我管理能力提升项目	深圳市宝安区尚德社会工作服务社
5	星星童画梦慈善关爱空间	深圳市宝安区心星园训练中心
6	深圳老有才社区文化服务中心	深圳市广电公益基金会
7	“剧丨拒”毒馨生：戒毒康复人员生命剧场培育及展演计划	深圳市温馨社工服务中心
8	“青听一刻”青少年心理健康赋能支持计划	深圳市宝安区阳光成长青少年社会工作促进中心
9	保护“少年的你”——为未成年人打造温暖的家	深圳市慈善事业联合会
10	宝安区学困公益服务生态营建示范先行计划	深圳市学习困难关爱协会
11	成长向导——儿童青少年心理社会支持计划	深圳市南山区南风社会工作服务社

注：资料来源于宝安区慈善会。

第九章　慈善空间：引领公益项目实体化

耗时3个月，宝安区慈善会再一次展示其慈善文化建设的创新之举。2021年7月1日，宝安区第一个慈善空间授牌启用。小小的慈善空间，承载了巨大的能量。慈善文化的内涵体现在主观的自愿性、客观的利他性、实践的广泛性。慈善空间展现了慈善文化的内涵，在自愿性方面主动听取各方利益相关者的意愿，在各方意见统一的情况下打造慈善空间。在利他性方面，慈善空间将公益慈善项目大赛的项目以实体化的方式固定下来，扎根于宝安区的土壤，覆盖更多的受益群体。宝安区的老百姓在需要帮助之时，能够及时获得帮助。在广泛性上，慈善空间将慈善事件或活动广泛地融入人们的日常生活，让老百姓实实在在地看到公益的身影。慈善空间不仅关爱了困难群体，还通过其影响力让国家和社会重视这些群体，让更多人在了解患有自闭症、阿尔茨海默病的群体后，主动、自觉、自主地参与慈善事业，从而形成一种公民有序参与慈善的状态，推动社会问题的系统化解决。因此，慈善空间有助于加深慈善理念及精神的影响力，同时也引导更多主体参与慈善，使得“人人慈善”的公益氛围更加浓厚。

一、慈善空间，“看见”慈善

2020年10月，新冠肺炎疫情刚进入常态化，宝安区慈善会就启动了学习之旅，与深圳市社会公益基金会和第四届公益慈善项目大赛的11个获资助的项目赴广州参访学习。通过参访，宝安区慈善会了解到“慈善空间”的概念。2020年8月，广州市人民政府印发了《推动慈善事业高质量发展行动方案》，鼓励图书馆、商场、游客中心、社区服务中心等设置“慈善空间”。广州市依托慈善空间，举办慈善活动、传播慈善文化、弘扬慈善精神，从而推动广州慈善事业高质量发展。

张洪华会长感慨道："广东省千禾社区公益基金会在社区打造和运营了一个社区慈善空间——小禾的家，对我触动非常大，启发我思考如何通过'慈善空间'支持公益慈善项目大赛的项目扎根在宝安，成为'百年老店'一样的品牌项目。"宝安区慈善会已经连续举办 5 届公益慈善项目大赛，采用公益创投的方式，重点培育服务社区或基层的项目。这些项目往往需要固定的服务场所才能给居民提供便利。所以，宝安区慈善会在总结在广州学习收获的经验后，提出了"打造慈善空间，探索公益服务实体化"的举措，并将其作为宝安区慈善会 2021 年的重点工作。

宝安区慈善会在建设慈善空间时，秉承了"六个有"的理念，即有空间、有项目、有团队、有规划、有进展、有成效。具体而言，一是有房间和场地承载慈善功能；二是有项目传递慈善精神；三是有团队支撑项目运作；四是有整体计划保证项目的实施；五是有项目发展历程让更多人了解项目情况；六是有成果展示凝聚更多人的信任。慈善空间的建立的意义在于：第一，持续地向社会提供公益服务，让被关爱的群体感到温暖；第二，接待其他组织来慈善空间参观学习。对外展示成熟的公益项目，成为特定公益项目的宣传窗口；第三，吸引爱心人士和爱心企业家前来参观，激发和扩大社会各界对特定群体或公益项目的了解和关爱。宝安区慈善会计划 2021 年完成 7~8 个慈善空间的建设。

二、慈善之火，点亮"星星"

宝安区慈善会首个慈善项目关爱空间"星星童画梦慈善关爱空间"（简称"星星关爱空间"）在深圳市宝安区心星园训练中心建成落地。2021 年 7 月 1 日下午，启动了授牌启用仪式。"星星关爱空间"是连续在三届项目大赛获得资助的"星星童画梦 · 慈绘蓝天下"项目的展示空间。该项目在第三届公益慈善项目大赛结项评估中脱颖而出的，直接晋级为第四届项目大赛的资助项目，同时还在第四届深圳市鹏城慈善奖中被评为"深圳市鹏城慈善的典范项目"。经过 3 个多月的筹备，在宝安区慈善会和深圳市社会公益基金会指导下，打造了一个守护"星星的孩子"的温馨的慈善空间。“星星关爱空间”的建立有助于激发社会各界对自闭症群体的关注，也让更多公益组织到慈善空间参访。

在授牌仪式上，深圳社基会的杨钦焕秘书长说：“慈善关爱空间通过实体化运作克服公益项目碎片化和虚无化的问题，这也是第五届宝安区公益慈善项目大赛重点探索的领域。”深圳市慈善联合会的刘国玲副会长感叹道：“宝安区慈善会打造的慈善空间为市民提供了一个关于慈善的展示空间，让大家看得见、摸得着。其创新举措为宝安区乃至深圳市提供了一个借鉴样本。”[①] 宝安区慈善会给予慈善空间一定的运作经费，并希望能在海雅百货、海雅缤纷城等大型商场里建设类似于心星园训练中心的慈善空间，不仅提供了开展特殊儿童教育的场所，还可以展示“星星孩子”色彩斑斓的画作，帮助孩子们售卖作品。

自闭症儿童是一个值得关注的群体。上帝给这些孩子关上了一扇门，艺术则为这些自闭症儿童打开了一扇窗。“星星童画梦 · 慈绘蓝天下”项目旨在以优势视角挖掘出更多自闭症患者的绘画潜能，同时通过培训和培养优秀学员的方式，派遣合格的师资去辐射周边的社区（如图 9-1 所示）。项目引入多元的社区支持资源，联结自闭症儿童、专业人员、家长、志愿者和社会人士等打造一个以自闭症群体为中心的社群生态圈。该项目带领自闭症儿童一同设计艺术周边产品，为他们打造一个集“艺术创作+周边产品+社群运营”为一体的支持系统，以追求项目的可持续性与可复制性。该项目通过绘画给自闭症的孩子打开一扇心灵的窗户，让孩子沉浸和陶醉在五彩缤纷的绘画世界里。一支铅笔和一块橡皮，将内心的想法呈现在画里。他们用绚丽的色彩将景物描绘在纸上，山水风情，虫鸟鱼兽，每一处都充满活力。该项目已经持续运作了 5 年，培养了一批具有创造力的“原生艺术家”，开展了 400 节绘画课，举办了 10 场校园画展、8 场社区画展、16 场公共商场公益展，举行了一次全国绘

① 深圳市宝安区民政局．宝安区首个慈善关爱空间授牌启动［EB/OL］.（2021-7-12）［2022-10-22］. http：//www. baoan. gov. cn/bamzj/gkmlpt/content/8/8968/post_ 8968704. html#5210.

画大赛等，有些画还得到了收藏家的认可①。

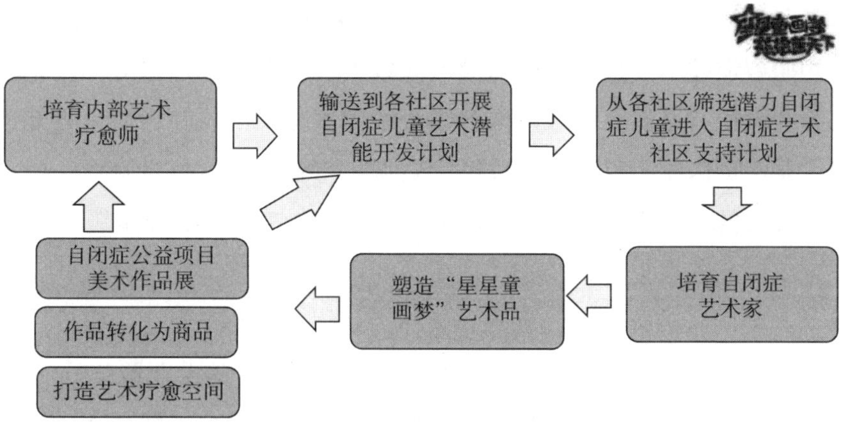

图 9-1　“星星童画梦·慈绘蓝天下”项目的服务内容

注：资料来源于宝安区心星园训练中心。

三、慈善之光，照亮“视界”

近年来，儿童青少年的近视问题呈高发、低龄化趋势。根据国家卫健委数据显示，2018 年全国儿童青少年总体近视率超过半数，达到 53.6%。而新冠肺炎疫情防控期间的居家“上网课”又进一步加重了儿童青少年的近视率。2020 年 8 月 29 日，人民网舆情数据中心与中南大学爱尔眼科学院联合发布的《2020 中国青少年近视防控大数据报告》指出，与 2019 年底相比，半年来学生近视率增长了 11.7%，其中小学生近视率增长了 15.2%、初中生增长了 8.2%、高中生增长了 3.8%。每天上网课总时长在 1 个小时以内的近视检出率为 45.8%，超过 4 小时的近视检出率则提升至 76.7%。

青少年的高近视率俨然成为一个社会热点问题。宝安区慈善会张洪华

① 深圳市宝安区民政局．宝安区首个慈善关爱空间授牌启动［EB/OL］．（2021-07-12）［2022-10-22］．http：//www.baoan.gov.cn/bamzj/gkmlpt/content/8/8968/post_8968704.html#5210.

会长说："现在飞行员、潜水员、航天员等高科技的职业都要求视力好的人员。关爱儿童青少年的用眼健康刻不容缓。"针对目前学生近视程度高、用眼习惯差、疫情期间网课学习导致近视情况更加严重等问题，宝安区慈善会觉得有必要在区域内推动与爱眼健康相关的项目，后来得知南方医科大学深圳医院不仅掌握相关医疗资源、专业人才、信息资源、治疗空间，更重要的是他们有很强的动力和信心推进"关爱眼健康"项目。因此，宝安区慈善会于2020年10月在深圳市首个慈善地标揭幕仪式上，决定以"与爱同行慈善微跑"和慈善地标为载体，启动开展学生眼健康公益慈善项目，为中小学生提供免费的保护、预防、治疗等专业服务。

宝安区慈善会借助慈善微跑·与爱同行募集的资金，联合南方医科大学深圳医院、深圳市星光眼健康公益服务中心、宝安区教育局共同打造了小学生眼健康慈善关爱空间。由南方医科大学深圳医院在医院建立"学生眼健康防治关爱基地"，并通过区教育局在宝安区4所学校建立"爱眼空间"，一个大空间带着四个小空间，打造了"1+4"的慈善空间。学生近视防控从学校的筛查、建档、后续跟踪、干预，形成了闭环管理，共同开展爱眼、护眼活动。资金源于"与爱同行·慈善微跑"募集的善款和爱心企业家的捐助，南方医科大学深圳医院提供专业的技术支撑，星光眼健康公益中心进行专业运作，共同保护儿童青少年的视力。

宝安区慈善会出资20多万元投入南方医科大学深圳医院学生眼健康防治关爱基地第一期工程的建设，空间内部包括儿童治疗的元素、慈善元素、文化元素。目前，第一期工程眼科门诊工作室已建成，相关设备仪器已经投入使用。学生眼健康防治关爱基地第二期工程由新安工商联（商会）出资进行设计和实施，平面图、效果图已经确立，已进场施工。四个试点学校的"爱眼空间"由宝安区慈善会直接资助。宝安区慈善会也将试验学生的近视率是否有所改善，具体指标包括：降低学生近视眼的发病率；对于患有近视眼的学生，让其保持现有的度数，预防高度近视的发生；针对患有高度近视眼的学生，防止其产生并发症。如果慈善空间能取得良好的效果，切实改善学生的近视问题，宝安区慈善会会形成一个项目报告，给市政府和区政府汇报，借此撬动区政府、街道商会、企业等资源，共同关注学生的近视问题。

在项目启动之前，宝安区慈善会汇集教育局、医院等的意见和建议，并将其融入项目中，以保证项目更好实施和开展。南方医科大学深圳医院肖烈辉书记表示说："青少年是祖国未来的希望，对青少年学生近视的干预、防治和治疗是医院和医生的职责所在，学生近视防控公益项目意义重大，南方医科大学深圳医院将全力支持做好这个项目。"因此，该医院积极咨询广东省市级的卫建委相关部门的专家，以实现项目的规范化和标准化运作，用技术来降低学生的视力不良率。宝安区教育局也动员试点学校主动对接并支持项目的开展，指定一名副校长落实项目工作，指定一名负责人做好项目跟踪，并做好项目的相关安排工作。

同时，在各单位达成共识的基础上，宝安区慈善会到学校进行了调研走访。一方面是听取学校、老师、家长的意见和建议，深入了解学校是否有内在驱动力、老师是否有积极性、家长是否能主动配合将项目做好；另一方面是让学校、家长和孩子充分认识到了"保护眼睛"的重要性，对项目的建设达成共识。起初，有的学校不愿意建设慈善空间，原因在于担心会影响学生的成绩。但是，在详细了解整个项目后，主动找到宝安区慈善会说愿意腾出空间建设"爱眼空间"。目前，四所试点学校的积极性都很高，提供很宽敞的空间用于"爱眼空间"的建设。

对于学校而言，学生近视防控公益项目非常贴切他们的需求。新安湖小学高度重视学生用眼健康问题，曾反复开会研究并采取了一系列有针对性的近视防控的工作。新安湖小学向小军校长表示，宝安区慈善会将新安湖小学作为试点简直是及时雨，是对学校近视防控工作极大的支持。学校在教室灯光、课桌椅，运动、增效减负等多方面全力配合项目的实施和开展。项目开展以来，新安湖小学组织全校学生开展了全面的视力筛查、视力健康档案建档、精准到院复查、理疗、防控干预等系列公益活动，希望能有效控制近视的新增率。

宝安区慈善会为项目出钱出力，从慈善募捐、医疗指导、方案实施等多次召开会议研究项目进展，积极主动推动项目落地。项目启动后，各利益相关方各司其职，全力以赴配合做好这个项目，共同预防和守护儿童青少年用眼健康。“爱眼空间”目前在四所小学试点，宝安区慈善会定期对项目进行评估，及时总结和攻克遇到的难题，以及不断调整和完善项目的方案，从而将学生眼健康公益慈善项目打造成规范化、可复制化、可借鉴的品牌项目。

四、慈善之力，守护“记忆”

除了关爱自闭症儿童、用眼健康，宝安区慈善会还呼吁人们关注患阿尔茨海默病的群体，希望能够在社区打造一个呵护阿尔茨海默病群体的慈善空间。

央视曾经的一则关于阿尔茨海默病患者的公益广告让无数人潸然泪下。一位身患阿尔茨海默病的父亲与儿子在一家饺子馆吃饭，老人家颤颤巍巍地把桌上的饺子塞向衣服的口袋，儿子见状生气地向父亲大吼，而老人口里喃喃自语“我儿子喜欢吃饺子”。他们是患有阿尔茨海默病的老人，有些踏出家门后找不到回家的路，有的用牙膏给亲人打电话，有的忘记了自己的家人……就像下了一场大雪，脑海里只剩下一片白茫茫的雪地。对于这些家庭来说世界上最远的距离不是生离和死别，而是有一天，父母转过头来问他们“你是谁”的那一刻。患阿尔茨海默病老人困在时间的长河里，记忆一点点地被脑海中的河水冲刷。

阿尔茨海默病，医学界尚未找到明确的致病原因和有效的治疗手段。阿尔兹海默病患者往往从“失忆”开始，再经历失智、失语的过程，最终丧失自理能力。老龄化的迅猛发展使得阿尔茨海默病的患病率陡然上升，成为不容小觑的社会问题。宣武医院国家老年疾病临床医学研究中心韩璎教授指出，目前阿尔茨海默病尚无根治的手段，只能用药物控制延缓病症的发展。相关研究表明，1/3 的阿尔茨海默病是可以预防的，早期筛查出病患并及时进行干预可延缓记忆衰退的时间，提高患者生活质量。在公益慈善项目大赛资助的项目中，宝安区慈善会资助了由鑫梓润养老服务中心运作的“守护时光留下的记忆，阿尔茨海默病早期筛查”的项目。该项目与医学研究中心合作培育出一批社区公益 AD 筛查师，在宝安区为有需要的社区居民进行阿尔茨海默病的早期筛查，科普和宣传阿尔茨海默病的预防知识。同时，游说政协和人大将老年人的阿尔茨海默病早期筛查纳入免费体检范围。宝安区慈善会意识到阿尔茨海默病的早期筛查对于改善老人的生活质量尤为重要，因此，宝安区慈善会将“守护时光留下的记忆，阿尔茨海默病早期筛查”项目实体化，常态化地在社区宣传阿尔茨海默病的知识，给居民提供早期筛查服务，也倡导人们面对患有阿尔茨海默病老人时给予他们最大的耐心和关爱，就像当年他们照顾我们一样。

总之，慈善空间是慈善项目宣传、慈善活动开展、慈善文化传播的新方式，已成为宝安区慈善会构建慈善文化的重点工作。宝安区慈善会计划每年从公益慈善项目大赛里边遴选出成形的项目打造成实体化的慈善空间，力争将其打造成宝安的慈善品牌项目。

第十章　宝安媒体：点燃全年不落幕的慈善火炬

2008 年被誉为中国的“公益元年”，此后我国慈善事业出现了蓬勃发展的势头。媒体作为信息载体在推进慈善事业中发挥了不可或缺的作用。媒体是整合政府、社会、企事业等多方力量参与慈善事业的黏合剂，有助于加快形成推进慈善事业可持续发展的合力。宝安区慈善会非常重视媒体在构建慈善文化中的作用，邀请宝安日报社和宝安广电中心担任主要媒体支持单位。两家媒体全力支持宝安区慈善会的工作。本章主要从报道媒体的内容、来源、方式和作用四个部分介绍媒体如何参与慈善文化的建设。

一、内容丰富，传递最鲜活的慈善报道

一是报道宝安区慈善会开展的工作。一方面宝安广电和《宝安日报》对宝安区慈善会日常动态进行新闻报道，比如募捐、救助、慰问、疫情防控等。为此，《宝安日报》开辟了专栏，长期报道慈善人物和故事，宣传慈善进社区、进企业、进学校。另一方面两家媒体派记者跟进采访和报道宝安区慈善会举办的重大活动，譬如率队外出考察和学习、慈善文化进校园、公益慈善项目大赛、慈善微跑、下乡扶贫等活动。2021 年 5 月 15 日第五届宝安慈善微跑在凤凰山绿道成功举行。宝安广电中心和宝安日报社派记者全程参与活动。活动结束之时，《宝安日报》的记者黄芳撰写了关于慈善微跑的新闻稿，并于 5 月 17 日在《宝安日报》的头版刊登。接着，宝安融媒中心的田佳怡对宝安区慈善会所开展的活动进行及时且充分报道。除此之外，宝安区外的媒体如深圳广电中心、《深圳特区报》《深圳晚报》《社会与公益杂志》《香港商报》《南方都市报》《中国财富》杂志等

也报道宝安区慈善会的重大活动。

二是宣传并阐释宝安区慈善会的救助政策、制度及程度，让民众了解如何向宝安区慈善会申请救助。《宝安日报》和宝安广电中心时常报道宝安区慈善会的五大救助办法，包括《关于困难群众个案救助暂行办法》《关于资助宝安户籍困难居民重大疾病医疗暂行办法》《关于资助劳务工重大疾病医疗暂行办法》《关于资助驻地困难官兵暂行办法》《关于自然灾害和突发性重大事故救助暂行办法》。《宝安日报》的工作人员表示：“宝安区慈善会是一个有担当和具有强大号召力的组织。好的领导班子、好的组织，外加好的企业、好的市民，造就了宝安区是一个讲爱心的地方。对宝安内部，不管是户籍居民，还是来深建设者，只要符合救助办法的条件，都可以申请救助。宝安区慈善会会对救助进行公开公示。对宝安外部，如果外界遭遇了天灾人祸，比如疫情、地震、洪涝等，宝安区慈善会都会给予及时的帮助。”

三是公布需救助的群体并发起募捐倡议。2019 年 4 月 2 日，《他用生命捍卫公共利益的时候，谁来挽救他的生命?》一文刷屏新闻记者的朋友圈。内容讲述了《南方都市报》前首席摄影记者徐文阁于 2018 年采访毒狗案而不幸患有十分罕见的李斯特菌脑干炎，住进了 ICU 病房，生命垂危，并且需要高达 200 万元的治疗费用。文章倡议读者购买他的摄影作品集《尘世间》为他筹款战胜病魔。这篇文章在短短两天时间内突破 42 万的阅读量，卖出 1.2 万本影集，帮助徐文阁筹集了 200 万元治病的善款。宝安区慈善会同样注意到媒体在社会救助中发挥的积极作用。早在 2011 年，宝安区慈善会请宝安区广电中心制作专题片——《三最篇》，展现了生活最困难、遭遇最不幸、群众最同情的困难群体。专题片站在群众角度上，反映了普通百姓的生存状况和困难群体的利益诉求，并每天在宝安区电视台一套和二套节目免费播出，从而激发人们的慈善情怀。2018 年宝安的“爱心接荔”事件再一次展现了媒体在个人救助中的积极作用，并在第十六届深圳关爱行动中被评为“十大关爱事件”之一。除了刊登救助信息，宝安媒体还会刊登捐款倡议书、设立宣传专版、对募捐活动进行深入报道。总之，《宝安日报》和宝安广电中心常年关注和刊登慈善救助的相关活动，他们将其作为媒体人的一项义不容辞的责任。

但需要注意的是，媒体在慈善报道方面应摒弃“当日事当日完”的作风，切勿停留在吸引受众眼球的浅层次报道，而应挖掘事件背后的深层次原因，引导受众对新闻事件的持续性关注，推动社会问题的系统性解决方案，如让相关慈善组织及政府部门完善慈善救助体系。

“爱心接荔”事件

2018 年 6 月，端阳节的风雨洗红了漫山的黄田荔枝。黄田村的荔枝迎来了大丰收。对于村民来说本该是件好事，但是荔枝的高产却使得李振源果园里的 3 万斤荔枝滞销。随着荔枝挂果时间的增长，荔枝容易出现糖化现象并自动脱落。原本他想通过售卖荔枝的收入来给家里患有地中海贫血的双胞胎孩子治疗。荔枝滞销令李振源心急如焚。

6 月 21 日晚上 11 点，深圳广电集团新闻频率的记者陈珂珂看到了这一消息，第一时间联系李爸爸核实情况。次日晚上，深圳广电集团新闻频率晚间新闻节目便播出深圳市宝安区果农李振源求卖荔枝为双胞胎女儿筹集手术费的事情，随后多家媒体纷纷进行报道①。宝安区慈善会的工作人员在朋友圈看到深圳市人大常委会委员、深圳地中海贫血服务队副队长陈锦花转发荔枝事件的媒体报道，宝安区慈善会马上跟进，号召人们爱心接“荔”。经过微信转发、媒体报道、义工帮助、市民和机构参与，一场爱心接“荔”蔓延全城。部分市民冒雨带着孩子前往果园购买荔枝。新安、航城、福海街道号召了 200 多名义工来果园帮助李振源。

“进山摘荔枝的道路排满了爱心人士的车，”陈锦花说道，“义工们竭尽全力，但是实在摘不了漫山的荔枝。”风雨交加的天气也降低了义工们上山摘荔枝的工作效率，部分义工还要外出送货，无法参与摘果工作。这

① 潘家玉．先锋 898“爱心接荔”系列报道获评“2018 十大关爱事件”［EB/OL］.（2019-05-21）［2022-10-22］. https：//www. sohu. com/a/315386787_ 207434.

时，宝安的其他地中海贫血孩子和地中海贫血家长们，自发到果园帮忙①。宝安广电也号召记者来帮忙采摘荔枝。《宝安日报》的记者黄芳专门跟踪报道了“荔枝事件”。

经过媒体的一系列跟踪报道之后，李爸爸果园里的3万多斤荔枝被销售一空，但是随之而来的就是运输的问题。陈珂珂想到深圳广电集团一直都有与先锋898爱心车队合作，当时立即征得了频率领导的同意并集结了40辆出租车，4天内就帮李爸爸把所有的已经销售出去的荔枝运输到了这些爱心人士和爱心企业的手中。

此次，爱心接“荔”共筹得善款252570元。其中2万余斤的荔枝是由爱心市民采摘购买，宝安爱心企业家、宝安区慈善会副会长黄耀文将剩余的11490斤荔枝，不分品种，全部以8元一斤的价格全部购买。当宝安区慈善会的人问道：“你承包了一万斤荔枝啊，这些荔枝怎么分出去？”他回答道：“没事，你告诉我这里多少斤，多少钱就好了，先把李爸爸的事情解决。”随后，黄耀文才跟宝安区慈善会共同探讨这批荔枝的去向，最后将荔枝送至区福利院以及环卫工人的手中，将宝安大爱广泛传播②。

四是报道重大灾难的救助。一方有难，八方支援。每当国内发生重大灾难时，宝安区慈善会都会迅速部署行动，借助媒体力量发出救助灾区的呼吁，并发布善款募集的倡议。比如，在2020年的新冠肺炎疫情暴发后，宝安区慈善会通过其微信公众号和官方网站、宝安湾App、滨海宝安公众号等及时发布慈善募集的倡议，宝安广电中心通过宝安频道、宝安第一课连续15天，每天20次公益滚动播放慈善募集倡议，《宝安日报》连续10天在头版刊登《齐献爱心，共同战疫》倡议。宝安区媒体多渠道公布区慈善会捐款账户及联系方式，介绍社会各界踊跃捐款捐物的情况；报道爱心企业家积极筹集急需物资的情景；宣传慈善抗疫的典型事迹。媒体的报道

① 李斌．深圳果农卖3万斤“救命荔枝”订单暴增摘果人手却不够［N］．南方都市报，2018-06-24.

② “地贫双胞胎姐妹”筹够住院押金，荔枝还在默默传递爱心……［N］．深圳特区报，2018-07-02.

发挥强大的宣传效应，吸引更多的爱心人士参与爱心捐赠的活动。无论是过去的汶川大地震、台风“莫拉克”、青海省玉树藏族自治州玉树市地震，还是2021年河南发生的洪涝灾害，媒体作为慈善的“传声筒”和“扩音器”，及时播报灾情和慈善力量参与救灾的新闻，以及呼吁宝安人民“伸出援手，奉献爱心”，为群众提供关怀和援助。宝安区慈善会的副会长兼秘书长陈长贵说：“我们要让更多人听到正能量传播的声音，了解关注我们的慈善行动，让大家不信谣不传谣，积极加入慈善事业，共同汇聚慈善的力量共克时艰。”

五是树立投身慈善事业的先进典型。媒体凭借其社会公信力和影响力，通过加强对一个个慈善活动的报道和舆论引导，以点带面地呼唤公民的慈善意识和感恩意识，引导民众做出力所能及的善举。表彰慈善人物及慈善行为有利于提高公众对慈善事业的关注度，引导公众参与慈善事业。宝安媒体在宣传善行上，除了关注企业家的慈善行为，同样密切关注普通民众的慈善行为，深挖发生在普通群众身上的“处处皆可为”的“慈善小事”，让普通民众感受到身边的真善美，从而构建全民公益的理念。

二、来源多元，打造最丰富的慈善报道

媒体报道的来源渠道多元化。首先，媒体与宝安区慈善会形成良好的互动，并从宝安区慈善会获得一手资料。张洪华会长在担任宝安区委副书记时分管过文化广电新闻出版，不仅与宝安日报社和宝安广电中心的负责人建立了很好的关系，还对他们的运作非常了解。张洪华会长知道如何在不影响媒体正常工作的情况下增加公益宣传。而媒体的功能主要是弘扬正能量和宣传主旋律，公益事件的报道则是弘扬正能量中很重要的板块。所以，媒体从自身的职责出发在公益宣传方面有着义不容辞的责任。因此，对于宝安区慈善会自身开展的活动，宝安区慈善会会向媒体直接提供新闻通稿，抑或是给媒体提供报道的资料或线索，之后媒体再根据宝安区慈善会的资料去进行深度采访和新闻报道。此外，宝安区慈善会通过与媒体开座谈会，确定媒体重点宣传的内容。比如，2021年5月18日，宝安区慈

善会邀请宝安区广电中心和《宝安日报》两家媒体开展了慈善宣传工作座谈会。座谈会上，宝安区慈善会分享了 2021 年的重点工作包括慈善文化进校园、慈善地标的建设、慈善空间的打造，并希望媒体提出建设性意见，并对重点工作能给予更有力、更广泛的宣传和报道。

其次，宝安媒体与宝安区慈善会共同开展慈善活动，从“劝善”变为“行善”。事实上，媒体在对慈善新闻的报道中的角色悄然发生变化，已从单纯的旁观者、见证者、宣传报道者向参与者和组织者的身份转变。换言之，媒体更主动地介入慈善活动，以组织者身份推动慈善事业的发展。譬如，在第五届宝安区公益慈善项目大赛中，宝安日报社和宝安广电中心是主办方之一，与宝安区慈善会和深圳社基会共同商讨如何更好地组织项目大赛，并全程跟进项目大赛，制订详细的宣传方案，精心策划和设计每个环节和细节，全面落实项目大赛的宣传报道，让善政德行广为人知。在贯穿全年的慈善报道中，宝安媒体想方设法营造热点、亮点，提升慈善事业的宣传效果。同时，媒体与公益慈善组织合作主动牵头组织一些捐助活动和募捐并带头捐赠、刊登公益广告等。总之，宝安媒体对慈善事业的投入不仅提升了慈善事业的影响力，强化公益慈善活动的公信力，同样也使其成为公益慈善事业中的思考者、实践者和创新者。

最后，媒体不仅通过宝安区慈善会来获取信息源，也会自发地去挖掘公益新闻。早些年水滴筹、轻松筹等众筹平台还未出现之时，媒体经常主动报道需要救助的信息，慈善组织和爱心人士看到新闻后就会主动跟进解决问题。比如在“爱心接荔”事件中，深圳广电集团新闻频率的记者陈珂珂看到李振源因荔枝滞销无法为家中患有地中海贫血的双胞胎治病的信息，立马去核实并刊登这则新闻，随后《宝安日报》《深圳晚报》等多家媒体也报道和跟进该新闻。宝安广电中心基本上有两组人员，一组负责拍摄抖音短视频，另一组负责电视新闻报道。在采访公益新闻时，宝安广电中心的两组会各派一个记者去。宝安区慈善会办公室刘曦光主任说：“两家媒体（宝安广电中心和宝安日报社）会派最优秀的人负责公益慈善新闻的版块。”他们发挥媒体人的专业素养，以具有感召慈善内容和宣传形式激发人们的公益慈善热情。

三、方式多样，营造最浓厚的慈善氛围

仅仅依靠慈善组织的力量推动慈善的发展是势单力薄的。媒体在弘扬慈善精神、培育慈善意识和助力慈善事业发展中发挥了重要的作用。因此，宝安区慈善会在深入思考媒体在公益慈善中的角色后，与媒体共同策划推动实施了一系列品牌活动或项目。采用不同的公益传播方式，满足公众对信息多样化了解的需求，共同构筑起一个多元立体的公益慈善品牌。特别指出的是，《宝安日报》和宝安广电中心将慈善报道作为其常规的报道，避免“雷锋叔叔没户口，三月来了四月走”的社会现象。宝安区慈善会的前任秘书长、现任深圳市慈善联合会秘书长刘国玲表示说：“两家媒体对宝安的慈善方面的公益宣传，包括愿意帮助宝安区慈善会进行这种慈善报道，我觉得是做得非常好，非常难得的。”

第一，在纸质传媒方面，宝安区慈善会与宝安日报社合作共同创办内刊《善缘》杂志和《慈善周刊》。《宝安日报》的前身为《宝安报》，创办于1993年7月1日。2007年9月，宝安日报社正式并入深圳报业集团。宝安日报社与宝安区慈善会建立了密切的合作关系。2013年5月21日，张洪华会长主持召开第二届理事会第三次会长办公会，他提出与宝安日报社合作创办《慈善周刊》杂志。当时宝安日报社的负责人也当即答应。自2013年起，宝安日报社给了专门的版面每周五刊登慈善新闻，传播慈善理念、报道慈善事迹或宝安区慈善会的工作动态。比如，宝安日报社刊登宝安区慈善会、街道商会的换届活动以及举办会员大会，他们还对社会上献爱心做慈善的企业家或个人等进行跟踪报道和权威性的推送。此外，宝安区慈善会与宝安日报社合作出版杂志《善源》。该杂志为双月刊，创刊号于2月发行。《善源》的宗旨是：启迪善心、思辨善恶、传播善行、弘扬善念。设置栏目有论坛、全景、圆桌、组织、善举、集萃、文渊、借鉴等，内容有世界各国和国内各地慈善经验，著名慈善人物，有关慈善的嘉言懿行，各地和本区慈善工作动态等。

第二，宝安区慈善会充分利用电视、广播的公益宣传。首先，宝安区慈善会请宝安区广电中心制作《一十百千万》《用爱铸就未来》公益宣传短片，在宝安电视台黄金时段滚动播出。其次，宝安电视台会对慈善事件做详尽的报道。在新冠肺炎抗疫的慈善报道中，宝安广电中心采取 24 小时现场滚动直播的方式，其报道全面丰富、及时、信息透明度高，让老百姓及时了解慈善力量参与抗疫的情况，避免谣言散布，稳定民心。再次，宝安区慈善会做客《宝安日报》接听市民热线，就如何持续扎实开展慈善募捐活动、扩大慈善救助覆盖面、精准有效提高救助成效、打造慈善空间、参与第五届公益慈善项目大赛等问题与市民进行交流。最后，宝安区慈善会受邀参加了深圳电台新闻频率先锋 898 的《公益民心桥》节目，分享宝安区慈善会的成长之路。

2020 年 12 月 11 日上午，宝安区慈善会受邀做客深圳电台新闻频率先锋 898 的《公益民心桥》节目。该节目由深圳市民政局、深圳广电集团联合主办，深圳广电公益基金会、深圳广播电影电视集团新闻频率承办，每期邀请一个慈善组织做客直播间围绕相关话题与市民直接沟通交流，在慈善组织和人民群众之间搭建一座沟通的桥梁，使社会各界能够倾听慈善、了解慈善和参与慈善。

在节目中，宝安区慈善会秘书长陈长贵向主持人和广大听众介绍了宝安区慈善会公益慈善项目大赛的创办初衷，以及 4 届公益慈善项目大赛。张洪华会长则从宝安区慈善会着眼于“立足宝安，适度外溢”的原则，通过学习、探索、创新，形成了兼具规范、价值、专业、合力、文化、情怀等宝安特色的公益慈善成长之路。张洪华会长侃侃而谈，时间达一小时。

在节目录播之前，主持人提前与张洪华会长联系，温馨提醒他提前到演播室，并与之对接互动环节提问的问题，以保证该环节可以顺利进行。张洪华会长直接跟主持人说：“我们直接录节目即可，不需要提前告知我问题，只要跟慈善有关的问题，你问我什么都行。”主持人也感到震撼，他说：“我主持那么长时间，很多人都是准备一摞子的纸放在旁边，而张会长他轻装上阵，整整一个小时如数家珍般跟我们分享宝安区慈善会的点点滴滴。”

第三，宝安区慈善会紧跟时代潮流，借助新兴媒体的力量传播慈善文化。首先，宝安广电中心已进入融媒体时代。宝安广电中心的负责人表示：“电视新闻、新闻报纸的受众群体的年龄偏大，年轻人更愿意浏览网页新闻和自媒体等新媒体平台。因此，宝安广电也通过微信公众号、B 站、App、微信、微博、PC 客户端来发布新闻，对公益大大小小的事件进行权威的报道，实现立体式的宣传覆盖。”同时，宝安广电中心还发布抖音短视频、快手视频、开展公益直播，通过多渠道的信息发布，营造浓厚的慈善氛围。尽管电视新闻呈现出了音画一体化的效果，给受众带来较强的现场感，但无法与受众进行双向的互动。相比于电视新闻，抖音和直播等新媒体则能与受众能够有效地互动，还以一种更有趣味的形式呈现视频。宝安广电根据活动来挑选最精彩的内容放在抖音。2020 年 11 月 26 日，宝安区慈善会联合宝安融媒体中心共同举办“慈善力量，温暖前行”网络直播活动。活动邀请了宝安区慈善会的张洪华会长、南方医科大学深圳医院院长廖四照、福永卫监所党支部书记陈兵，以及宝安区各街道商会会长等嘉宾，回顾了抗疫前线的感人故事，总结了如何动员慈善力量参与疫情防控的经验，以及提出针对疫情新形势的下一步工作思路。直播室有 15 万观众观看，影响力较大。

四、作用突出，助力宝安慈善事业发展

媒体在慈善事业建设中的作用是毋庸置疑的。首先，媒体对于公益慈善新闻的宣传报道发挥了引领示范的作用，告诉社会各界如何做慈善。其次，媒体承担着慈善文化传播和慈善理念弘扬的责任，推动公民慈善精神的建设是至关重要的。最后，媒体利用其社会影响力和公信力，积极地行使了社会监督的权利，提升了慈善事业的规范化运作。

一是媒体宣传很好地起到了引领示范的作用。2019 年初，面对重大突发的新冠肺炎疫情，人们对于如何防控疫情较为茫然，《宝安日报》、宝安广电中心等媒体则及时挖掘和总结社会各界在疫情防控中的做法和经验。

比如，沙井街道于2020年1月31日出台了《沙井街道社区防控新型冠状病毒操作指引（试行）》《沙井街道新型冠状病毒感染应急操作指引（试行）》为社区党委、股份公司、工业园区、业主等主体责任落实以社区防控为重点提供全面的操作指引规范。次日，《宝安日报》就报道了沙井街道通过操作指引将每个流程环节、每个操作步骤都以书面化、条目式列清楚，让大家有章可循、合规操作。同样，在慈善事业的示范引领方面，媒体的宣传报道也发挥了重要作用。事实上，宝安区有许多企业和民众具有强烈的公益慈善冲动并且掌握资源，但由于缺乏沟通交流的平台，他们只能各自摸索公益的道路，甚至无从前进。宝安媒体在分享全国各地的慈善组织成功经验，以及企业和个人如何参与慈善的同时，也引导了他人有效地参与慈善和运用慈善资源。此外，在宝安区慈善会的公益慈善系列活动中，媒体搭建了公益慈善信息交流平台，让民间公益慈善组织、企业、政府、民众在相互沟通的同时，更多进行公益慈善信息与资源共享，合力推动宝安慈善事业的蓬勃发展。

总之，媒体应在传播现代公益慈善文化有所为，培育社会个体的慈善关怀精神，营造人人关注公益的舆论氛围，促使公益慈善资源与公益慈善组织有效对接，为公益生态营造良好有序的环境。宝安广播电视台和《宝安日报》对慈善事业的“鼓与呼”对于提高宝安区慈善会的知名度和促进宝安区慈善会的发展发挥了很重要的作用。张洪华会长说：“如果没有慈善的‘鼓与呼’，宝安区慈善会就没有那么高的知名度。”

宝安媒体与新冠肺炎疫情防控

在疫情防控期间，宝安区慈善会提出，必须坚持动员所有社会慈善力量全程参与，才能汇聚抗疫的磅礴之力。因此，宝安区慈善会不仅运用多平台持续对外发布倡议，充分发挥合力慈善机制效能，动员社会慈善力量参与抗疫，还充分发挥媒体的宣传力量，营造良好抗疫慈善氛围。

一方面，弘扬“人人都可慈善”的现代公益理念。在以往慈善事业宣传中，捐赠榜单往往是富豪或是大企业，这使得人们容易产生误解，即捐赠是富人的行为，平民捐赠自然上不了榜。这样的宣传容易让中国的慈善事业打上“富豪”的印记。宝安区慈善会办公室刘曦光主任说：“宝安区慈善会与宝安区的两家媒体互动频繁且密切。媒体在宣传宝安区的好人好事和救助项目时，不仅起到公益推广的作用，还弘扬了人人公益的理念。刚开始，很多居民觉得只捐一两百个口罩，都不好意思捐出去，后来通过媒体发觉很多市民也是捐两百个口罩。市民也会自发地拿一些口罩给交通卡口和社区的工作人员使用，整个社会形成乐善好施的氛围。”因此，宝安媒体不仅关注富人、明星、企业的“义捐”，也报道普通人的公益行为。

慈善事业是社会性事业而非零星个体的慈善行为。《宝安日报》和宝安广电天天报道企业筹集口罩、防护服、护目镜等防疫物资，其他人也会纷纷效仿。众人捡柴火焰高。宝安媒体秉承共襄慈善公益事业的理念，在宣传慈善大户的同时，也宣传社会各界默默地参与慈善工作。慈善不是富人的专利，不论富贵还是贫穷，每个人都可以用自己的方式参与慈善。这也正是宝安区慈善会倡导的“善举不分大小，有钱出钱有力出力”“人人皆可善”的现代慈善理念。小则施惠于人，大则利于社会，何乐而不为。宝安区形成这种“人人公益”的氛围后，再去推动公益事业的发展，就事半功倍。媒体的报道能加速这种氛围的形成。

另一方面，监督慈善机构的规范化运作。宝安媒体同样积极发挥了舆论监督的功能，加强对慈善事业制度化、透明化内容报道，让公众对慈善事业的发展多一些理解，同时也督促慈善组织向民众公布接受社会捐助财物的数量规模和管理使用情况。张洪华会长常说：“公信力是慈善组织的生命线。”自“郭美美事件”爆发以来，公益组织，尤其是具有官方背景的慈善组织，曾一度深陷信任危机。该事件也触发公众的问责意识不断增强，倒逼公益组织提升自身的透明度。宝安区慈善会通过媒体向有关部门和公众详细公开其抗疫期间的捐赠收支情况，让公众看到或了解到他们将善款用在疫情防控中，实行财务的规范、公开和透明管理。这也体现了宝安区慈善会的阳光慈善的运作理念。

第十一章　慈善文化进校园：以慈善润人心

慈善文化是中华传统文化的重要组成部分，为了大力弘扬慈善文化，宝安区慈善会历时 7 年，在全市率先探索出了一条“慈善文化进校园”之路，到 2020 年实现了宝安区内小学慈善文化进校园的全覆盖。通过将慈善理念融入小学教育体系，慈善文化进校园工程能够逐步培养小学生的慈善意识和社会责任感，促进他们树立起正确的人生观、价值观和道德观，让善念的“种子”在孩子们心中扎根萌芽，绽放出绚丽的爱心之花。

一、初心：以善培人，以爱育人

《传习录》有云：“种树者必培其根，种德者必养其心。”一个人道德修养的培养应该从心底开始。我国慈善事业要持续发展不能光靠几个人或一代人，需要社会各界和一代又一代的人来接力推动。小学作为我国义务教育的起点，是培养孩子们知善、行善、向善的重要场所。让慈善文化走进校园，向小学生播撒慈善的种子，令他们自小就接触和了解慈善，培养善念，懂得感恩，做一个有爱心和有责任感的人，而后伴随着他们的成长一点点外化于行，逐步成长为推动我国慈善事业发展的后备军。同时，慈善文化与小学本身开设的德育课程也具备较好的融合性，有助于帮助形塑孩子良好的道德品行。一言以蔽之，“慈善文化进校园”工程，虽功在当代，却利在千秋。

对于慈善文化进校园工程，慈善会始终秉持两点重要的原则：其一，不直接干预教育活动，不给学校添负担。慈善会会长张洪华认为：“我们希望慈善文化的彰显是一种自发的行为，我们不会考核学校办了多少活动，上了多少节课，给学校增添额外的负担，只要让慈善文化与学校自身的培养目标相融合，让老师们、学生们能够在心里有慈善的意识，让慈善文化能够潜移默化地影响孩子们的成长，使得他们心中有爱，品性善良就够了。”其二，慈善并不等同于捐款。张洪华会长表示：“我们推动慈善文化进校园不是要教导孩子们去捐款，而是给孩子们的心中种下爱、善、责任、担当的种子。”这种对于慈善文化的理念也为后续慈善文化能够获取学校和家长的广泛认同，成功走进宝安的小学校园提供了有力支撑。

在此基础上，慈善会进一步制定了四条具体的推进原则：其一，教育提升原则，即将教育转化为师生及家长喜欢的活动，让参与者能够在看书、听故事、做游戏、角色扮演等活动中感受爱、表达爱、激发爱的情感，提升爱的能力；其二，自愿公平原则，即人人都享有自觉、自愿、公平参与活动的权利；其三，实践体验原则，即以活动为基本的组织形式，根据参与者的兴趣特点及心理情感，选择他们喜欢的作品，设计他们喜欢的活动，让参与者可以在不知不觉中受到教育和启发；其四，彰显特色原则，即让慈善文化有计划、有步骤地渗入学校的教育内容，在青少年心中播种“爱心”的种子，灌输“仁爱”的理念，培育“向善”的心灵，树立关怀意识、公益意识和责任意识，开创出教育资源为慈善服务、慈善资源为教育服务的“双赢”新局面。

二、试点：日行七善，慈善长青

有了慈善文化进校园的想法之后，能够找到一所学校将慈善文化真正“落”进校园内成为慈善会推动慈善文化进校园工程的第一步，同样也是最为艰难的一步。一方面，学校本身固有的教学压力较大，再加上各类形式的进校园活动已经让学校负担倍增，盲目推动慈善文化进校园很可能会遭遇“闭门羹”；另一方面，慈善文化进校园最终面向的主体是学生本人，故而，仅仅征求校方的认可是远远不够的，还要进一步获取学生及其家长的认同和支持才能保障慈善文化进校园工程的顺利实施。在宝安区内开展慈善文化进校园工程本就属于开创性活动，因此，慈善会也只能“摸着石头过河”，在实践中不断摸索。

基于上述的现实问题，宝安区慈善会于 2013 年 5 月率先尝试与坪洲小学取得了联系。张洪华会长坦言："要推动慈善文化进校园，仅仅依靠行政命令是不够的，必须得让他们接受，所以我首先就跟坪洲小学的张云鹰校长沟通，我说我们有慈善文化进校园的打算，学校愿不愿意做，能不能跟学校的教学理念合在一起，张校长认可了我们的想法。当然，光校长认可还不行，我们还专门开了座谈会，把学校分管德育的副校长、教师、学生及家长代表请到了一起，请他们各自发表对于慈善文化进校园的意见，大家一致认为是需要的，这样慈善文化才能够真正地进入学校。"在与学校沟通的过程中，张云鹰校长曾经提出了"六个结合"的方案，张洪华会长当即指出"结合"的表达有失偏颇，应将"结合"修正为"融合"。张洪华会长直言："我并不希望用'结合'这个词，我希望能够用'融合'，因为慈善文化进校园不是简简单单与学校结合在一起，而是要融合到学校里面。单纯地结合就会有接点的存在，就意味着会有裂痕，只有与学校融合在一起才会有生命力，老师才会愿意做，学生和家长才愿意接受。"在与坪洲小学就慈善文化进校园达成一致，获得了学校的认可之后，慈善会又与宝安区教育局联系，听取了教育局德育办公室相关负责人的意见，并系统收集了我国相关的法律法规及类似活动举办经验，形成了较为充分的前期准备条件。最终，慈善会选定了坪洲小学作为"慈善文化进校园"工程的首所试点小学。

在推动慈善文化与学校教育的融合上，坪洲小学创造性地提出了"日行七善，天天向善"的行动指南。"七善"，即一颜善，每天常带微笑，注意仪容仪表，做到衣着朴素、整洁、大方，外表给人舒服之感，"坐如钟，站如松"；二言善，每天使用文明用语，与同学为善，礼貌用语挂嘴边，不给他人取绰号等，见到师长、客人能够主动问好；三心善，每天怀感恩之心，对人诚恳，心想好人、好事、好处，尊老爱幼等；四眼善，每天以善意友好的眼光去看待他人，善于发现他人优点，助人为乐等；五身善，每天坚持锻炼，增强体质，行走时身姿端庄，以笑待人，无不良生活习惯等；六食善，不偏食、不挑食、不攀比，不剩饭菜，不浪费水；七物善，每天保持家园校园环境整洁，取用物品归还原处，爱护公物，保护环境，节约水电，物品循环利用等。

针对小学生的特点与认知规律，在推动慈善文化进校园的过程中，坪洲小学还依托形式丰富的活动载体，在校园、班级、家庭、个人等层面上开展了多样化的教育活动，使得同学们能够在参与中明理，在实践中践行爱与责任。首先，在校园层面，学校主要进行了多通路的慈善宣传。诸如，每个月的最后一个周一由班主任带领学习慈善读本，每周四红领巾广播播放慈善读本学习感悟，每周一条慈善短信，针对老师、家长开展“倡导爱心责任，推动慈善长青”的专题讲座。其次，在班级层面，学校推出了丰富的主题活动。每周二、周四各班级学生自主开展“与爱同行”阅读交流，将慈善文化教育与特色班级建设有机结合，每周召开主题班会，先后举办“我的中国梦”“我心目中的宝安”读书征文、主题班会、演讲比赛等活动。再次，在家庭层面，学校着力推进亲子诵读。慈善文化教育不仅仅要依靠老师，家长亦是其中的重要参与者。学校每个月安排了慈善读本亲子诵读活动，让家长能够与孩子一同学习，共同进步。每逢节假日会布置特殊的德育作业，以针对慈善读本的学习感悟为主要内容，让学生写感想、谈体会，进行实践反思。除此之外，坪洲小学还打造了独具特色的“亲子城堡”系列活动，为家长精心准备了亲子同乐学习菜单，包括家校开放日、家庭读书节、趣味运动会、休闲采风日等丰富多彩的活动形式。最后，在个人层面，学校十分注重学生的实践体验。学校为学生提供了多种多样的实践岗位，诸如“校长小助理志愿岗”“我为妈妈做靓装”“跳蚤市场爱心义卖”，以及走进污水处理厂、走进福利院慰问演出等，让学生在精神层面接受慈善文化熏陶的同时能够在实践中获得更加深刻的体会，做慈善文化的传播者和践行者。

有了坪洲小学的试点经验，慈善会继续推进慈善文化走进更多的宝安校园。2014 年，在翻身实验学校成功举办“慈善文化进校园”工程启动仪式，包括翻身实验学校在内的 6 所公办小学和 1 所民办小学成为推广“慈善文化进校园”工程的试点学校。

三、机遇：因势利导，柳暗花明

坪洲小学的成功试点为慈善文化进校园工程开了好头，再加上后续新增的7所试点学校，一股慈善文化的浪潮正在宝安区的小学之中悄然涌动。然而，尽管慈善文化进校园已经在区内8所小学进行试点，但要实现慈善文化进校园工程在宝安区内所有小学的全覆盖仍困难重重，在实际的推动过程中仍然面临着许多学校不认可的现实困境。此时，仅仅依靠慈善会来推动已力有不逮，欲要将慈善文化进校园工程持续推进下去，寻求政府的支持和助力成为破解困局的重要“利器”。

在焦灼之际，慈善文化进校园工程迎来新的转机。2015年，为了进一步加快推进慈善事业改革发展，发挥慈善在扶危济困、改善民生、弘扬中华民族传统美德和社会主义核心价值观等方面的积极作用，探索、建立推进慈善事业创新发展长期有效的市区合作机制，深圳市民政局拟与辖区签订战略协议，推进慈善事业改革创新。由于宝安区慈善会前期在慈善事业建设发展上积累了较为丰富的经验和成果，因此，最终选定了宝安区作为试点。在市民政局与宝安区人民政府前期的协商阶段，慈善会会长张洪华积极寻求政府支持，建议将慈善文化进校园写进协议之中。最终，2015年9月19日，深圳市民政局和深圳市宝安区人民政府正式签订推进慈善事业创新发展合作框架协议，协议中明确指出：“推动慈善文化进学校、进企业、进社区，不断提升市民的慈善意识，增强社会责任感。重点开展‘慈善文化进校园’工程，在区内小学开设慈善课程。”张洪华会长表示：“市民政局与区政府达成战略协议对慈善会推进慈善文化进校园来说是一个重要的机遇，慈善文化进校园被写进协议之中就意味着慈善文化进校园不仅仅是慈善会自己的事情，而是上升到了政府的工作事项层面，成为政府必须要完成的工作任务，如此一来，我们便可以以此为抓手让慈善文化走进更多的宝安区校园。”

为了进一步推动慈善理念扎根校园，保障“慈善文化进校园”相关工作的有序开展，2019年，宝安区正式成立了“慈善文化进校园”工程推进工作领导小组，由宝安区慈善会会长张洪华担任组长，区教育局局长范燕塔、区慈善会副会长兼秘书长陈长贵担任副组长，领导小组下设办公室，由区教育局副局长吴永明担任办公室主任。截至2019年，全区共有51所学校相继启动了“慈善进校园”工程。2020年12月16日，宝安区“慈善文化进校园”工程启动仪式在崛起实验中学举行，新增88所小学加入，标志着宝安区“慈善文化进校园”工程真正实现了全区139所小学的全覆盖。

四、融合：慈善之力，浸润校园

“慈善文化进校园”工程在宝安区校园内的成功覆盖很大程度上也得益于其与各学校自身教育体系的恰当融合，使其能够真正内化为学校文化的一部分，既有慈善文化之魂，又能不失各自特色。

（一）慈善文化与校园文化相融合

“慈善文化进校园”工程通过将慈善与责任、爱与责任、爱与力量、助人与分享这个主题贯穿始终，以寓教于乐的形式，注重感化和熏陶，在校园中营造出良好慈善文化氛围，以此进一步提升广大师生的慈善意识。例如，灵芝小学秉承着学校既是传承国学经典、养正育德的文化场，也是传播慈善、践行有爱的教育理念，在校园环境建设中以国学为主线，打造了“灵芝十景”，将“爱”体现在每一个角落处，将“慈”深植于一墙一瓦、一草一木中，打造出独具特色的校园文化。桥头小学将慈善文化与打造儿童友好型学校相结合，坚持立人达人的校训和友好、至美、融通的校风、教风、学风，以“一训三风”贯穿“友好主线”，着力培养友好型教师、友好型学生以及友好型家长。在学校中设立开放式书吧、儿童友好国际长廊、奇境森林儿童舞台、创意井盖等设施，处处彰显友好文化元素。

（二）慈善文化与课堂教学相融合

学习慈善文化是实现育人的重要途径，通过将慈善文化融入课堂教学之中，能够让学生在受教育的过程中明白什么可为，什么不可为，同时也与学校的德育课程教学相契合。推进慈善文化与教学相融，要充分结合各学校自身办学特色予以灵活应用。例如，荣根学校大力推进中华优秀传统文化教育，组建了经典诵读课题小组，并开发出《楹联文化》《诸子百家》等校本教材。同时创新国学诵读形式，低年级以《三字经》《声律启蒙》以及优秀古诗词为主，高年级以《大学》《中庸》《论语》和经典古代散文为主，各班每天利用晨读进行国学诵读，使学生在诵读中感悟经典力量，传承经典美德。英文书院、东方小学等多所学校充分利用慈善读本，以《我和慈善一起成长》为依托，利用班会的形式由学校教师组织学生集中学习慈善知识，体悟慈善故事，引导学生培养良好的品德修养。

（三）慈善文化与学校主题活动相融合

除了课堂上的教学之外，慈善文化还可以通过多种形式的主题活动走进校园生活。诸如举办慈善征文，国旗下讲话，黑板报、手抄报比赛，慈善义卖，慈善捐赠活动等，通过多样化的社会公益、志愿服务、爱心帮扶实践活动，引导和教育学生关心他人、关爱社会，学会知恩、感恩，懂得报恩、施恩。西乡小学打造了以“彩虹花好习惯争章”活动为主线的青色花瓣行动，以慈善为主题，按照各年级学生的年龄特点，划分出善待自己、他人、自然、社会的达标要求，每个学生达到标准后即可获得青色花瓣奖章，以外在化的激励形式将慈善理念内在化为学生的自觉追求。东方小学通过与《南方都市报》、深圳市邮局等单位开展合作，先后举办了“人人捐出一本书，深喀共圆读书梦”“衣旧深情，节用惜福”等主题活动，动员全校师生力量，为喀什地区和边远贫困地区的孩子们送去了书籍、衣物等物资，凝聚着深深的爱心与情谊。

（四）慈善文化与家庭教育相融合

对孩子的教育仅仅依靠学校是远远不够的，家庭也是孩子在日常生活中接受教育、形塑品格、获得社会化的重要场所，因此，慈善文化不仅仅要走进校园，还应进一步走进每一个家庭，通过实现家校联动，形成慈善教育的合力。黄埔小学坚持打造学校、家庭、社会三位一体的教育模式，学校每年都会组织主题家长会，以此让家长们能够形成正确的教育理念和方法，同时鼓励家长积极参与学校管理活动，邀请家长走进课堂、参与教学检查。此外，学校还大力发挥广大家长群体的人力资源优势，利用家长特长开展了诸如“我爱刺绣”“科技节”“美食 DIY”等特色活动，让家长们能够切切实实参与孩子们的教育。荣根小学积极开展家长义工值岗交通指引活动，由学校家委会统一协调安排每天的值岗工作。通过家长义工进行值岗，既能保障学校学生上下学的人身安全，也带动了家长对于义工和慈善的了解和体悟。家长们通过言传身教的方式为孩子们树立慈善为人的好榜样，进一步激发孩子们积极参与其他类型的慈善活动的热情。荣根学校的这一做法也被沙井街道教育部门赞誉为“荣根模式”。

五、发展：坚守慈善，持之以恒

“慈善文化进校园”工程启动至今已走过了 8 个年头，在取得了丰硕的成绩之余，也暴露出了一些问题。首先是慈善读本的适用性问题。慈善会在坪洲小学试点之初就着手编写了《我和慈善一起成长》的读本，主要围绕立身处世以及助人为乐重点进行编写，以通俗的语言深入浅出地向孩子们讲述一个个生动的中西方慈善故事。然而，随着理念和实践的不断发展与进步，慈善读本也逐渐显现出了解释力不足的问题。其次是“慈善文化进校园”工程的实际效果监督问题。“慈善文化进校园”工程的推动充分尊重学校自主性作用的发挥，不给学校设定过多的条条框框，使其能够结合自身实际办学情况与慈善文化相融。虽然这样的方式能够激发学校的创造性与活力，但在另一方面也就隐藏着效果监督的难题。最后是教师专业性不足问题。教师是学校中进行育人的主体，而慈善文化进入校园后，许多教师自身可能并不具备专业、扎实的慈善文化知识及教学能力，因此就可能会面临着不知道如何正确、科学地进行教学和引导的障碍。

为了保障“慈善文化进校园”工程能够继续扎实、稳步地推进，营造良好的慈善文化氛围，宝安区慈善会也在针对上述目前存在的问题积极探索解决方案。就慈善读本的适用性问题而言，慈善会启动了慈善读本修订工作，修订后的读本更加契合了孩子成长发展过程中所遇到的问题。考虑到学校老师更加明白学生们的真正诉求，因此在进行修订时，慈善会积极动员各学校老师参与起草工作，同时，修订的过程也给老师们提供了一个系统了解慈善文化相关知识、补齐短板的学习契机。就慈善文化进校园的效果监督问题而言，慈善会主要采取三方面的监督办法。第一通过汇集各学校实施方案，以此来系统了解其“慈善文化进校园”工程的实际推进效果。第二是通过抽查和走访的方式，到学校中进行实地的调研和了解，以此形成更为清晰的认知。第三是拟定引入第三方机构进行评估，对各所学校的实际开展成效及存在的问题进行科学、系统、全面的把握。而针对校方和老师们对于如何具体推进慈善文化教学的困惑，慈善会则采取了举办慈善文化进校园推进会的方式，通过分享、介绍前期先进的学校经验，以此来帮助、引领后续加入慈善文化进校园工程的学校明确工作的推进方向，并且要求各校在 2021 年底之前形成明年具体的推进方案。同时，慈善会拟于 2022 年举办慈善文化进校园展览，通过对慈善文化进校园工程进行回顾，总结、分享工作经验，明晰、正视发展不足，为慈善能够真正内化于孩子们的心中提供助力。

文化是最基础、最深沉、最持久的力量。《国语・晋语》有言：“善，德之建也。”善，是道德的主旨，慈善文化作为中华民族优秀传统文化中的重要一笔，在数千年的文明进程中发挥了陶冶情操、启迪心智、鼓舞人心的重要力量。孩子作为祖国的花朵，慈善事业永续发展的重要推动力量，更加需要慈善文化的熏陶与浸润。宝安区慈善会用时 7 年，让慈善文化走进宝安区内所有的小学校园，培育慈善沃土，在孩子们心中播种下善的种子，让爱心汇流成河。

第十二章　宝安区慈善论坛：助推慈善新发展

宝安区慈善会作为一家基层的慈善组织，在如何推动组织实力提升问题上进行了诸多探索，其中之一便是通过举办慈善高端论坛的方式搭建起理论与公益实践的交流平台。截至2021年底，慈善会已经成功举办了两届慈善论坛，来自公益慈善领域内的专家学者、慈善组织代表、社会爱心人士齐聚宝安，一起碰撞思维火花，为宝安慈善事业的发展建言献策，助推形成热心公益办慈善、身体力行办慈善、制度规范办慈善、全民参与办慈善的良好局面。

一、坚持锐意进取，方谋持续发展

在2020年深圳市委六届十五次全会上发布了新时代的深圳精神，将原有以“开拓创新、诚信守法、务实高效、团结奉献”的表述更换为“敢闯敢试、开放包容、务实尚法、追求卓越”。可以看到，一直以来，深圳作为改革开放的前沿阵地，始终展示出了鲜明的创新、开拓精神。在深圳的这片土壤上，宝安区慈善会便是深圳精神的一个缩影，锐意创新，敢于破除故步自封的弊端也是慈善会在10余年间的发展之中能够稳步取得一个又一个进步的重要原因。

慈善会会长张洪华认为，慈善会在发展的过程中不能够只满足当下取得的成绩，应当具备一种更加开阔的视野，树立更加长远的发展目标，以为组织的可持续发展提供指导。除了充分挖掘慈善会自身的力量从内部进行突破之外，慈善会还可以积极发挥外部专家学者的优势，立足公益慈善发展前沿研究，为慈善会的建设，为宝安慈善事业的发展提供指导。张洪华会长说道："我们宝安区慈善会在成立之初就提出了要建设成为一个学习型的组织，以此来逐步适应现代城市慈善能力提升的要求。不学习，只靠原来的方法办事肯定是行不通的，无法跟上时代的步伐，所以慈善会非常注重通过不断的学习来谋求更好的发展。因此，我们启动了两年一届的慈善高端论坛，邀请公益慈善界的专家学者来到宝安'华山论剑'，通过这样的方式逐步提升我们从事现代公益慈善的能力。"时任宝安区慈善会秘书长的刘国玲女士也进一步介绍道："我们当时觉得宝安区慈善会作为基层的慈善组织，针对它的生存和发展定位等问题需要专家们来把脉问诊为我们开具良方，所以当时我们就希望能够通过论坛这样的方式，用专家们的智慧帮助启发宝安区慈善会的发展思路。"

二、精英齐聚宝安，助力基层慈善

2016 年 12 月 24—25 日，第一届慈善论坛——"基层公益慈善组织创新发展深圳宝安区论坛"在深圳市宝安区政府顺利举行。此次论坛由深圳市宝安区慈善会主办，深圳大学城市治理研究院、深圳大学社会管理创新研究所、深圳市社会公益基金会承办，上海交通大学第三部门研究中心、北京大学城市治理研究院协办。来自北京大学、国家行政学院、中国人民大学、中央民族大学、同济大学、上海外国语大学、上海交通大学、中山大学、华南师范大学、深圳市社会科学院、深圳大学、重庆市委党校等国内多所高校研究慈善领域的知名学者，以及来自惠州市、天津市、宁波市及深圳市各区基层公益慈善组织代表齐聚宝安慈善论坛。

由于伴随着国内各级公益慈善组织的发展质量不断提高，基层慈善会作为我国公益慈善组织的重要组成部分，也已建立了基本覆盖全国的组织网络。基层公益慈善组织作为最贴近民生的公益力量，如何把握时代机遇，进一步找准差距，深化管理体制、机制改革，明确方向和发展路径，从而日臻完善，是当下需要专门探讨的一个问题。因此，第一届慈善论坛以基层公益慈善组织创新发展为大主题，专家学者们共同围绕基层公益慈善组织如何创新发展、公益慈善事业如何引发社会治理改革等问题展开了探讨争鸣。

24 日，与会人员共同参观了宝安区规划馆、宝安区慈善会 10 年回顾与宝安区发展规划展。顺利举行论坛开幕式暨研讨会，深圳市民政局副局长陈文清、宝安区人民政府副区长周学良、宝安区慈善会会长张洪华、深圳大学城市治理研究院院长黄卫平、深圳市社会公益基金会理事长吕成刚出席开幕式并致辞。张洪华会长对宝安区慈善会 10 年的发展历程进行回顾，向关心和支持宝安慈善事业的各位领导、社会各界的爱心人士致以感谢。

25 日，召开论坛专题研讨及宝安区慈善会改革发展专题讨论圆桌会。本届论坛共设有三场专题研讨会。第一场专题的主题为“基层公益慈善组织体制机制改革方向探讨”，由深圳大学社会治理创新研究所主任唐娟副教授主持讨论；第二场专题的主题为“优化基层公益资源配置探讨”，由深圳市社会公益基金会秘书长杨钦焕负责主持；第三场专题讨论的主题则是“公益事业中的公众参与”，由深圳市社会科学院副研究员徐宇珊博士进行主持。在圆桌会环节，与会人员共同围绕未来慈善会的法人治理结构与功能定位，优化公益慈善资源配置、促进公益金保值增值，公益慈善组织实务者心得与愿景三个专题展开“华山论剑”。中国人民大学毛寿龙教授从秩序的维度就公益慈善组织的发展作出分析探讨；上海外国语大学俞祖成教授以日本的案例为中心，探讨了基层公益慈善事业的市民参与方式创新问题；北京博能志愿公益基金会彭艳理事长就志愿与专业志愿作出区分和解释，介绍了专注专业志愿的公益基金会，并进一步讨论了如何在公益慈善捐赠中引入专业志愿服务的问题。

第一届宝安慈善论坛的举办取得了圆满的成功，成果颇丰，与会专家们针对基层公益慈善组织的创新发展问题提出了诸多宝贵的建议，对研究深圳乃至全国慈善事业的发展提供了很好的范例。

三、以公益促发展，以合力助慈善

2019 年 8 月，中共中央、国务院印发《关于支持深圳建设中国特色社会主义先行示范区的意见》，赋予深圳新使命、新担当、新格局。“树立起民生幸福标杆”是深圳建设社会主义先行示范区的愿景之一，公益慈善组织在建设“幸福标杆”中则具有其独特的优势。宝安区慈善会作为深圳市区级率先成立、目前规模最大的慈善会，迫切需要针对如何进一步发挥慈善组织在先行示范区“幸福标杆”建设中的作用，使宝安慈善事业在新的时代机遇下走向一个新的高度的问题展开探索。在此背景之下，2019 年 11 月 16—17 日，第二届宝安慈善论坛拉开了序幕。

本届慈善论坛的主题为“中国特色社会主义先行示范区公益发展与合力慈善”。论坛由深圳市宝安区慈善会主办，深圳大学城市治理研究学院承办。深圳市民政局党组成员、副局长吴远翔，宝安区委常委、区政府党组成员、宣传部长周学良，宝安区慈善会会长张洪华，宝安区慈善会副会长兼秘书长陈长贵，宝安区民政局局长、区慈善会常务副会长黄平彪，深圳市人大代表、宝安区慈善会副会长黄尔春，宝安区政协常委、宝安区慈善会常务理事林启中，深圳市慈善事业联合会秘书长刘国玲，市区慈善组织负责人以及 19 位来自全国各地慈善公益领域的专家学者齐聚宝安，总计近 150 人出席了本届慈善论坛，为宝安区慈善事业的健康发展助力。

本次论坛共计包含 6 场主题研讨会，专家学者们围绕中国特色社会主义先行示范区公益发展与合力慈善的问题集思广益，博采众长。16 日，论坛进行了第一、第二和第三场主题研讨会，会上，深圳国际公益学院王振耀院长作《善经济时代新商业文明的社会逻辑》的主题发言，以对世界发展的方向、当代商业与社会文明提升的内在结构及中华文明的善财逻辑依据与现实的结合点为思考点切入，从善经济时代与财富转型、善经济的逻辑与善知识体系、公益慈善的崭新使命三方面进行阐述，对如何推进深圳真正走在先行先试和民生幸福标杆城市的前列提供了启发和思考。广州社会组织研究院执行院长胡小军作《慈善法实施后慈善行业发展态势与方向展望》主题发言，从更多城市将慈善纳入整体发展战略、基金会与慈善会构成慈善组织的主体、从“独善其身”到“价值共创”、构建慈善创新的资源基础、慈善综合监管体系与机制建设五方面进行了深入浅出的阐释。

上海外国语大学俞祖成教授作《日本非政府组织问责：概念嬗变与机制构建》主题发言，从研究日本经验的必要性问题的提出、日本的NGO及其问责概念嬗变到日本NGO问责的机制构建几个方面进行了精彩分享。中山大学王清教授作《依附还是自主：枢纽型社会组织的发展路径分析》主题发言，从枢纽型社会组织的实践经验、思想基础、依附性自主的理论框架及依附论与自主论的总结与分析4个方面展开探讨。中山大学周如南教授作《大数据视野下的慈善组织透明度与公信力研究》主题发言，围绕互联网+时代的公益慈善组织公信力研究、大数据视野下公益慈善组织透明度评估研究问题进行探讨交流。上海工程技术大学吴磊教授作《整体性治理视域下公益慈善组织发展的风险防范研究》主题发言，从公益慈善组织风险的概念界定、理论基础与分析框架、风险识别、风险形成机理、风险防范路径5个方面进行分享。中国人民大学魏娜教授作《合力慈善的动力机制》的主题发言，分享了慈善、志愿服务与公益的定义、慈善与志愿文化、合力慈善的动力机制等，通过一图看懂的方式阐述了合力慈善驱动力的机制。中央民族大学李健教授作《SPPP模式与合力慈善》的主题发言，从PPP的概念、出现的问题、PPP的模式特点及相关成功案例的分析，给合力慈善提供了有效解决方案的路径。北京大学社会学章高荣博士作《新时代合力慈善的机遇、挑战与发展建议》的主题发言，从合力慈善发展制度环境的机遇与挑战、发展合力慈善需要处理好的关系两方面进行了分享，并从顶层设计、基础设施、内驱力、多元合作等方面提出了建设性意见。深圳市社会科学院徐宇珊研究员作《合力慈善的先行示范——以深圳儿童医院为例》的主题发言，向大家分享了深圳市儿童医院·Vcare关爱空间的运作模式以及贫困患儿医疗救助服务的具体案例。

17日，论坛举办了第五场和第六场主题研讨会，会中，华北电力大学朱晓红教授作《电子善务：社会组织发展的机遇与挑战》的主题发言，从什么是电子善务出发，分享了社会组织的昨天与今天、电子善务以及对社会组织发展的机遇与挑战等问题的思考。深圳大学唐娟教授作《慈善事业发展的历史、现状与未来——深圳市宝安区观察：一个总体性框架》主题发言，从宝安的历史基础、当今成就、未来展望三方面纵观宝安慈善事业的发展，在模式塑造、路径与措施两方面提出了战略性意见。深圳职业技术学院魏红英教授作《粤港澳大湾区社会组织国际化合作机制探讨》主题发言，从评估粤港澳大湾区社会组织国际化合作现状、剖析大湾区社会组织国际化合作的动力机制、探究大湾区社会组织发展阶段与国际化合作相匹配的促进机制、探寻大湾区社会组织国际化合作的运行机制、构建大湾区社会组织国际化合作的风险管理机制、构建大湾区社会组织国际化合作的保障机制六方面进行了分享。北京大学政治学劳婕博士作《大数据背景下的公益慈善与国家治理》的主题发言，从公益慈善和国家治理与大数据、公益大数据的范畴、大数据在公益慈善中的应用潜能、大数据治理的困境与问题四方面展开探讨。北京科技大学唐德龙教授作《合力慈善的治理逻辑》的主题发言，从合力慈善与治理、合力慈善的治理特征及合力慈善的治理愿景与实践战略三方面进行了分享。深圳社会组织研究院饶锦兴院长作《捐赠财产促进社会事业发展的若干问题》的主题发言，从学者的情怀，坚持批判性思维对《中华人民共和国慈善法》进行了解读，深圳能否趁这次慈善促进条例制定时机，探索公共服务让更多教育、民生、医疗投入，通过引导民间的资源、慈善的资源，推动民生事业的发展。深圳市社会公益基金会杨钦焕秘书长作《公益创投是现代慈善的基础设施》的主题发言，向大家分享了基础设施、现代慈善需要的基础设施、公益创投对于现代慈善的意义、公益创投的基本特点、公益创投的生态建构和专业标准等问题。北京大学政府管理学院雷雨若博士作《澳大利亚社会企业供给养老服务的动力机制》主题发言，从微观的角度对澳大利亚社会企业个案和动力机制进行研究分析，向大家呈现了国外社会企业的实践经验。整场论坛充满了思想的交锋与思维的碰撞，呈现出一场慈善事业的饕餮盛宴，更加为推动宝安慈善事业的发展发挥了良好的引领和示范作用。

对于宝安慈善论坛的发展，张洪华会长也进一步提出了慈善会今后的工作目标，一是要将第二届宝安慈善论坛的成果汇编成册，促进大家后续的系统学习和思考。二是要固化宝安的慈善论坛模式，设立每两年举办一届慈善论坛的目标，通过举办慈善论坛的方式集思广益，更好地指导宝安慈善事业的发展。三是要成立“合力慧”，把全国各地的专家、学者会聚到一起，打造出一个能够进行问题探讨、学术交流、碰撞思维火花的智慧平台。

·第五部分·

慈善文化建设之“气”

“气”是“道”和“器”之间的介质。万事万物是在阴阳两气互相交冲而成均调和谐状态下化生出来的。形而上的“道”在“气”的作用下生化成形而下之“器”。因此，慈善文化之“气”是慈善文化之“道”生化慈善文化之“器”的物质基础或保障条件。我们将从管理者动力视角、组织动力视角、环境动力视角剖析影响慈善文化建设的因素。就管理者动力视角而言，管理者在慈善文化价值观树立和传播中担任重要角色。管理者经历、管理者特质、管理者行为和管理者风格会影响慈善文化的意义赋予和传播机制。就组织动力视角而言，慈善文化构建的途径和效果会受到组织的价值取向、组织的内部治理能力、组织的公信力、组织的社会网络四大关键因素的影响。就环境动力视角而言，慈善文化根植于其社会和文化背景中，在一定程度上是由社会背景中的规范、价值观和实践所塑造。

第十三章　管理者动力视角

慈善组织的在慈善文化的培育和传播中扮演举足轻重的角色。无论是组织文化，抑或是慈善文化的塑造，映射了个体的认知与价值偏好。管理者身处较高的位置，承载着一种受人尊敬且充满荣誉的身份。对于管理者来说，这是一种无形资产和资源，有利于他们发挥信号作用，赋予文化以特定内涵。根据高阶理论和烙印理论，管理者经历、管理者特质、管理者行为和管理者风格都会直接对慈善文化产生影响，并成为慈善文化的基础，贯穿于组织的整个生命周期。在调研过程中，我们发现宝安区慈善会管理者在慈善文化建设和组织文化的塑造中发挥了至关重要的作用。因此，本章将谈谈慈善组织中管理者的经历、特质、行为与风格如何影响慈善文化的建设。

一、管理者经历

决策者的价值认知明显受到其成长环境和成长经历的塑造。换言之，管理者的成长背景和经历将会在其价值认知和行为系统中打下深深的烙印。宝安区慈善会提出的一系列慈善文化举措与其管理层过往的从军和从政经历息息相关。

（一）从军经历的影响

第一，从军中的政治宣传工作促使宝安区慈善会的管理者十分注重文化建设。中国军队重视思想道德与意识形态教育。宝安区慈善会的两任会长都具有从军经历。首任会长何植洪于 1965 年 12 月成功入伍广州军区 41

军122师炮兵团。1985年，他在广西参加收复越南据点战斗后，转业至宝安①。宝安区慈善会的现任会长和秘书长曾在部队从事政治宣传工作。为鼓舞士兵的士气和提升部队的凝聚力，他们曾打造出体现浓郁海洋气息和军兵种特色的“岛礁文化”、“甲板文化”和“高山文化”。现任秘书长谈及：“在部队中，从事思想政治工作的人被称为‘灵魂的工程师’。他们不仅需要把握军队的大方向和原则性的问题，更重要的是通过文化影响力来激发部队的士气、凝聚力和战斗力。”管理者长期在部队从事思想政治的工作经历会潜移默化地让他们在后续工作中同样重视文化建设工作。

第二，从军经历塑造了管理者个性和行为模式。新中国成立后，参军入伍成为青年人投身国家建设的重要途径。军队为入伍的年轻人提供了学习和成长的机会。在军队组织体系相对封闭的环境中，士兵较少受到外部干扰。因此，军队的文化教育、价值观熏陶对军人个性塑造和行为模式的影响更为持久②。早期的军旅生涯塑造并强化了管理者注重效率、果敢决绝、激进创新的性格特征。首先，军队是一种纪律严明的组织，强调纪律性和服从性。从军经历使管理者获得了领导力训练，极大地提升了管理者的效率和执行力。其次，高管的从军经历提升了他们的自信心，在战略层面强化他们“往前冲”的决策风格，对创新抱以更高的热情。最后，从事政治文化工作使得他们养成了善于与人交流的品质。正如深圳社基会的秘书长杨钦焕评价说：“会长身上具有很强的军人气质和魄力……他往往很愿意倾听他人的想法，帮助他人，支持他人成长。这种特质也促使了很多企业家愿意跟他来往。”

第三，从军经历效用的发挥还取决于过去场景与现有场景的匹配程度。尽管长期的部队经历让宝安区慈善会的管理者重视慈善文化建设，但军队文化与慈善文化的差异性导致两者构建的路径截然不同。在文化特征上，军队文化具有强制性，而慈善文化具有自愿性。军队在组织建制方面

---

① 唐成茂．宝安军人风采［M］．北京：光明日报出版社，2017.

② 权小锋，醋卫华，尹洪英．高管从军经历、管理风格与公司创新［J］．南开管理评论，2019，22（6）：140-151.

强调党的绝对领导，在意识形态方面强调军人利益服从国家和军队的整体利益，在纪律执行方面强化军人的严明的军纪要求。这种思想道德与意识形态教育的结果强化了个体对制度的遵从性和服从性，以及提高了组织的执行效率①。而慈善文化则与之大相径庭，慈善理念的渲染不是强制性的，强制性的慈善不可持续，只能通过潜移默化的方式打动他人。正如美国学者罗尔斯在其《正义论》中说："真正意义上的道德自律总是个体出于明确的理性意识而自觉自愿选择的行为。"在构建路径上，部队的文化建设的方式是整齐划一的。军队建立起的体制称为"成建制"，建制单位从大到小划分为军、师、旅、团、营、连、排、班。军队中的文化教育往往是在一个作战单位开展。而慈善文化建设的方式是"渗透"。慈善文化是面向整个社会，所要感召的对象非常之广泛。慈善文化建设主体甚至无法将受众聚集一起。因此，宝安区慈善会的管理层对军队文化建设的经验进行扩展适应，带领宝安区慈善会从视觉、听觉、触觉等多方面，以喜闻乐见的方式更加柔和地植入慈善文化元素，潜移默化、耳濡目染地影响到社会的每一个人。慈善事业是文明之举、全民之事。只有晓之以理、动之以情，才能笃之以行。

（二）从政经历的影响

第一，管理者在从政经历中习得的文化建设经验同样有利于慈善文化建设。宝安区慈善会的第一届理事会提出"阳光慈善"和"透明慈善"的理念，打造最具公信力的区级慈善会。第二届理事会则在原来的基础上明确提出打造富有宝安特色的慈善文化。据第二任会长张洪华透露，这也与其过往在宝安区政府任职时接触的文化事业建设有关联。张洪华曾担任中共深圳市宝安区委员会委员、常委、副书记。当时深圳在经济上实现腾飞，但其文化事业仍被外界打上"文化沙漠"的烙印。因此，当时的宝安区政府非常注重文化建设，打造出了一批本土文化品牌，推动区文化事业

① 权小锋，醋卫华，尹洪英．高管从军经历、管理风格与公司创新［J］．南开管理评论，2019，22（6）：140-151.

的发展，譬如创作广播剧《小米》和《拔鲁》、创办打工文学杂志《打工文学周刊》和《宝安群文》、打造舞台剧《卖火柴的小女孩》、创作街舞《咱们工人有力量》。这些作品充分体现出以人为本、观念创新、体制创新、精品建设、战略突破、创意品牌的理念。在担任宝安区慈善会会长后，他将政府实践的这些经验运用到慈善文化的建设中，比如发行《慈善周刊》，创刊《善源》杂志，创作慈善动漫短片《我们一起做慈善》和会歌《爱是唯一》等，提升社会对慈善事业的关注度。

第二，从政经历帮助宝安区慈善会充分发挥其政治势能。慈善组织的管理者有来自政府部门退休的行政官员，也有来自市场的职业经理人。前者可称为"行政型管理者"，后者可以称为"职业型管理者"。宝安区慈善会的会长和秘书长属于"行政型管理者"。他们充分发挥其行政优势，具体体现在以下三方面：一是体制内的工作经验使得他们对政策保持警觉性，更容易识别有利于慈善会发展的政策机会。因此，一旦国家政策出现变动或调整时，宝安区慈善会能够及时采取应对措施，从而获得政府支持或资源帮助。二是行政型管理者使得宝安区慈善会在争取政府资源时占有优势。他们更懂得体制内的工作流程以及与政府的相处之道，并形成一套特有的为人处世的原则和方法。在宝安区慈善会内部，会长和秘书长是连接慈善会和外部组织的重要人物。他们的从政经历会帮助慈善会在与政府或相关部门打交道过程中具有更强的适应性，较为直观地反映即是他们在向政府或与政府相关的部门和单位寻求帮助时也会相对容易些。三是依靠地位优势，有利于宝安区慈善会发挥统筹协调作用，将不同组织协同起来形成合力，共同推动宝安区慈善文化建设。张洪华会长在担任宝安区副书记时，分管文化广电新闻出版，与宝安日报社和宝安区广电中心建立了密切的合作关系。这使得宝安区慈善会提出创办《慈善周刊》和《善源》杂志等想法时，两家媒体全力配合。陈长贵先生曾在宝安区劳动局、区人力资源局、区政协委员会工作过，与宝安区的企业家建立了良好的政商关系，有利于宝安区慈善会动员企业家参与慈善事业。

第三，从政经历塑造了管理者独特的政治技能。政治技能是指与他人互动的能力，具体包括社交敏锐性、关系网络建立能力、表现真诚和积极影响四个维度①。首先，政府经历有助于个人在社交上保持敏锐性。一方面能快速揣摩和感知上级的意图和偏好，精准地调整工作重心。比如，在新冠肺炎疫情防控过程中，宝安区慈善会以学习贯彻习近平总书记和党中央决策部署作为首要任务，认真执行上级领导关于疫情防控的重要指示精神和部署要求。根据上级领导的重要指示，宝安区慈善会及时调整其工作部署，从日常慈善转向应急慈善、筹划后疫情时期的疫后慈善关爱项目，以及及早筹划全年慈善工作的推动。这种思维模式使得整个宝安区慈善会参与抗疫工作中做到忙而不乱、有条不紊。

另一方面，宝安区慈善会的管理者为了与其他利益相关者产生联系，在社交上保持很强的敏锐性。首先，在推动“慈善文化进校园”项目中，宝安区慈善会意识到必须撬动宝安区教育局的力量，并让区教育局作为牵头主体，才能实现全区 139 所小学全覆盖。其次，从政经历使得他们善于建立关系网络。慈善组织依赖于外部资源，无法靠生产供给自身生存所需要的资源。宝安区慈善会亦是如此。因此，宝安区慈善会的管理者非常注重建立一个资源网络。而在政府的工作经历则提升了他们建立和管理关系网络的能力。再次，他们在与人合作过程中能让他人感觉到很真诚。在疫情期间，宝安区慈善会在宝安广电中心最困难的时候，两次送大批量的医用口罩等防控物资和生活物资来慰问一线的新闻工作者。宝安广电中心的党委书记、主任杜俊平表示，宝安区慈善会的举动让宝安广电的新闻工作者倍感温暖和鼓舞。最后，他们具有很强的正面影响力。宝安区慈善会的利益相关方，包括企业、深圳社基会、宝安媒体一致认为慈善会的两位领导是很有情怀的人，他们做事充满热情且具有很强的影响力。

二、管理者特质

管理者的特质会在组织中渗透，并被追随者吸收和效仿。管理者在慈

① FERRIS G R, TREADWAY D C, KOLODINSKY R W. Development and Validation of the Political Skill Inventory［J］. Journal of the Southern Management Association, 2005, 31（1）: 126-152.

善文化的构建和传播中发挥着重要作用。首先，宝安区慈善会的管理者具有高度责任感。使命感是非营利组织巨大的力量源泉。其会长表示说："从事慈善的人需要有一种爱的情怀、善的情怀。如果没有这种情怀，只是当成一份工作，就很难全身心地投入其中。"在这次新冠肺炎疫情当中，按照职责分工，宝安区慈善会的主要职责是负责接收捐赠善款，不负责筹集物资。然而，宝安区慈善会在筹款的同时，也竭尽所能地寻找防疫物资，以缓解一线防疫物资紧张的局势。

其次，对信念坚定不移。宝安区慈善会一旦确定目标后，便会坚定信念，装备能力，全力以赴地实现目标。早在2011年，中华慈善总会在全国范围内率先发起了"慈善文化进校园"活动，但地方实践仍是零散的、不成体系的、非持续性的。宝安区慈善会于2013年在坪洲小学启动试点，再到翻身实验学校等7所公办小学进行试点。在取得一定的成效后，宝安区慈善会动员区教育局的力量，于2016年将灵芝小学等16所学校纳入慈善文化进校园工程试点学校。直到2020年12月16日，宝安全区139所小学全部开展慈善文化进校园工程。在此过程中，宝安区慈善会不忘初心，有序地推进工程，举办了"慈善征文"活动、修订慈善读本《我与慈善共成长》等。会长说："我认准的工作，一定要把它坚持下来，我不会半途而废。自开展慈善微跑以来，一下坚持了六年。公益慈善项目大赛连续举办了五届。慈善文化进学校的工程，一干就干了八年。"

最后，对新事物保持开放性。面对未知的事情，人们习惯性地采取保守心态，但保守也意味着容易错失良机。只有保持开放的心态，拓宽知识和能力边界，才能精准地识别潜在危机和规避风险。宝安区慈善会的管理者则善于接收新信息、新事物，时刻反省自己的思想观念和思维方式，认识自己在能力上和对外界事物认知上的局限和不足。因此，宝安区慈善会每年组织外出学习和考察，接触外面的思想，开阔他们的视野。考察团成员不仅仅包括慈善会的工作团队，还有副会长和常务理事。考察过程中发现别人的成熟经验时，则在调研宝安区的实际情况后将他人的经验借鉴到宝安区。通过这种方式，宝安区慈善会不断地创新慈善文化的项目和品牌，丰富慈善文化内涵。公益慈善项目大赛、慈善空间等都是在外出学习考察中吸取到的思想和经验。因此，宝安区慈善会能够打造出一些有亮点的慈善文化品牌。

三、管理者风格

宝安区慈善会的管理者属于管家型领导风格。戴维斯、斯库尔曼和唐纳德森从行为模式、心理机制、情景机制 3 个方面对管家理论进行了系统性说明，从中可以看出管理者的特点及具体情景下的行为①。

表 13-1 管家理论的行为模式

维度	子项目	说明
行为模式	—	自我实现的人（Self-actualizing man） 为集体服务（Collective serving）
心理机制	激励	高层次需要（发展的需要、成就的需要、自我实现需要） 内在激励
	认同	高度价值承诺
	权力	个人权力（专家的、指示的）
情景机制	管理哲学	参与取向、信任
	文化	集体主义 权力距离小

在行为模式上，以“自我实现”和“为集体服务”为特征。“自我实现”指管理者需要超越当前状态，实现更高水平的成就。“为集体服务”表现为管理者的亲组织行为和集体行为。如果管理者在利己行为和亲组织行为之间进行选择，管理者行为不会脱离组织利益。

在心理机制上，主要体现在激励、认同和权力 3 个方面。首先，管家

① DAVIS J H，SCHOORMAN F D，DONALDSON L. Toward a stewardship theory of management［J］. Academy of Management Review，1997，22（1）：20-47.

理论强调的是不易量化的内在激励，包括成长、成就、归属感和自我实现的机会。员工通过这些内在的、无形的奖励被激励，并代表组织更加努力地工作。而管理者对自己工作的信念超越了正式的奖励制度，而更加看重组织愿景。其次，当管理者接受组织的使命和愿景时，就对组织产生认同感。管理者对组织的认同感越高，他们就更容易参与合作、产生利他主义和自发的无回报的公民行为。最后，管家理论强调管理者用个人权力去影响他人。个人权力是人际关系中的固有成分，不受职位影响。这种权力通过一个人对另一个人的认同而发挥作用。个人权力是在人际关系的背景下逐渐发展起来的，不受组织中正式角色的影响。

在情景机制上，主要包括管理哲学和文化两个方面。一方面，管理哲学强调员工的高度参与性，包括开放式沟通、赋予员工权力，以及建立信任。在以参与为导向的工作方法中，管理者通过更多的培训、授权，以及对员工的信任来处理不确定性和风险。另一方面，文化表现为集体主义和权力距离小。集体主义者将个人目标置于集体目标之下。集体主义者对群体中的“和谐”有非常积极的态度，避免冲突和对抗。此外，管家理论强调权力距离小的文化。权力距离指的是一个组织中权力较小的成员期望并接受权力分配不均的程度。在这种文化中，不平等、工资和特权等方面的差异被最小化。权力地位低的员工的独立性同样受到重视和鼓励。

（一）行为模式

就宝安区慈善会而言，其管理者在行为模式上表现出“自我实现”和“为集体服务”的特征。首先，宝安区慈善会的管理者具有很强的使命感和目标感。宝安区慈善会使命的达成是管理者满意度、成就感和自我形象的重要来源。两位重要的管理者是基于自己人生价值的实现和使命感参与到宝安区慈善会的工作。航城商会的秘书长评价道：“会长是一个满怀热情和热诚的人，退休返聘到区慈善会工作。尽管他跟秘书长是免费的（劳动力），是义务的，他们仍带着一腔热情，做了很多公益的事情，大家有目共睹。”此外，他们像管家一样对集体或社会负责，其工作的结果是对社会公共问题意识的回应，而不是为一己私利或者出于个人的利益追求。他们具有社会问题意识，一旦发现公共领域中某个让人觉得不合理、情感上难以接受的社会问题，他们就会希望通过公益的手段加以解决。

（二）心理机制

心理机制体现在激励、认同和权力三个方面。在激励方面，宝安区慈善会的管理者注重内在激励。一方面是管理者本身由自我效能感和自我实现感驱动。慈善组织通常被视为价值驱动的组织，其使命中包含了管理者所尊重的道德责任感。在慈善价值观的驱使下，他们执行了超出预期角色的任务。会长和秘书长一直说做慈善事业要有情怀，要发自内心地喜欢做这件事。另一方面管理者关注员工的成长和成就感。仅凭待遇很难真正起到激励作用和保留人才。宝安区慈善会的员工薪水与深圳市其他区级慈善会相差不大，但其队伍相对稳定，人员的流失率低。宝安区慈善会提倡“事业留人”是最高级的留人手法。根据员工个人的条件和知识背景情况，与员工一起明确其职业价值和发展方向，并就如何提高员工的成就感给予具体的行动建议，增加他们在组织中的事业感、光荣感和责任感。

在认同方面，宝安区管理者认同组织的使命与目标，积极发挥自身的能动性，克服资源限制等障碍并解决问题。中国有个成语说“身在曹营心在汉”，判断一个成员是不是归属于一个组织，不是看他是否身处于这个组织，而是看他的心在哪里。管理者对宝安区慈善会独特的身份、理念和价值观具有高度认同感，他们明白加入慈善会的目的和意义。这也促使管理者更有动力帮助宝安区慈善会成功。现任会长时常说：“第一届的领导班子给宝安区慈善会打下了坚实的基础。我们需要思考如何在已有的基础上继续前行，不能倒退，坚决把宝安区慈善会打造得更加完善。”

在权力方面，宝安区慈善会管理者同时利用个人权力和制度权力去影响他人。个人权力侧重于管理者的人格魅力，不会受职位的影响，而制度权力则是因其在组织中的地位而被赋予委托人的权力。组织成员资格的终止将意味着个人权力的终止。一方面，宝安区慈善会的会长职位不像政府职位是由制度赋予的刚性权力，这个职位很大程度需要靠人格魅力来支撑。换言之，会长需要靠自身的人格魅力与他人建立情感互动，让大家发自内心地支持宝安区慈善会，响应慈善会的号召。会长常说“玩慈善”，指的是以更加柔和的方式让社会各界参与慈善事业。如何打动他人建立良好的互动关系是一门学问。秘书长也表示说：“你如果吹鼻子瞪眼，谁跟你玩。而像交朋友一样，增加彼此之间的亲和力和凝聚力，才能把一帮人团结在慈善会的周边。宝安区慈善会的副会长都是有钱人，资产上百亿，如果不去跟人家交朋友，人家为何要给你捐款?”宝安区慈善会正是通过自身为人处世的智慧让大家发自内心地参与慈善。另一方面，由于宝安区慈善会是具有政府的背景的慈善机构，与民政局合作密切，这也给慈善会赋予了制度权力。制度权力有助于宝安区慈善会借助政府的力量更好开展协调工作。这也正是前文所提到的“政治效能”。

（三）情景机制

情景机制包括管理哲学和文化两大要素。在管理哲学方面，宝安区慈善会的管理者强调员工的高度参与。首先，管理者着意营造一种互为亲人的家庭氛围。这种情感交互蕴含了巨大能量和无限潜力，是宝安区慈善会发展的动能。宝安区慈善会的刘主任说：“我们的领导非常有智慧的，他知道如何将大家更好地联系在一起。我们会有团队建设活动，并邀请员工家属一起参加。”

其次，管理者追求开放式沟通，赋予员工权利。授权是赋予人们更大的权利和自主权的行为。本质上，授权给了人们一个发言权。如果没有人感到自己受到重视和了解情况，就不会真正感到自己被赋予了权利。宝安区慈善会的诸多举措往往会先在小范围内与员工沟通想法，询问员工意见。如果多数人觉得想法可行，再召开会长办公会，与副会长共同协商后再决定执行。一个组织要长久发展必须破除“真理在领导手中”的思想。秘书长说：“我们慈善地标的赋，不知道开了多少次会，发了多少言，我们所有人都要发言。张三李四王二麻子，你们都讲一遍，广泛听取大家的意见……”

在文化方面，宝安区慈善会的管理者反映出集体主义的倾向，他们对群体和谐有非常积极的态度，主张避免冲突和对抗。这依赖于他们曾经从事的政治宣传工作。政治思想工作的一个原则是要能够让对方认识到自己的问题，又不要挫伤对方的积极性，更不要激化矛盾。批评需要讲究艺术，未必就是严肃地吹胡子瞪眼去教育人。这样导致的结果是“对方接受不了，反而有伤感情”。此外，宝安区慈善会内部弥漫着一股民主和平等的气氛。宝安区慈善会在决策方面采用协商的办法，而非领导人直接“拍板”。所有人的独立性都受到重视，任何一个人在慈善会都发挥着不可或缺的作用。

四、管理者行为

慈善组织的高层管理者是文化的传播者和维持者。宝安区慈善会从创立之初就重视文化建设工作。在慈善文化构建中，宝安区慈善会管理者的行为主要表现在以下三方面：

第一，宝安区慈善会弘扬的慈善文化价值观不仅来源于成功的慈善实践，还来源于管理者的个人价值观。管理者充当慈善文化的主要意义赋予者。宝安区慈善会提出“玩慈善”的概念，即把慈善做得更加“鲜活”，他们将这种理念融入慈善文化建设中。《慈善微跑地标落成记》提道：“夫慈者爱也，善者吉也。今观慈善微跑之举，秉之以宽仁之心，申之以温厚之情。人恒陶乐于此，犹能寄情于山水，游目于烟岚。志微跑之趣，铭慈善之功劳……”宝安区慈善会以一种趣味的形式来宣传慈善文化，既能享受跑步带来的乐趣，又能寄情于山水，还能为慈善献出自己的功劳。此外，管理者的个人特质和领导风格促进了慈善文化价值观的传播。从影响力的视角来看，管理者作为组织中非常突出的个人，代表着组织中主流的价值观和行为准则。他们具有的价值观非常具有感染性和蔓延性。他们通过示范作用，将自己的信念和愿景传递给追随者，并且激励这些追随者实现慈善组织的目标和使命。

第二，他们注重组织文化建设。他们塑造和廓清了宝安区慈善会的核心理念和价值观，如组织运作的规范性原则、公益服务的专业性原则、员工的互助奉献原则、合力慈善原则等。通过理念的塑造，他们打造了一个规范化、专业化、透明化的慈善组织。组织文化建设不仅激发了员工投入慈善事业，还提升了组织的凝聚力和归属感。对外界来言，组织文化建设提升了宝安区慈善会的公信力，改善了外界对慈善组织的认知，从而凝聚更多的社会力量参与慈善，为宝安区慈善会的发展提供源源不断的动力和精神支撑。

第三，宝安区慈善会的管理者善于利用多种途径传播慈善文化。当很多慈善组织把注意力集中在筹款以提升组织效益时，宝安区慈善会则以特殊的文化情结影响着慈善会的形象塑造和慈善文化的传播。一方面，宝安区慈善会的管理者是慈善文化价值观的信徒和身体力行者。他们对其组织弘扬的慈善文化深信不疑，并把它们作为自己的行动指南。换言之，他们的行为与所倡导的真心慈善、合力慈善、文化慈善和创新慈善的理念较为一致。另一方面，构建面向社会的慈善文化，通过润物细无声的方式促进慈善事业的发展。从根本上用文化的元素去渗透到每个人心里，通过一系列教育、引导、打动、激发他自己内在的善意。宝安区慈善会的管理者深信，唯有高扬文化的大旗，慈善组织才能在社会竞争中乘风破浪、扬帆起航。

第十四章　组织动力视角

从个体层面看，慈善组织创始人或管理者极大地影响了慈善文化的意义赋予和意义构建。从组织层面来看，慈善组织的价值取向、内部治理能力、公信力、社会网络会对慈善文化建立和传播产生关键性影响。

一、组织价值取向

宝安区慈善会的组织价值取向以“规范取向”为主，以“项目取向”为辅。前者直接与慈善文化宣传挂钩，后者强化了慈善文化宣传的效果。一般而言，慈善组织有两种核心价值观取向，一种是规范取向，即创造道德认同感，领导者和成员用规范和道德的语言来描述他们组织的身份和活动①。这种价值取向更有利于慈善文化构建。另一种是“项目取向”，专注于行动和任务，而非道德辩护。项目取向的慈善组织更倾向于讨论“投资者”和“融资”以及其他金融术语，他们似乎正朝着一种更务实、以商业为导向的方向发展②。亦有学者认为规范取向的组织往往不理解项目导向型的组织，而后者很少进行“道德教化”。事实上，宝安区慈善会融合了两种价值取向，只是更加侧重规范取向。

首先，以规范为主的组织价值取向使得宝安区慈善会扮演着“价值倡导者”的角色。一方面，宝安区慈善会强调对外输出其价值理念。宝安区慈善会的领导人及员工无论是在接待其他机构的参访，还是外出参访其他机构，常用“规范”“价值”“合力”“文化”“学习”“凝聚”“专业”“情怀”等词语介绍宝安区慈善会。这些词语凝聚了宝安区慈善会的核心

---

① SPENCER S B, SKALABAN I A. Organizational culture in civic associations in Russia [J]. Voluntas: International Journal of Voluntary and Nonprofit Organizations, 2018, 29 (5): 1080-1097.

② 同①.

价值观。通过对外传递其道德价值观，让更多人了解宝安区慈善会，并加入慈善会的行动。另一方面，宝安区慈善会注重对目标群体的道德教化，投入很多精力宣传慈善文化。相较于企业文化，慈善文化的独特性体现在凸显慈善事业的重要性和价值、奉献精神，以及社会和谐的价值观等。所以，宝安区慈善会通过多措并举向外宣扬慈善文化，从而使受众发自内心地建立起对慈善事业的认可。

其次，以规范为主的组织价值取向使得宝安区慈善会尤其强调自身特殊的组织身份。一方面体现在宝安区慈善会是兼具社会团体和基金会的属性。我国社会组织划分为社会团体、社会服务机构和基金会这三种属性，但是根据这一分类方式，宝安区慈善会找不到一个自我明确的类别。因此，宝安区慈善会认同其混合组织的身份，即慈善会既要发挥社会团体的社会动员功能，构建会员网络，引导更多人崇德向善，还要发挥基金会的功能，募集更多的善款，矜贫救厄。另一方面体现在宝安区慈善会是具有政府背景的慈善机构，其领导人来自政府部门退休的行政官员。由于不少学者和实务界人士抨击慈善组织行政化的问题，宝安区慈善会则与之相反，往往对外强调这种特殊身份带来的天然优势，譬如广泛的人脉关系、资源和信息的可获得性等等，以及宝安区慈善会保持运作的独立性。他们按照章程自主运作，区政府从不干预其运作。总之，宝安区慈善会对其组织身份的强调可以加深外界对慈善组织更广泛的认知。

再次，以规范为主的组织价值取向使得宝安区慈善会明确地向外界阐释其价值主张。对于企业来说，只有为客户创造价值，客户才愿意为之付费。客户付费即能享受到价值回报。在慈善领域，付费者与受益者并非同一人，再加上慈善组织不像企业一样提供实物产品，所以付费者难以感受到其付出带来的价值。为了让付费者为不相干的受益人付费，宝安区慈善会会明确地告诉捐赠者他们为谁做哪些事情，以及会创造哪些价值，让捐赠者意识到他们的捐赠不仅对他来说可以满足自我实现、活出理想、活出真我的需要，更是对整个社会都是有价值的。一言以蔽之，宝安区慈善会通过价值主张，可以有更大概率地将潜在捐赠者变为奉献者，成为一个勇于承担责任的好公民、守望相助的好邻居。

最后，以项目为辅的组织价值取向可以进一步强化社会对慈善组织和慈善事业的认知。尽管宝安区慈善会整体上的价值观以“规范取向”为主，但近些年也开始注重提升其专业化能力，并朝着更务实、以商业为导向的方向发展。张洪华会长说：“我们这种带有政府背景的公益慈善机构，别人是不看好的。我们必须要锤炼自己、锻造自己，让自己强大起来。通过学习和创新实现可持续发展。”因此，宝安区慈善会经常率队去广州、香港、上海等慈善事业较为发达的地区取经，从而能以专业人员的身份与其他组织进行合作，而非仅仅依赖于个人的关系资本。此外，宝安区慈善会主动引入“公益创投”开展宝安区公益慈善项目大赛。宝安区慈善会作为公益领域的“投资者”的角色，以“投资”思维，寻找那些创新性解决社会问题的项目，并对其进行资助和能力建设，从而真正地把宝安区公益组织队伍带起来。宝安区慈善会的专业能力及其品牌项目扩大了宝安区慈善会的影响力，提高民众对慈善事业的认知。

二、组织治理能力

（一）党建引领

在党建方面，宝安区慈善会由区民政局派驻党建指导员的方式，加强宝安区慈善会内部的党建工作。一方面，宝安区慈善会的会长办公会和例会会学习中央等重要文件精神，把握习近平总书记系列重要讲话精神、党的政策、规定和方针。这项活动可以使宝安区慈善会的发展方向契合政策导向，而不至于走偏。比如，在新冠肺炎疫情防控期间，始终把学习贯彻习近平总书记和中央的决策部署作为首要任务，准备把握党中央的重大决断，及时调整工作部署，使整个组织动员社会力量参与抗疫工作做到忙而不乱、有条不紊、积极有序。又比如，到习近平总书记在深圳经济特区成立 40 周年之际发表重要讲话的地方，学习习近平总书记对深圳改革开放的总结和未来的发展方向。深圳是改革开放后由党和人民缔造的崭新城市，

40年时间让深圳从沧海变桑田，造就了迎风拔节般的建设成果。现在党中央提出支持深圳建设中国特色主义先行示范区，深圳将继续保持“闯”的精神、“创”的劲头和“干”的作风谱写“春天的故事”。

其次，通过参与多种形式的红色主题实践活动，沿着共产党人奋斗的足迹，忆峥嵘岁月，守红色初心。向海而生、因湾而兴的宝安区是一个革命老区，拥有中共宝安县第一次党员代表大会旧址、阳台山、洪田七烈士等红色印记。宝安区慈善会与街道商会（工商联）参观中共宝安县第一次党员代表大会旧址。1928年2月23日，中共宝安县委在大革命时期于素白陈公祠召开了第一次也是唯一一次党员代表大会。这里也成为中国共产党领导宝安县农民运动的中心。区慈善会张洪华会长说道：“看到纪念馆展出的铁军刀、军服、草鞋，播放的一帧帧历史影像，我们感受到了老一辈革命者在艰苦岁月建立党组织，领导了工农革命，反抗国民党反动派的斗争。我们看到了革命先驱的坚强意志和英雄气概。这座纪念馆见证了中国共产党诞生和革命取得胜利的百年峥嵘，也让我们要坚守老一辈共产党人的初心和信仰。”此外，宝安区慈善会专门到重庆渣滓洞集中营，缅怀那些英勇烈士为革命事业抛洒热血。在密闭黑暗的牢房，面对敌人严刑拷打和残酷折磨，仍然坚守党的信仰，宁可牺牲也要跟国民反动派展开殊死搏斗。张洪华会长继续说道：“我们感悟到了红岩精神，革命先烈坚持共产主义的真理，前仆后继地为国家、为老百姓过上好日子无私奉献的真实写照。”宝安区慈善会前往莲花山瞻仰邓小平铜像，感受“春天的故事”，践行邓小平同志“改革开放的步子要大一点”的思想。

张洪华会长说：“我们作为一个慈善组织，我们的使命就是在政府照顾不到的地方有相应的补充，实际上也是为了人民，使我们生活在这里的老百姓不要掉队，能够跟上改革开放这种节奏。我们在参与党建的活动时，坚持党的初心——‘不断增进人民福祉，为人民谋幸福，为中华民族谋复兴’。虽然与革命先辈所处的时代不同，但是内涵是一致的。从红色基因中汲取的力量，促使我们更加坚定一定想办法把慈善工作做好的决心，让老百姓生活得更加幸福。”

（二）内部治理

组织发展的能力往往涉及内部治理、运用人力资源、财务、信息技术等有关系统、制度规范等。

1. 内部治理结构

宝安区慈善会建立了完善的内部治理结构。“决策—执行—监督”是宝安区慈善会核心的治理结构（如图 14-1 所示）。

首先，根据《深圳市宝安区慈善会章程》和结合宝安区慈善会的实际运作情况，决策机构是会员大会、理事会、常务理事会和会长办公会。宝安区慈善会的最高权力机构为会员大会。会员大会通常一年召集一次，但是由于会员大会人数众多，因此闭会期间主要由理事会负责决策。同时，设立常务理事会，在理事会闭会期间行使相关职责对理事会负责。常务理事会通常一年召开两次以上会议。会长办公会由会长、常务副会长、副会长、秘书长和慈善会办公室主任等人员构成。宝安区慈善会会长办公会一年一般召开 4 次左右。会长办公会对重要事项进行审议和决策。会长和副会长的人员安排上，有效衔接了政府官员和企业家。第一届到第三届的会长都由区政府层面退休领导担任，副会长则由企业家担任，这些企业家也是宝安区工商联（总商会）下属的街道商会会长。这种顶层制度设计，不仅能有效地帮助慈善会衔接慈善资源，还将宝安区工商联系统纳入合力慈善的重要合作伙伴。总之，从会员大会到常务理事会，再到会长办公会的设置，核心目的在于提高决策的效率和能力。

其次，办公室是执行机构，负责执行会员大会、理事会、会长办公会表决的决议。2019 年，宝安区慈善会新成立了项目部，设置“一办一部”的工作机构，并明确办公室和项目部的职责分工，从而为实现专业化管理奠定了基础。办公室的重点工作是慈善会的日常管理。具体职责为：负责宣传、会务、文秘、档案、保密、信访、安全、调研等工作；负责联络慈善会会员工作；负责制订并实施年度工作计划；负责人员工资、日常经费使用管理、业务培训等工作；负责后勤事务工作；负责与政府、慈善机构和社会各方面的对接工作；完成领导交办的各项工作。项目部则负责运作宝安区慈善会具体项目，具体而言，负责慈善金的接收工作；负责捐赠票据的申领和核销工作；负责日常救助的申请、审核、资金发放等工作；负责慈善公益项目大赛工作；负责专项资金和冠名基金的设置和管理等工作；负责对口帮扶资金的管理工作；负责慈善基本金的安全管理与保值增值工作；完成领导交办的各项工作。

最后，监事会行使监督权。宝安区慈善会按季度召开监事会，在监事会人员构成上打造专业化的团队，监事成员有会计师事务所的会计师和审计师、律师事务所的律师等专业人士，监事长由深圳市第七届人大常委会常委等重要社会职务的企业家担任。在专业能力配置上，宝安区慈善会能够实现一个监事负责一方面的监督工作。总之，从宝安区慈善会的内部治理结构可以看出，宝安区慈善会的决策系统保障了其决策的效率；会长办公会的人事制度安排不仅充分地体现了慈善会作为政府职能延伸的特征，同时还有效地衔接了宝安区企业家的资源；“一办一部”的设置提升了宝安区慈善会执行效率；创造性的监事会制度提升了宝安区慈善会公信力。值得一提的是，2019 年，宝安区慈善会在原来的“决策—执行—监督”的治理结构的基础上成立咨询委员会。新成立的咨询机构主要是吸纳实践界和学界的专家，为宝安区慈善会的发展出谋划策。

2. 信息技术

整体而言，宝安区慈善会在信息技术的使用上较为欠缺，宝安区慈善会的组织规模较小，目前对人力资源信息系统和财务管理信息系统没有太大的需求。在募集善款方面，与大多数慈善组织一样，开通了互联网募捐渠道。在慈善文化宣传方面，宝安区慈善会主要借助新兴媒体的力量传播慈善文化。以前，慈善会通过电视和纸质传媒来宣传慈善文化，但这两种传播方式的受众是年龄偏大的群体。为了能够让年轻人也能接受慈善文化的渲染，宝安区慈善会开始寻求新媒体。因此，宝安区慈善会借助宝安广电中心的抖音、微信公众号、B 站、App、微信、微博、PC 客户端等平台发布慈善新闻，实现立体式的宣传覆盖。同时，参与由宝安广电中心举办

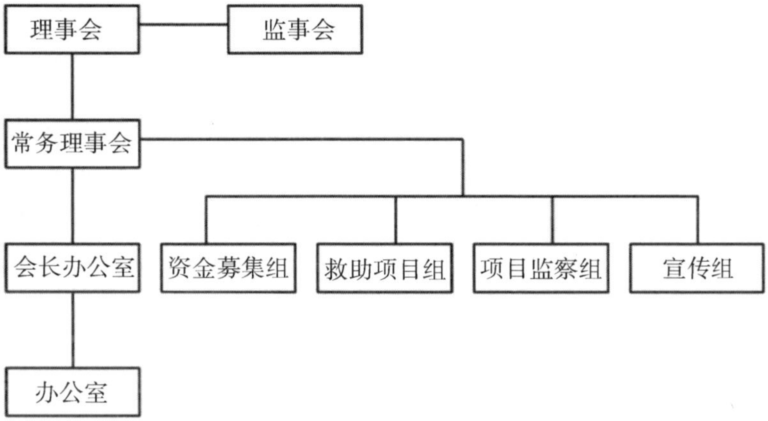

图 14-1　宝安区慈善会的组织架构

注：资料来源于深圳市宝安区慈善会。

的公益直播，通过多渠道的信息发布，营造浓厚的慈善氛围。

3. 制度规范

宝安区慈善会为推动其慈善工作的规范化建设，不断地建章立制、修订规章和完善工作机制。习近平总书记曾指出："相比过去，新时代改革开放具有许多新的内涵和特点，其中很重要的一点就是制度建设分量更重，改革更多面对的是深层次体制机制问题，对改革顶层设计的要求更高，对改革的系统性、整体性、协同性要求更强，相应地建章立制、构建体系的任务更重。"①

首先，首届宝安区慈善会在成立之初，建章立制，确定基本的制度安排。《宝安区慈善会章程》和《宝安区慈善会财务管理制度》规范了宝安区慈善会的基本运作；《关于资助户籍困难居民重大疾病医疗暂行办法》《关于资助劳务工重大疾病医疗暂行办法》《关于自然灾害和突发性重大事故救助暂行办法》《关于资助驻地困难官兵试行办法》是宝安区慈善会的最基本的四大救助办法。

① 习近平. 关于《中共中央关于坚持和完善中国特色社会主义制度推进国家治理体系和治理能力现代化若干重大问题的决定》的说明［N］. 人民日报，2019-11-6（4）.

其次，不断丰富宝安区慈善会的制度文件。在宝安区慈善会已有制度的基础上，宝安区又制定了《宝安区慈善会关于困难群众个案救助暂行办法》《宝安区慈善会关于先天性心脏病患儿医疗救助专项资金使用管理办法》《深圳市宝安区慈善会健康成长基金救助办法》等，扩大宝安区慈善会的救助对象。此外，还制定了《宝安区慈善会公益项目管理暂行办法》《宝安区慈善会志工管理办法》《深圳市宝安区慈善会冠名基金管理暂行办法》《宝安区慈善捐赠箱管理暂行办法》等管理办法，使宝安区慈善会的运作更加规范。此外，宝安区慈善会及时修订不合时宜的制度。比如，将原来资助办法中的病种范围要求由 12 种扩大到 16 种，覆盖更多的患病人群，并进一步提升了对户籍困难居民、驻地官兵等人群的救助标准。修订《宝安区慈善会专项资金管理暂行办法》，完善专项资金的使用以及退出机制，对存在的长期“僵尸”基金及时进行整改，激活资金的使用。

再次，宝安区慈善会发展到突破期，遇到的阻力也随之加大，越容易碰到深层次、牵一发而动全身的问题。因此，宝安区慈善会尝试寻求理论突破，在战略思考的基础上进行顶层设计和总体规划。以“宝安慈善论坛”为例，论坛邀请了学界的专家给区慈善会把脉问诊，对慈善会的定位、如何实现去行政化进行探讨，为宝安区慈善会的发展提供了理论支持。宝安区慈善会根据专家的意见进行制度设计。比如，中山大学周如南教授的《大数据视野下的慈善组织透明度与公信力研究》的主题发言，启发宝安区慈善会完善其信息公开机制和财务管理制度。中国人民大学魏娜教授的《合力慈善的动力机制》主题发言，让宝安区慈善会更加坚信“合力慈善”是慈善组织发展的核心机制，于是分别与宝安区五类百强企业联合会、宝安广电中心、宝安日报社、各街道商会、区义工联签订了推进公益慈善事业发展合作框架协议。

最后，宝安区慈善会善于利用制度的刚性保障活动的顺利开展。制度是对个体行为的结构性安排，即制度的存在使得个体行为和个体之间的互动不是随机出现，而呈现出特定的模式。制度可以让思维变成习惯，也可以使人们的行为变得有章可循。在慈善文化进校园的活动中，宝安区慈善会先于 2013 年在坪洲小学启动试点，再到翻身实验学校等 7 所公办小学进行试点，取得一定的成效后，将该活动写进《深圳市民政局、深圳市宝安区人民政府推进慈善事业创新发展合作框架协议》，从制度层面确定在宝安区中小学推广慈善文化进校园工程。由此可见，宝安区慈善会从小范围的自发探索开始，由点及面，及时总结实践中的好经验好做法，将成熟的经验和做法及时上升为规则和制度。又比如冠名基金，宝安区慈善会制定了冠名基金的管理办法，同时每个具体的冠名基金配套具体的资金管理办法，规范基金的使用范围和流程。管理办法要求慈善冠名基金成立实施资助后，资金量不能低于 20 万元（含 20 万元），低于 20 万元半年内没有补足的，慈善会会予以黄牌警告，否则基金就会汇入慈善会的资金池，或者退回给捐赠者。这就很好地保障了资金使用的效用。

综观宝安区慈善会 15 年的发展历程，他们正是以实践中存在的突出问题为突破口，不断解决一个又一个难题，而在此基础上的系统梳理和总结升华，又为制度设计奠定了基础；在制度设计的引领下，宝安区慈善会以更坚定的步伐向前推进。正是始终坚持“摸着石头过河”与制度设计相结合，宝安区慈善会的运作不断完善和发展。

（三）组织学习

在过去的慈善组织中，僵硬的管理模式和组织结构常常扼杀这种本能。保持思想先进和创新的根本在于学习。宝安区慈善会通过组织学习扩大或加强慈善项目或服务的提供。Ebrahim 概括了组织学习的 4 个基本步骤。

第一，信息获取和学习。宝安区慈善会在佛山市慈善会参访的过程中，了解到他们的公益慈善项目大赛。佛山市慈善会通过向社会征集公益项目并给予资金扶持，激发佛山民间公益的活力。宝安区慈善会在获取佛山市慈善会的知识和经验后，立足宝安区分析其面临的现状，一是宝安区慈善会人手不足，亟须撬动更多的公益组织提供服务；二是宝安区的公益组织的力量较为薄弱，需要借助项目大赛提升公益组织的能力。因此，宝安区慈善会又专门系统地学习了佛山市慈善会的经验。

第二，知识生产与运用。为了能顺利开展项目，宝安区慈善会开始选择可以承办公益慈善项目大赛的执行机构，经过一番筛选后选择深圳市社基会作为执行方。深圳市社基会在运营项目大赛方面积累了丰富的经验。宝安区公益组织能力普遍较弱的很大一部分原因在于缺乏专业化的培育机制和人才培养机制。因此，深圳市社基会提出宝安区需要借助公益创投提升公益组织的专业化水平。宝安区慈善会认可这一想法，随后双方很快采取行动，举办了第一届公益慈善项目大赛，试验公益创投的想法。

第三，形成规范。公益慈善项目目前已成为宝安区慈善会的常规化项目，每两年举办一届。目前，已经开展了4届公益慈善项目大赛，形成了一系列操作规范，其经验已成为每一届公益慈善项目大赛的指引。比如，宝安区慈善会与深圳市社基会的分工说明，前者负责定资金、定基调、定方向、促协调，后者负责项目遴选、协议签订、赋能建设、项目评估和验收等。深圳市社基会在公益项目的投后管理方面也形成一系列实施方案。

第四，产生新规范。在组织学习和知识生产过程中，组织会对行动绩效与既定目标的差距产生认知，并通过持续的学习活动来缩小绩效差距，甚至形成新的组织惯例或规则①。宝安区慈善会亦是如此，在项目运作的过程中，渐进试错、不断尝试和学习。第一届项目大赛的出发点是先将“公益项目大赛”办起来，但很多问题考虑不全面，比如未设置项目淘汰机制，项目申报的机构限定在宝安区等。所以，第二届提出打造规范化的“公益项目大赛”，完善项目大赛的运转机制、项目陪伴机制，并增加了“项目淘汰”机制，终止对未达标项目的资助。然而，宝安区慈善会发现宝安区缺乏品牌公益项目，因此，第三届项目大赛致力于培育出具有品牌影响力的公益项目，但运作过程中发现一年的培育周期太短，难以达到效果。于是，从第四届公益项目大赛开始，将培育周期改为两年。通过对项目提供两年持续性的资金、赋能支持，采用持续性、动态性的项目生命周期观察，使项目有长足的发展。尽管如此，宝安区慈善会仍然发现，资助周期一到，很多项目就解散，不利

① ARTHUR J B，AIMAN-SMITH L. Gainsharing and Organizational Learning：An Analysis of Employee Suggestions over Time［J］. Academy of Management Journal，2001（4）：737-754.

于实现打造品牌项目的目标。因此，宝安区慈善会提出“建设慈善空间”的举措，以实体化的方式将项目落地在宝安的土壤上，长期服务于宝安居民。

宝安区慈善会张洪华会长说：“学习是我们的重要内容，其一是外出考察，学习慈善组织的成熟经验和做法。我们宝安区慈善会先后两次去香港考察、两次去了广州和佛山，还去了杭州、宁波和北京等地考察。考察团成员不仅仅包括慈善会的工作团队，还有会长（副会长）和常务理事。其二是参加专业性的学习和培训，请行业内的专家给我们授课，或者是将成员送去外地培训。”总之，开展项目的最好途径就是建立学习型组织。通过学习他人先进的经验和知识促进宝安区慈善会自我超越，培养学习精神，改善员工的思维模式，从而宝安区慈善会成为一个有系统思考能力的生命有机体。

（四）社群参与

宝安慈善文化是宝安区慈善会与利益相关者共同构建的。一般而言，慈善文化形成路径主要是“自上而下”的过程，即慈善组织的领导者有意识地建立慈善文化价值观，并通过媒体宣传、举办慈善文化活动、打造慈善文化的象征物等途径将价值观传播出去，强化人们对慈善文化的认同。过程中，慈善组织高层管理者不仅决定了慈善文化图式[①]的内容，还运用自身占优势的正式权力和沟通渠道，对个人的意义建构过程施加影响，使他们所期望的图式成为集体认知和行动的导向。然而，“自上而下”的路径并非完美的，当领导者在没有事先征求关键行为者意见的情况下，赋予慈善文化以特定的内涵，组织想获得他人对慈善文化的认可和承诺就变得十分困难。因此，利益相关者的参与反馈对慈善文化的形成非常重要。如果将慈善文化宣传比喻成“讲故事”，那么讲故事的过程并不是“独白”，而是有意义的、真实的、双向的“对话”。在慈善文化建设过程中，关键

① 在组织文化中，“图式”指的是个体储存组织文化知识的“仓库”，它包括价值观、信念、不同情境下的合理行为、处理事情的传统方式、来自同伴和规则的压力、角色知识以及组织和子群体的明确特征等。在本书中，图式指的是个体形成的对慈善文化的价值观、信念、合法行为等。

利益相关者扮演受人尊敬、积极参与者的角色，而不是降级为“旁观者”。因此，宝安区慈善会让理事会、员工、志愿者、捐赠者、受助者等关键利益相关者参与慈善文化的建设。

社群参与有利于加速个人对慈善文化的意义建构过程，即个人试图对来自其周边环境的一组信号作出说明和解释的社会建构过程。在慈善文化的构建过程中，譬如标语、人物、歌曲、公益项目大赛、新闻等，都会促使参与者根据记忆中的原有知识进行相应的思维或行动反应。个体有意或无意地判断慈善领域发生的问题和事件对自我的意义。当他们接触更多的共同社会线索时，通常是关于他人对慈善事业的解释，能促进相似图式的形成。宝安区慈善会宣传的慈善典范、领导者的信念和价值观以及慈善文化系列活动等都在传递其期望的意义建构方式，并不断激励着关键利益相关者形成相似的图式。在同一时间和空间内成员之间的沟通和交流有助于共享图式的形成，最终形成共同的心理体验和行为模式。随着时间的累积，关键利益相关者逐渐表现出更多的与慈善文化所倡导的价值观相一致的行为，自动化、无意识地加工就会慢慢出现，形成慈善文化的烙印。因此，社群参与不仅增加了他们对慈善文化的理解，帮助其将慈善文化与自己的行为相联系，还可以不断地对慈善文化价值观的内涵赋予新的含义。

此外，社群参与使得利益相关者转变成慈善文化构建的主体。社群参与有利于使慈善组织的使命得到关键行为者的认同，从而促进慈善组织外部成员与内部成员建立共识和共同的愿景。当关键利益相关者认同慈善文化所倡导的价值观时，他们会通过沟通交流将自己的理解传递给更广泛的他人。综观宝安区慈善会的所有慈善文化活动，宝安区慈善会并非仅凭一己之力来实现目标，而是需要寻求外部支持。慈善会扮演的很重要的角色是将关键利益相关者转变成慈善文化构建的主体，促使他们利用形式多样的资源，将慈善文化的思想传播出去。比如，在打造学生近视防控公益项目“爱眼空间”的项目中，宝安区慈善会动员了宝安区教育局、宝安区学校、南方医科大学深圳医院等力量，不仅将他们对于慈善文化的意见和建议融入项目中，以保证项目的高质量，同时还需要依托他们的力量形成合力才能将项目开展下去。因此，在慈善文化构建中，宝安区慈善会极其注重社群参与，保持与关键利益相关者的沟通与交流。

三、组织的公信力

纯粹以利益驱动的企业在经营的道路上快速奔驰，却也导致了一系列的市场失灵，比如市场垄断、环境污染、公共物品供给不足等。契约失灵理论认为，信息不对称将导致生产者和消费者之间出现契约失灵，生产者极易产生坑害消费者的机会主义行为。因此，在消费者无法判断商品或服务的价值时，他们更有可能相信一个具有利他动机而非利己动机的“卖家”，即非营利组织。它们在提供产品和服务时不会利用“信息不对称”的优势获取利润。因此，非营利组织在提供这些服务时具有天然的优势，因为公开性、透明度和问责制的价值被深深地嵌入非营利组织中。

宝安区慈善会一直强调：“公信力是宝安区慈善会的生命所在。”互联网社交媒体的发展使信息的传播更加快速和多元。在这种情况下，捐赠者越来越看重慈善项目执行的透明度、慈善组织是否将钱花在刀刃上、慈善组织是否按照他们的意愿使用赠款，以及这些善款产生的直接影响。一个缺乏透明度的慈善组织极易引起公众的怀疑，甚至损害组织形象。因此，从某种角度上看，慈善组织运营“信用”这种特殊的无形资产来获取资金，因而慈善组织的公信力也更为直接地影响到了组织的生存与发展①。正如美国卡耐基基金会前主席卢塞尔所说，“慈善事业要有玻璃做的口袋”，表达了慈善越公开透明，就越有吸引力和凝聚力。

公信力主要与组织制度建设的完备程度有关，涉及慈善组织的财务审

① 郭大林．我国慈善组织管理能力提升的障碍与突破［J］．天津大学学报（社会科学版），2015，17（2）：6.

计、信息公开、绩效评估与监督管理等方面①。宝安区慈善会通过以下几个方面提高其公信力：一是宝安区慈善会的慈善资金实行封闭式管理。宝安区慈善会的运作经费由宝安区民政局拨款，筹集到的慈善资金以及慈善资金产生的利息全部用于慈善事业。二是定期向社会公开慈善金收支情况。通过微信公众号、慈善会网站、报纸等媒介，公开刊登其财务信息，接受社会监督。市民可通过慈善会的这些媒介查询每一笔慈善金的使用情况。三是进行第三方审计，确保善款合法合规地使用。宝安区慈善会聘请第三方审计机构，对慈善金的收支情况进行审计。四是坚持定期向慈善监事会报告工作。每季度定期召开区慈善会监事会工作会议，由秘书长向监事报告每季度慈善资金收支情况，听取并吸收监事会的意见和建议，完善资金的管理和使用。监事会的监督工作一方面是规范慈善工作运作的重要环节，监督越到位，越能使宝安区慈善会的工作有序发展；另一方面监事会为慈善会提出完善其财务运作的意见和建议，比如根据监事会的意见逐步解决了“僵尸”资金问题，激活了慈善资金的使用等。

信息网络和新媒体加速了信息的自由流通，慈善市场的竞争也随之加大。在一个相对公平和开放的慈善市场中，官办慈善组织垄断捐赠资源的格局逐渐被打破，吸引公众和企业捐赠的直接标准是“透明度”。因此，在“新媒体赋权”的影响下，人们有着平等的权利和机会参与慈善资源的分配，而赢家必定是那些公信力强、效率高并且追上技术革命步伐的公益慈善组织。可以说，移动互联网和新媒体技术带来的传播革命，满足了公益捐赠透明性、可选择性和快捷性的需求，正在悄然地改变着中国公益界的捐赠格局②。宝安区慈善会的较高的透明度和较强的公信力吸引了更多宝安人的捐赠。

---

① 郭大林．我国慈善组织管理能力提升的障碍与突破［J］．天津大学学报（社会科学版），2015，17（2）：6.

② 高静华．新媒体慈善之意义与困境［J］．河北大学学报，（哲学社会科学版），2018，43（4）：7.

四、组织的社会网络

从理论上看，慈善组织可以按照两种不同的制度逻辑建立社会网络，即对立逻辑和合作逻辑。但考虑到对立逻辑指的是在政府之外进行的联盟，很有可能挑战政府的立场，国内慈善组织往往遵循合作逻辑，这种社会网络不仅与政府建立密切、信任的关系，还与其他利益主体保持紧密的互动。宝安区慈善会遵循的亦是合作逻辑。

宝安区慈善会张洪华会长说："我们就两个退休老人，带着 5 个小伙伴，光靠我们这 7 个人，是没办法把整个宝安慈善事业盘活的。我们想到了一招，用'合力慈善'这么个概念，把相关的利益主体都凝聚起来。"因此，宝安区慈善会分别与宝安区五类百强企业联合会、宝安广电中心、宝安日报社、各街道商会、区义工联签订了推进公益慈善事业发展合作框架协议，将利益相关主体凝聚在一起形成合力。合作框架协议明确了百强企业联合会、媒体、街道商会、区义工联在慈善事业方面的责任。宝安区慈善会与产值百强、增加值百强、纳税百强、出口百强、创新百强五类百强企业联合会签订协议，使其触角向大型企业延伸，动员百强企业联合会参与慈善事业。与宝安区内的两家媒体（宝安广电中心和宝安日报社）签订合作协议，促使媒体有责任和义务主动宣传慈善文化、慈善事迹、慈善人物，从而营造良好的慈善氛围。与 10 个街道商会签订协议，借助街道商会的力量引领宝安区内的中小企业参与慈善事业，比如街道商会将慈善活动的报道和宣传分享其会员群或公众号，向企业家发布捐赠倡议书，秘书长走访企业时向企业普及慈善文化等。与宝安区义工联签订协议，链接上义工联 58 万的义工队伍，借助义工联的驿站宣传慈善文化。

在调研过程中，发现宝安区慈善会与宝安两家媒体、街道商会（工商联）和宝安义工联建立了紧密联系。鉴于前文已阐述了宝安区慈善会与宝安媒体的合作，接下来本部分将重点阐述其如何与街道商会、宝安区义工联开展合作。

宝安区慈善会经过近 15 年的发展在宝安区十大街道商会（工商联）

和宝安企业家中形成了很强的公信力和影响力。宝安区慈善会主要通过以下4个策略凝聚街道商会和企业家的力量。

第一，宝安区慈善会在年初邀请理事和区领导到宝安区慈善会开理事大会。理事大会主要是回顾上年工作开展情况，制订年度工作计划。召开会议之前，区慈善会提前询问与会人员的行程安排，协调出一个绝大多数成员都能参加的时间，而不是以行政命令的方式直接通知理事开会。由于宝安区慈善会的多数理事、副会长是人大代表或政协委员，因此，区慈善会尽可能避开人大代表会议或政治协商会议的时间。宝安区领导在会议上给予慈善会工作的肯定和方向性的指导，又极大地激发了会员单位、理事参与慈善的热情。

第二，宝安区慈善会在年中率队走访街道并开座谈会。街道辖区内的会员单位、理事和会员都很积极地参加会议。在座谈会上，宝安区慈善会工作人员向副会长、常务理事、理事会、会员等人汇报上半年工作开展情况、慈善资金的来源和使用，以及下半年重要推进的工作。同时，宝安区慈善会听取会员和理事的意见和建议，加强彼此对慈善工作的交流，改进慈善工作的不足。譬如，2021年7月8日下午，宝安区慈善会在航城街道开座谈会，航城街道辖区的会员单位和理事积极参加会议。张洪华会长着重介绍了区慈善会2021年上半年在日常慈善救助、节日慰问、推进公益慈善项目大赛、开展“与爱同行慈善微跑”活动、启动关爱青少年眼健康项目、打造慈善空间、慈善学习交流等方面开展的慈善工作。航城街道工商联（商会）的黄耀文会长从善款募集、支援抗疫、关爱慰问等方面向与会人员介绍了航城街道工商联上半年开展的慈善工作。

第三，宝安区慈善会每次开展慈善活动时都会邀请副会长参加，提升他们的参与感和认同感。比如宝安区第二届公益慈善项目大赛增加了爱心企业家现场认领爱心项目的环节，13个入选的项目中有7个项目被企业家现场认领，并给予项目资助。宝安区慈善会邀请捐赠的企业家共同参与区内困难群众的走访和慰问。恒爱·善行基金由深圳润恒房地产开发集团捐资成立，主要用于关爱和帮助低保家庭老人、失独老人、五保户老人、孤寡老人。宝安区慈善会在开展关爱老人活动时，会定期邀请润恒集体企业代表一起去敬老院看望老人，让企业感受到他们成立的基金切实帮助了有需要的群体。

第四，宝安区慈善会与街道商会系统的人员交叉，扩大了区慈善会的执行网络。宝安区慈善会作为官办慈善组织，充分吸纳10个街道商会的会长担任区慈善会的副会长。一方面，副会长具有较为雄厚的经济实力，他们向区慈善会捐赠了不少资金；另一方面，街道商会具有较为强大的筹款能力，企业家除了以个人或者企业名义捐款外，往往也会通过商会平台来进行捐赠。因此，这种制度设计帮助区慈善会获取更多的资源。为了加强与街道商会的紧密联系，宝安区慈善会组织街道商会的人员和企业家外出考察和学习。以北京大学的研修班为例，2019年11月，区慈善会带领街道商会人员共20余人赴北京大学参加高级研修班。研修班先分别到阿拉善SEE基金会、中国慈善联合会进行交流学习，接着在北京大学政府管理学院开班，就《以习近平新时代中国特色社会主义思想为指导，持续推进社会组织党建工作》《企业战略社会责任》《慈善信托理论与实务》《社会企业与社会服务创新》《影响力投资理论与实战》等主题进行专题讲解，并开展社会组织党建系列学习。另外，慈善会邀请了很多的慈善组织领域的专家学者来讲课和指导。

同样，宝安区慈善会也与宝安区义工联建立了密切的合作关系。宝安区义工联起步较早，为宝安区慈善事业的发展和慈善氛围的营造奠定了坚实基础。区义工联成立于1995年，由共青团宝安区委发起，主管单位是共青团深圳市宝安区委员会。成立之初，宝安区义工队伍仅有18人，主要工作是接听热线电话，后期将服务延伸到扶贫济困、助学助教、陪护病患、关爱儿童、交通疏导等。早在2006年，宝安区义工联就荣获团中央和中国青年志愿者协会授予“中国百个优秀青年志愿服务集体”称号。截至2020年12月，宝安义工联从最初的18人发展到注册义工58万人。全区建有街道义工联（服务中心）10个，志愿服务U站53座，城市志愿服务U站8座，专业化特色志愿服务U站42座。宝安区义工联向社会传播一种真善美，在宝安区形成了良好的公益氛围。这使得宝安区慈善会再去推动慈善文化构建的活动就容易很多。宝安区慈善会办公室刘曦光主任说：“在宝安区慈善会刚成立之时，义工联就已经有将近20万的义工，并已经在基层将爱的种子播撒出去了。他们是营造慈善氛围的重要帮手。”

宝安区慈善文化的建设离不开宝安区义工联的参与和支持。前任秘书长刘国玲女士说道：“义工联拥有庞大的志愿者，在很多社区之中设有U站，宝安区慈善会借助义工团队的力量集中去进行慈善宣传，可能会起到不错的效果。”在实践中亦是如此，宝安区慈善会举办的许多活动都能看到宝安义工联的身影。以宝安慈善宣传周活动为例，2016年，受深圳社工宣传周活动的启发，宝安区慈善会会长认为可以尝试开展慈善宣传周，用一周的时间集中向市民进行慈善相关宣传。因此，宝安区慈善会联合宝安区义工联正式开设宝安慈善宣传周活动。在宝安区体育馆U站的启动仪式上，张洪华会长表示：“宝安区慈善事业的发展离不开宝安区义工联的参与和支持，在许多慈善活动中都能看到宝安义工的身影，宝安义工与宝安慈善事业密不可分。”

慈善是一种具有广泛群众性的道德实践。在慈善宣传周期间，宝安义工将立足各U站阵地讲解慈善知识，宣传《中华人民共和国慈善法》内容，同时为有需要的居民提供帮助，以实际行动带动更多的市民参与慈善事业，推动“全民慈善、人人公益”目标的实现，在宝安区营造出认识慈善、追求慈善、参与慈善的浓厚氛围。“人人参与慈善”的“道德积累”有助于提高个人和组织的社会责任感及公众形象，以及增强社会凝聚力和向心力。慈善会与义工联在活动期间通过在宝安区各网站、各街道、各社区宣传、发放慈善会救助办法手册，在全区多条线路的公交车上绘制宣传“十大慈善之语”，在黄金时间滚动播放慈善捐款名单，以及开展义工表演进社区等丰富多彩的活动形式，让市民可以多渠道了解慈善的相关知识，认识慈善的力量。除了动员义工联众多义工参与慈善宣传周的各项宣传活动外，慈善会还面向社会招募志愿者，在这些志愿者中不乏社区的民政员。前任秘书长说：“像是帮扶那些贫困家庭和低保户的工作，在我们的社区中有专门的民政员负责，他们具有丰富的工作经验和良好的群众基础，我们也将他们招募成为我们慈善宣传周的志愿者。这样一来，我们一方面联合义工联启动义工优势，另一方面我们也自己招募志愿者，将他们联合起来，发挥各自的优势和力量，共同去开展慈善宣传，从而让我们的市民能够了解、关注、参与慈善事业。”总之，宝安义工与宝安慈善事业密不可分，宝安区慈善事业的发展需要宝安义工联与宝安区慈善会的共同努力。

第十五章　环境动力视角

物由道而生，由德而育，由已有之物而受形，由环境之情势而铸成。万物形成和发展还要受到周围环境的培养和限制。慈善文化不是独立存在的，而是受经济环境、社会环境和文化环境的塑造。大多数慈善组织受外部环境的影响形成一些关键的价值观，这些价值观影响慈善文化的构建。此外，一个组织是否能有效地弘扬慈善文化也取决于外界环境是否成熟。因此，需要将慈善文化置于特定区域和历史之中来考察。本章首先将从国家层面梳理慈善文化的政策环境，再分析深圳市宝安区的外部环境如何支持宝安区慈善会的文化建设。

一、慈善文化的政策环境

习近平总书记在其系列重要讲话中强调了弘扬和传播慈善文化对慈善事业的促进作用，倡导人们用道德的尺度丈量人生，用慈善的温度惠及民生。2002 年 8 月 22 日，时任福建省省长的习近平同志在福建省慈善总会第一次代表大会上提出“要在加强公民道德建设的同时，普及慈善意识，传播慈善文化，弘扬优良传统美德”①。2007 年 1 月 17 日，习近平在浙江日报《之江新语》栏目发表的《在慈善中积累道德》一文中指出，树立慈善意识、参与慈善活动、发展慈善事业，是一种具有广泛群众性的道德实践②。同时，他对浙江的企业家提出了殷切期望，倡导企业家要秉持“兼济天下”的精神，积极主动地加入慈善事业中来，以实际行动承担社会责任、弘扬善行，提升自己的人生价值和社会价值。慈善文化的传播教化不

① 李淑国．习近平：要开展多种形式的社会救助发展慈善事业［EB/OL］．(2002-08-23)［2022-10-22］．https：//www. chinanews. com/2002-08-23/26/214780. html.

② 王银春．慈善实践与新时代道德建设［N］．光明日报，2018-06-18.

仅需要“活动”的推动，更需要“制度”的保证。国家政策代表了国家对慈善文化建设的态度，以及以权威形式指出了慈善文化构建的发展方向、遵循的行动原则、实行的工作方式、采取的具体措施等。本章以“慈善文化”为关键词在“北大法宝”进行检索，经过过滤后发现截至2021年5月与慈善文化相关的中央政策文件共30份。

（一）慈善文化政策的时间分布

国家层面出台的30份政策的发布时间分布如图15-1所示，时间跨度为2008—2020年。

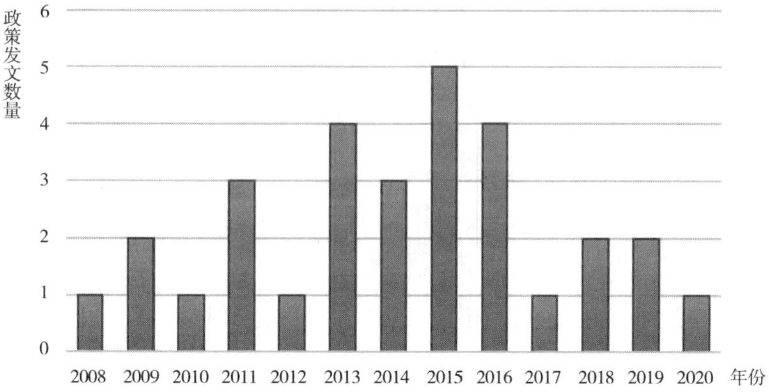

图15-1　2008—2020年国家层面关于慈善文化的政策发文数量

注：数据为笔者根据历年政策发文数量统计而成。

本章将政策文本按照法律、条例、规定、意见、通知、决定、公告等进行归类，梳理有效样本30份，其中26份文件为部门规范性文件。时间跨度为2008—2020年。在12年的慈善文化的政策发展中，2008年、2011年、2014年、2016年是重要年度节点。2008年以前，国家层面的政策未出现“慈善文化”一词，直到2008年《民政部关于印发2008年工作要点的通知》才首次提及“慈善文化”，并提出以宣传教育为手段完善慈善事业的社会动员机制。譬如，大力倡导现代慈善理念，宣传和表彰从事慈善事业的典型事迹和模范人物，在社会上形成和谐向善的良好氛围。

2009—2011 年，我国陆续出台的关于慈善事业的政策基本上都涉及了慈善文化。2009 年，《民政部办公厅关于加强指导和规范管理基层慈善活动的通知》首次提出，推动慈善进机关、进学校、进社区、进企业、进基层，广泛调动社会各界参与慈善事业的积极性、主动性和创造性，动员更多的社会资源流向慈善事业。同年，新社会组织学习实践活动启动，广东省慈善总会党支部在其深入学习实践科学发展观活动分析检查报告中，回顾了其在慈善宣传工作中取得的新成绩。该会重视与广大媒体的合作，采取群众喜闻乐见的多种形式，宣传慈善理念，传播慈善文化，树立了慈善典范，进一步营造了“我慈善、我快乐”的良好的慈善氛围，比如，与广东电视台合作拍摄并播出了 112 集慈善系列纪录片《活着》及《我的中国心》；与广东电视台、羊城晚报报业集团等单位联合举办了首届广东十大慈善人物评选活动；以省慈善总会名义表彰了 304 个在抗震救灾社会捐赠活动中表现突出的先进单位和个人。

2011 年，民政部发布了《中国慈善事业发展指导纲要（2011—2015 年）》，指出慈善事业发展的重点任务之一是“加强慈善文化建设”。同年，《民政部关于印发 2011 年民政工作要点的通知》明确提出，推动设立“全国慈善日”，加大慈善文化的宣传力度是民政部门的工作要点。2011—2014 年，我国慈善理论研究与宣传普及工作进一步加强，形成了专门的慈善研究机构和研究队伍。各地创建了形式多样的慈善日、慈善活动周等活动，加大慈善宣传力度，提升慈善的社会影响与社会参与度。

2014 年 11 月 24 日，国务院印发《关于促进慈善事业健康发展的指导意见》，以中央政府名义首次颁发专门规范慈善事业的文件。该意见强调要加大对慈善工作的宣传力度，提出要着力推动慈善文化进机关、进企业、进学校、进社区、进乡村，弘扬中华民族团结友爱、互助共济的传统美德，为慈善事业发展营造良好社会氛围。2014—2016 年，民政部以促进慈善文化进企业的政策进一步丰富，同时也积极发挥新闻媒体作用做好慈善事业宣传工作。2016 年颁布的《中华人民共和国慈善法》在第八十八条提出，国家采取措施弘扬慈善文化，培育公民慈善意识。学校等教育机构应当将慈善文化纳入教育教学内容。国家鼓励高等学校培养慈善专业人才，支持高等学校和科研机构开展慈善理论研究。广播、电视、报刊、互联网等媒体应当积极开展慈善公益宣传活动，普及慈善知识，传播慈善文化。该法成为全面建设慈善文化的强力支撑，此后国家更加注重慈善文化的建设。

（二）慈善文化政策类型及制定部门

对慈善文化政策类型进行统计，得出政策类型分布情况，如图 15-2 所示，2008—2020 年，国家层面出台的各类慈善文化政策文件最多的是通知，其次是意见。这类政策多是对具体开展慈善文化活动的通知，以及慈善事业发展的指导意见和规划。相比之下，以法律、办法、公告、协议等名称出现的政策文本则相对较少，甚至没有。"办法"和"决定"的政策都与"中华慈善奖"有关，"办法"是指"中华慈善奖"评选表彰办法，"决定"是表彰获奖者。而公告则关于慈善事业创新和发展理论研究部级课题立项，"协议"指的是民政部和安徽省人民政府签订的《共同推进皖江城市带承接产业转移示范区民政事业改革发展协议》，其中提到"发展慈善文化，合理设计慈善项目，创新项目实施方式，推动慈善活动的规范化、常态化"。发文机构主要以民政部或民政部联合其他部门共同发文，数量达 23 部。

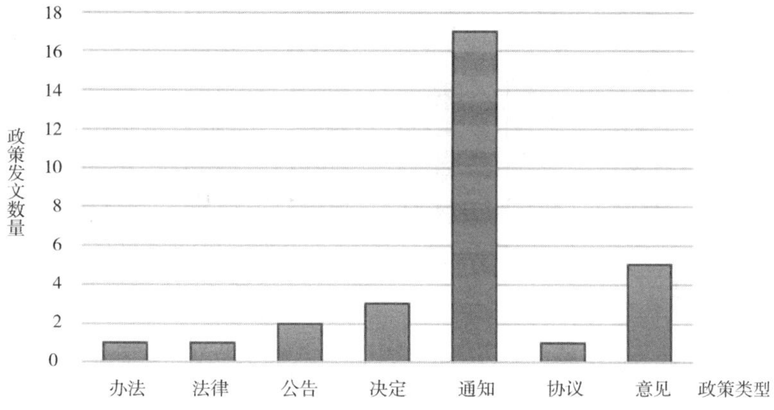

图 15-2　2008—2020 年国家层面关于慈善文化的政策类型统计

（三）政策工具的使用

本书借鉴李科利和梁丽芝对政策工具的界定，将政策工具分为：象征与劝诫工具、学习工具、激励工具、自愿性工具、能力建设工具、权威工具（如图 15-3 所示）。象征与劝诫工具指的是通过价值倡导、价值整合、价值同化等策略劝诫目标群体按照政府意愿行动。学习工具则是让目标群体通过主动学习提升解决问题的能力。激励工具主要通过奖励或惩罚诱导目标群体采取行动。自愿性工具倡导目标群体（如个人、家庭、社会组织或市场）在自愿的基础上解决社会问题。能力建设工具是指提供信息、资源给目标群体，并通过教育和培训给目标群体赋能。权威工具则采用法律和管制等强制性方式来达到政策目标。对于政策工具类型来说，使用最多的是象征与劝诫工具和学习工具，分别占比 23.5%和 19.8%，其次是激励工具、自愿性工具、能力建设工具，分别占 18.1%、16%、13.6%。政府在慈善文化方面较少使用权威工具，占比不到 1%。

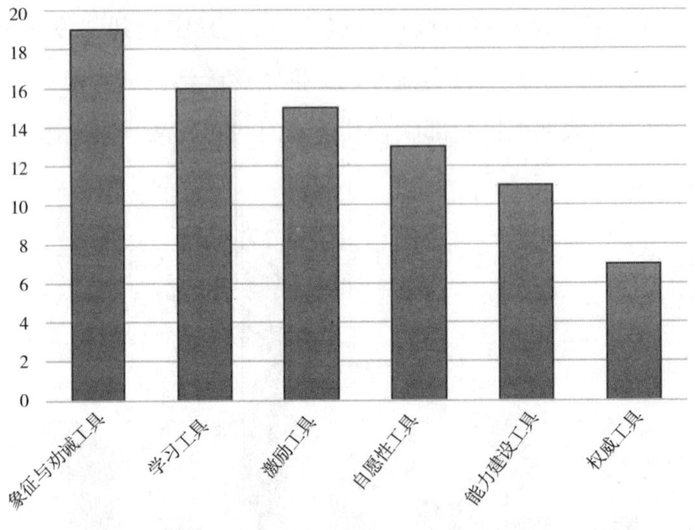

图 15-3　2008—2020 年国家层面关于慈善文化的政策工具的使用情况

国家层面关于慈善文化的政策文本和政策工具的内容见表 15-1、表 15-2。

表 15-1　国家层面关于慈善文化的政策文本

类型	政策文本	政策名称
象征工具	广播、电视、报刊、互联网等媒体应当积极开展慈善公益宣传活动，普及慈善知识，传播慈善文化	《中华人民共和国慈善法》
	加大对慈善工作的宣传力度。要充分利用报刊、广播、电视等媒体和互联网，以群众喜闻乐见的方式，大力宣传各类慈行善举和正面典型，以及慈善事业在服务困难群众，促进社会文明进步等方面的积极贡献，引导社会公众关心慈善、支持慈善、参与慈善	《国务院关于促进慈善事业健康发展的指导意见》
	广泛宣传在慈善领域作出突出贡献的正面慈善典型，宣传先进慈善人物无私奉献的慈心善举、爱心企业回报社会的良好形象、优秀慈善组织规范透明的管理经验、品牌慈善项目的突出社会效果、优秀慈善工作者的奉献与敬业精神	《关于积极发挥新闻媒体作用做好慈善事业宣传工作的通知》
学习工具	学校等教育机构应当将慈善文化纳入教育教学内容。国家鼓励高等学校培养慈善专业人才，支持高等学校和科研机构开展慈善理论研究	《中华人民共和国慈善法》
	要着力推动慈善文化进机关、进企业、进学校、进社区、进乡村，弘扬中华民族团结友爱、互助共济的传统美德，为慈善事业发展营造良好社会氛围	《国务院关于促进慈善事业健康发展的指导意见》
	加强慈善信息系统建设。完善资源共享机制，提高慈善活动的公开性、透明度和公信力	《民政部、安徽省人民政府共同推进皖江城市带承接产业转移示范区民政事业改革发展协议》

续表

类型	政策文本	政策名称
激励工具	全国妇联、中国儿童少年基金会决定，对30年来为中国儿童慈善事业作出突出贡献的单位和个人予以表彰	《全国妇联、中国儿童少年基金会关于授予中国人民解放军空军、日照钢铁集团公司等129个单位和翟美卿等121名个人“中国儿童慈善奖”的决定》
	通过购买服务、以奖代补等方式对相关新闻媒体给予支持	《关于积极发挥新闻媒体作用做好慈善事业宣传工作的通知》
	为公益慈善事业作出突出贡献的民营企业提供便利和优惠条件	《关于鼓励支持民营企业积极投身公益慈善事业的意见》
自愿工具	保护慈善组织、捐赠人、志愿者、受益人等慈善活动参与者的合法权益	《中华人民共和国慈善法》
	鼓励新闻媒体充分利用各种资源，积极帮助有需求的困难群众与爱心人士、爱心企业，慈善组织之间搭建资源对接平台，实现难者有所助、助者有所施	《关于积极发挥新闻媒体作用做好慈善事业宣传工作的通知》
能力建设工具	挖掘和保护乡土文化资源，建设新乡贤文化，培育和扶持乡村文化骨干	《中共中央办公厅、国务院办公厅印发关于实施中华优秀传统文化传承发展工程的意见》
	深入解读党和国家重视与支持慈善事业发展的政策法规，宣传报道税收优惠、购买服务等促进慈善事业发展的政策措施，为社会公众和慈善组织了解和参与慈善事业提供指引和帮助	《关于积极发挥新闻媒体作用做好慈善事业宣传工作的通知》
	鼓励中央企业采取冠名、资助等协作方式，支持学术研究机构、慈善组织等开展慈善理论研究和慈善文化宣传	《关于支持中央企业积极投身公益慈善事业的意见》
权威工具	各级民政、网信、新闻出版广电部门要切实发挥组织、协调、指导作用，把发挥新闻媒体做好慈善宣传工作的各项任务落到实处	《关于积极发挥新闻媒体作用做好慈善事业宣传工作的通知》

表 15-2　国家层面关于慈善文化政策工具的内容

政策工具	政策主题	子项目
象征与劝诫工具	媒体开展公益宣传	新闻报道、制作刊播慈善公益广告、开设慈善公益节目或专栏、联合开展慈善表彰活动、加强社会互动
	开展慈善活动	全国慈善日、宗教慈善周、社会组织嘉年华、慈善周
	国家级的慈善行业盛会	中国慈善项目交流展示会
	国家级慈善专题博物馆	南通中华慈善博物馆
学习工具	政府学习慈善知识	学习慈善法、继承和发扬中国优秀传统慈善文化、吸收国际先进的慈善理念和管理方式、认真研究基层慈善活动、了解民营企业参与慈善过程中遇到的问题
	慈善文化进机关、企业、学校、社区、乡村	慈善文化进企业； 慈善文化进校园； 青少年文化教育
激励工具	提供政策优惠和便利	注重表彰中央企业、民营企业的慈善典型； 政府采购、土地供应、设施配套、企业服务等向对慈善事业作出突出贡献的企业提供便利； 健全慈善税收优惠政策激励机制和落实免税优惠政策；通过购买服务、以奖代补等方式对相关新闻媒体给予支持
	表彰为慈善事业作出贡献的单位和个人	设置专门奖项，“中华慈善奖”“中国儿童慈善奖”； 直接表彰人物事迹，予以证书或物质奖励；
自愿性工具	社会各界积极参与慈善事业	保持慈善活动参与者的合法权益； 通过象征与劝城工具调动社会各方力量参与慈善事业的积极性、主动性、创造性； 通过激励机制来动员社会各界的广泛参与

续表

政策工具	政策主题	子项目
能力建设工具	人才培养	加快慈善专业人才的培养； 推动慈善从业人员的职业培训工作； 支持志愿者队伍建设； 培育和扶持乡村文化骨干
	慈善研究	支持慈善事业创新和发展理论的研究课题； 鼓励企业支持慈善理论研究和慈善文化宣传； 将慈善文化纳入教学内容，支持高校/科研机构开展研究； 加强学科建设，制订慈善教育计划；打造跨界交流和研讨空间
	社会组织能力建设	媒体提供政策指引； 政府部门加强社会组织的能力建设； 加强慈善信息系统建设
	其他	为企业参与慈善提供政策解读、业务培训； 引导企业编制年度公益慈善报告
权威工具	信息发布	告知下级部门落实具体工作
	慈善监督	保证慈善事业运作的规范性，提高公信力

1. 象征与劝诫工具

象征与劝诫工具是政府使用最为频繁的政策工具，其主要目的是普及慈善知识，传播慈善文化，让慈善文化深入人心。

一是充分利用广播、电视、报刊、互联网等媒体以群众喜闻乐见的方式开展公益宣传活动，具体的形式有新闻报道、制作刊播慈善公益广告、开设慈善公益节目或专栏、联合开展慈善表彰活动、加强社会互动。宣传的内容涉及在慈善领域作出突出贡献的正面慈善典型，比如中央企业、民营企业回报社会的良好形象；从事慈善的典型事迹和模范人物；优秀慈善组织的管理经验；品牌慈善项目的突出社会效果；慈善事业对建设和谐社会和实现共同富裕的作用；弘扬和传播传统文化和精神，如孝敬文化、慈善文化、诚信文化、雷锋的志愿精神等。

二是开展形式多样的慈善活动和慈善项目，比如慈善日、社会组织嘉年华、宗教慈善周等。《中华人民共和国慈善法》将每年的9月5日定为“中华慈善日”有助于形成“全民慈善”的局面。仁者爱人、乐善好施等中华民族传统美德中蕴含着丰富的慈善精神。正如周秋光教授所说：“慈善日的目的不是让大家捐多少钱，而是回顾中华千百年来的慈善文化，通过对慈善法和慈善事业的宣扬，引发更多人对慈善事业的共鸣。”同时，各个地方还自主性地开展了社会组织嘉年华、慈善周等活动，凝聚热心公益、促进社会组织与公众的互动，增加了社会公众对社会组织的认知和了解。此外，为了提升宗教界的慈善意识，强化慈善理念，国家宗教事务局于2015年开展“宗教慈善周”，调动宗教界参与公益慈善活动的积极性和自觉性。“99公益日”是互联网公益鲜活的典范，利用互联网和科技向善的能力，唤起社会各界关心和参与公益的热情。

三是举办国家级的慈善行业盛会。中国慈善项目交流展示会（以下简称中国慈展会）秉承着“用心做慈善，众人拾柴火焰高”的理念，作为资源对接服务、慈善文化交流传播、生态协作共创平台，开辟了一条开放共享、合作共赢的慈善发展新路径。2012年首次举办，至今已连续举办8年了，展会吸引了9747家机构参展，推介了33055个品牌公益项目，对接项目2390个，对接金额达664亿元，举办各类公益慈善活动1500多场，近130多万人光顾展会，有712家媒体，3309名记者参与报道，发表稿件31786篇。中国慈展会是一个展示我国慈善事业发展成果、催生现代慈善理念、促进慈善资源对接的重要平台。

四是建立国家级慈善专题博物馆。中华慈善博物馆是经国务院办公厅批准冠名的国家级慈善专题博物馆，于2016年9月1日正式开馆。该博物馆由民政部和江苏省政府合力推进，南通市负责具体承建事宜。该馆位于近代著名慈善家张謇先生创办的大生纱厂旧址。馆内建筑面积约16000平方米，总投资约1.9亿元。慈善博物馆的建立同样是一个加强慈善文化建设的重要举措。博物馆收集展示一批具有史料价值的珍贵资料，全面、系统地反映中华民族慈善文化传统的变迁和当代中国慈善事业的发展历程。中华慈善博物馆恪守“祈通古今、以宏慈善”使命，将其打造为一个集中华慈善文化的展示、教育和研究为一体的平台，为促进中华慈善事业的发展添砖加瓦。

2. 学习工具

在慈善文化领域采用学习工具的主要目的是促进目标群体学习慈善文化的知识。

一是政府自身需要学习慈善的知识。各级相关政府部门采取教学、研讨、座谈等多种方式深入学习《中华人民共和国慈善法》；继承和弘扬中国优秀传统慈善文化，吸收国际先进的慈善理念和管理方式，构建与社会主义核心价值观体系相统一，与人道主义精神、现代财富观、社会责任感等相融合的现代慈善文化；认真研究和总结当地基层慈善活动的形式、方法和经验，有效和积极支持基层活动的开展；通过调研、座谈等方式，及时听取民营企业关于发展公益慈善事业的意见建议，主动研究解决民营企业在相关工作中遇到的困难和问题。

二是促进慈善文化进机关、企业、学校、社区、乡村。《民政部办公厅关于加强指导和规范管理基层慈善活动的通知》《国务院关于促进慈善事业健康发展的指导意见》《中国慈善事业发展指导纲要（2011—2015年）》三个政策文件都提及慈善文化进机关、进企业、进学校、进社区、进基层。这些组织需要学习慈善文化的精神。比如，以“平等、互助、博爱、共享”为核心内容的现代慈善理念和以“义利兼顾、以义为先”的光彩理念融入企业文化。中华慈善总会编印了《慈善读本》，并在全国各地开展慈善文化进校园活动。广东省深圳市宝安区于2011年开始慈善文化进校园活动，经过7年多的探索和实践，实现了全区139所中小学慈善文化进校园全覆盖。同时，注重青少年的传统文化教育。一方面举办以中华文化为主题的诵读和交流活动，另一方面挖掘和整理家训、家书文化，开展文明家庭创建活动，用优良的家风教育青少年。

3. 激励工具

政府较频繁地使用激励工具激发民众参与慈善事业的热情，营造良好的慈善氛围。在具体的使用过程中更多强调的是奖励，而不是惩罚，其具体的表现形式如下：一是对为慈善事业作出突出贡献的单位提供政策优惠和便利条件。一方面，民政部在评选慈善奖项时，注重表彰中央企业、民营企业的慈善典型。在土地供应、设施配套、企业服务、政府采购方面，提供给这些企业便利和优惠条件。另一方面，健全慈善税收优惠政策激励机制，落实《中华人民共和国企业所得税法》和捐赠免税优惠政策。同样，对于积极做好慈善事业宣传工作的媒体，国家也通过购买服务、以奖代补等方式对相关新闻媒体给予支持。

二是表彰为慈善事业作出贡献的单位和个人。一种方式是设置专门的奖项，其中最为代表性的是“中华慈善奖”。该奖项于2005年设立，是由民政部颁发的我国政府最高规格的慈善奖项，用以鼓励更多的自然人、法人和其他组织参与慈善事业，弘扬慈善文化。此外，全国妇联、中国儿童少年基金会还曾设立“中国儿童慈善奖”，对30年来为中国儿童慈善事业作出突出贡献的单位和个人予以表彰。另一种方式是直接表彰人物事迹，或予以证书，抑或物质奖励。比如，在支持南通中华慈善博物馆建设过程中，为了鼓励社会各界积极捐赠慈善文物资料，政府会向捐赠者出具捐赠证书或物质奖励。政府还全面总结梳理和宣传褒扬我国社会力量参与脱贫攻坚的典型案例。自党的十八大召开以来，脱贫攻坚成为国家的重要部署，慈善事业作为第三次分配的手段，在脱贫攻坚中，发挥了举足轻重的作用，不仅贡献了大量款物，还提供了相应的智力支持。值得一提的是，目前全国11个省份出台了慈善表彰办法。

4. 自愿性工具

自愿性工具强调各主体积极参与慈善事业。大部分自愿性工具往往和象征与劝诫工具或激励工具联合使用。首先，毋庸置疑，政府需要保护慈善组织、捐赠人、志愿者、受益人等慈善活动参与者的合法权益。其次，政府往往通过象征与劝诫工具来倡导和广泛调动社会各方力量参与慈善事业的积极性、主动性和创造性，动员更多的人自愿参与慈善事业。最后，政府通过激励机制来动员社会各界的广泛参与。比如政府通过购买服务、以奖代补等方式对相关新闻媒体予以激励，从而推动新闻媒体帮助有需求的困难群众寻找有效的社会救助资源，在困难群众与帮扶者之间搭建资源对接平台，实现难者有所助、助者有所施。又比如，政府通过健全慈善税收优惠政策激励机制，充分调动企业、社会组织和个人参与慈善事业和慈善活动的积极性。

5. 能力建设工具

对于能力建设工具来说，使用较多的领域在人才培养、慈善研究、社会组织能力建设三大领域。

人才培养的主要目的在于提高慈善领域的专业化水平，壮大慈善工作队伍。具体而言，一是依托高等院校、科研机构和大型公益慈善组织，加快慈善专业人才的培养；二是推动慈善从业人员的职业培训工作，开展有针对性的培训课程，不断丰富慈善工作者的专业知识和技能；三是支持志愿者队伍建设，健全志愿者权益保障制度，建立和完善志愿者的注册管理、教育培训、时间积累、绩效评估、奖励表彰等相关制度；四是培育和扶持乡村文化骨干，挖掘和保护乡土文化资源，建设新乡贤文化。

除了在人才培养领域使用了较实用的能力建设工具，政府同样也重视慈善事业的研究工作。一是民政部每年都支持慈善事业创新和发展理论的研究课题；二是鼓励中央企业、民营企业采取冠名、资助等协作方式，支持学术研究机构、慈善组织等开展慈善理论研究和慈善文化宣传；三是学校等教育机构应当将慈善文化纳入教育教学内容，支持高等学校和科研机构开展慈善理论研究；四是加强慈善学科建设，制订慈善教育计划，指导学校在德育课程中培育慈善意识，弘扬慈善行为，并纳入学生素质评估中；五是为慈善领域专家学者、从业人员和跨界伙伴等多元社群提供专题领域和专业技术交流、互动、分享的空间，研讨慈善力量参与乡村振兴、突发公共事件和应急救助的有效机制等社会关切的焦点问题。

目前出台的政策在社会组织能力建设方面所采取的措施有：一是媒体为社会组织提供政策指引。媒体深入解读党和国家重视与支持慈善事业发展的政策法规，宣传报道税收优惠、购买服务等促进慈善事业发展的政策措施，为社会公众和慈善组织了解和参与慈善事业提供信息支持。二是政府部门加强社会组织自身能力的建设。其重点在于提高慈善劝募能力和项目实施能力，扩大慈善组织和慈善项目的社会影响。三是加强慈善信息系统建设。完善资源共享机制，提高慈善活动的公开性、透明度和公信力。

最后，对于参与公益慈善事业的民营企业，相关民政部门和工商联根据民营企业的实际需求，提供针对性的政策解读、业务培训等服务，同时引导有条件的民营企业编制专门的企业年度公益慈善报告，并建立信息反馈机制。

6. 权威工具

我国慈善文化建设中权威工具使用较少。权威工具强调政府往往采用强制性手段，譬如使用法律、直接行政和管制等方式达到政策目标。在慈善文化领域，政府采用权威性工具的目的主要在于：一是信息发布，告知下级部门落实具体事项。如民政部、国家互联网信息办公室、国家新闻出版广电总局要求各级民政、网信、新闻出版广电部门要切实发挥组织、协调、指导作用，把发挥新闻媒体做好慈善宣传工作的各项任务落到实处。民政部和国家文物局要求各级民政部门和各级文物部门支持南通中华慈善博物馆建设，并做好当地古代、近现代慈善文物、资料的收集工作。二是慈善监督，保证慈善事业运作的规范性，提高公信力。比如，《民政部、全国工商联关于鼓励支持民营企业积极投身公益慈善事业的意见》中指出，充分尊重民营企业参与公益慈善事业的知情权和监督权，督促受赠单位严格按照捐赠单位、捐赠人的意愿落实善款和物品的使用，并及时通报受赠资金使用和项目进展情况。《民政部办公厅关于加强指导和规范管理基层慈善活动的通知》明确提出，引导慈善活动规范开展，特别是在健全基层慈善组织的内部管理制度、做好公共安全监督和社会捐赠管理等方面提高慈善活动的规范性。

二、宝安慈善文化建设的外部环境

（一）社会环境

7000年的人类活动史，2000多年的移民史，1600多年的建县史，500年可歌可泣的反外来侵略史，200多年的华侨史，100多年不屈不挠的革命斗争史足见宝安历史之悠久、人文之荟萃。宝安有着厚重的历史和深远的人文精神。

1. 历史悠久的宝安

早在1万年至五六千年前的新石器时代，宝安原始居民繁衍生息，成为“百越”中的“南越部”居民。公元前214年，秦始皇统一岭南，本土属南海郡番禺县地。自此，宝安这块被视为化外蛮荒的古老土地，进入华夏民族大一统版图，并且“以谪徒民五十万人守五岭，与越杂处”，这是历史上有明确文字记载的第一次有计划的大规模移民。东晋咸和六年（331年），析南海郡，置东官郡，领六县，首宝安，是为宝安建县之始，辖境含深圳、香港、澳门、东莞、中山等地。南北朝时期，宝安先属刘宋皇室封邑，继属南齐，恢复县制，移东官郡治到怀安县（今东莞市境内）；梁时郡治移增城，改东官郡为东莞郡，宝安属东莞郡；陈移郡治到政宾县（今清远县境），宝安辖属不变。隋开皇十年（590年），废东莞郡，宝安改隶广州总管府。唐至德二年（757年），宝安县更名东莞县，移治到涌（东莞老城）。五代十国时期，自后梁贞明三年（917年）至北宋开宝四年（971年），本土属南汉地。嗣后迄元、明，本土属广州府（路）东莞县辖地，其间，于宋开宝五年（972年）省入增城县，次年复置。明万历元年（1573年），析东莞县，置新安县，取“革故鼎新，去危为安”之意而命名，辖地含今深圳、香港地区。

第一次鸦片战争后，清道光二十二年（1842年）八月，清王朝与英国签订《南京条约》，割香港岛79.77平方千米为英国殖民地。咸丰十年（1860年）三月，清政府将南九龙租给英国。同年十月，中英缔结《北京条约》，将九龙半岛今香港界限街以南11.7平方千米租借地改为割让地给英国。光绪二十四年（1898年）六月，《展拓香港界址专条》在北京签字，将深圳河以南、今香港界限街以北，连同235个岛屿共984.53平方千米土地租给英国。至此，新安县原有3076平方千米土地中，有1055.61平方千米脱离其管辖，成为英国殖民地。中华民国三年（1914年），因新安县与河南省新安县同名，故更名，复称宝安县。

中华人民共和国成立后，1979年1月，宝安县改为深圳市。1980年8月，划出327.5平方千米设置经济特区，特区内设立福田、罗湖、南山三个区。1981年10月，以经济特区外地域恢复宝安县。1993年1月，拆分宝安县，分设宝安、龙岗两个市辖区。2006年9月，宝安区城市化转地移交工作全面完成，标志着宝安区实现从农村向城市的跨越。2007年5月，设立光明新区，将公明、光明两个街道划归光明新区管理。2010年7月1日，宝安区纳入深圳经济特区范围。2016年9月14日，国务院批复广东省人民政府，同意设立深圳市龙华区，将宝安区的龙华街道、大浪街道、民治街道、观湖街道、福城街道、观澜街道划归龙华区管辖。2018年5月24日，国务院同意设立深圳市光明区，将深圳市宝安区的光明街道、公明街道、新湖街道、凤凰街道、玉塘街道、马田街道划归光明区管辖。

东晋咸和六年（331年）始设县建制，距今已有1600多年的历史。悠久历史长河为宝安积淀了深厚的文化资源。既有古越先民文化遗址，也有宗祠、碉楼、古村、老街等明清民俗民居，还有白石龙营救文化名人旧址、东江纵队根据地旧址、中共宝安县第一次党代会旧址（1928年）等近代革命斗争遗址。以东江纵队为代表、以白石龙营救文化名人为重点的革命英雄主义文化，展示了宝安人民的爱国主义和宝安区的革命传统。此外，宝安区也对与其相关的历史文化遗存进行保护性开发，重点保护和开发凤凰古村，大力宣扬文天祥的历史事迹及其与宝安的历史文化渊源。目前，宝安已成为深圳市的文物大区。

《宝安咏叹调》

没有宝安就没有深圳
宝安是这座城市
新生的摇篮
没有深圳就没有宝安
宝安是那位老人
最早的圈点
没有哪个区和深圳
如此一脉传承
没有深圳和哪个区
如此血脉相连

宝安的历史如此悠久
迄今已1600多年
公元331年的东晋
是宝安建县的开始
也是深圳历史的发端
古老的祖先不曾想到
那时的宝安是如今的深圳
如今的深圳是过去的宝安

宝安的河山如此锦绣
面朝大海，背靠群山
大海有招财的宝盆
群山有进宝的金山

祖先们祈望安居乐业
从此起名：得宝者安
宝安的地域如此辽阔
东莞东部，番禺南端
还有东方之珠的香港
还有一衣带水的中山
怎能不惊叹祖先的眼光
如今呼之欲出的
粤港澳大湾区，早已
被纳入一个地盘

宝安的命运如此多舛
经历了太多的沧海桑田
面对倭寇和海盗的侵扰
明朝万历年间改名新安
为了消除内忧外患
从此革故鼎新转危为安

宝安的传统何其光荣
抗英反清，屡掀狂澜
三洲田起义打响第一枪
东江纵队威震敌胆
白石龙营救文化名人
新中国的文化才薪火相传

宝安的转折如此迅猛
一部老皇历翻开历史新篇

小渔村杀出一条血路
一夜城崛起东方之巅
老宝安从来不吃老本
新宝安威风不减当年

宝安的未来何其恢宏
鹏程万里，任重道远
怎样挺起珠三角的脊梁
如何抢占战略的制高点

前途光明呵，道路曲折
不少机遇呵，更多挑战
在深圳质量提升的棋盘上
宝安如过河卒一往无前
在粤港澳大湾区的蓝海上宝安正扬起
浩浩风帆

来源于《文化宝安》杂志
责任编辑：陈昌华

2. 人文荟萃的宝安

“参天之木，必有其根；怀山之水，必有其源。”作为深圳的“根”，宝安这片广袤的土地上铭刻了深圳的千年人脉和文脉。人杰地灵，钟灵毓秀。翻开宝安尘封的历史，犹如打开一册群英谱，我们看到了耳熟能详的文天祥、黄舒，还看到了一大批值得我们景仰的革命烈士，他们的影响甚至持续到今天。这些先贤和烈士身上的可贵精神奠定了宝安区慈善文化的基础，温润了宝安大地的慈善文化。

晋代“南粤孝子”黄舒是深圳地区历史上第一个文化名人。百善孝为先，孝道历来是儒家传统中最重要的理念。黄舒，东晋东官郡宝安县人。最早记载黄舒事迹的宋沈怀远的《南越志》：“宝安县东有参里，县人黄舒者，以孝闻于越，华夷慕之如曾子之所为，故改其居曰参里也。”明朝布政使祈顺曾写有“孤山崔嵬倚参里，乡曲争传黄孝子”的诗句。德乃人之本，孝乃德之先。深圳宝安的黄氏族人发掘和传承了根植千年的孝德文化。孝德传家，和睦守望，黄氏家族将小家的孝道提高到家国的忠孝。其祭祖活动代代相承，传承和弘扬爱国爱乡、敬老爱老等民族传统美德。除了黄氏家族外，宝安还有文氏家族、潘氏家族、曾氏家族……这些家族乐善好施、继承儒家文人之道德，构成了宝安区最基础的乡土文化。

宝安区还先后涌现了民族英雄文天祥、抗清义士陈文豹和张家玉、革命先辈曾生等人。一时的忠义不难，而一生的忠义却是极难的。被敌人俘虏的文天祥，承受敌人刀枪的威逼、高官厚禄的利诱、妻子儿女的亲情逼迫，仍然选择大义，慨然赴死。“人生自古谁无死，留取丹青照汗青”是他最真实且贴切的人生写照。文天祥的大义给中国历史增添了几分浩然正气和不朽的尊严。大义凛然之人还有西乡有名乡贤——陈文豹，当清兵进攻广东之际，他组织了两千多人的队伍，奋起反抗。当陈文豹看到张家玉在东莞抗清失败辗转到西乡，他散尽家财，招兵买马，支持张家玉。两人曾三攻东莞、两陷新安、四守西乡。战死后，部将李万荣驻守大鹏古城、七娘山，坚持抗清达 13 年之久，为古代深圳最壮烈、最持久的义举。曾生代表了东江纵队的英勇斗争的精神。面对日本敌军的烧杀抢掠，曾生带领一批人成立惠宝人民抗日游击队，与敌人展开殊死搏斗。

总之，宝安是深港文化之根，是宝安海外华侨之根，是近代中国文化之根，是惠、东、宝地区红色革命之根，在岭南地区的历史上具有无可替代的重要地位。为此，宝安区还专业策划过历史名人文化资源开发，使之成为宝安历史文化“标签”。

广东人民抗日游击队——东江纵队

在宝安区沙井街道的洪田火山郊野公园南麓山脚处，坐落着一座气势不凡的建筑物——洪田七烈士墓。纪念碑总高度有 23 米，碑座呈正方形，正面映入眼帘的是“革命烈士永垂不朽”八个大字；东面刻有沙井籍及在沙井各次战斗中壮烈牺牲的有名有姓的革命烈士英名录；南面书写了从鸦片战争到抗美援朝各个时期沙井人民斗争历程的碑文。

20 世纪 30 年代初，日本帝国主义入侵我国，华夏大片国土相继沦陷，我国人民开始全力反击侵略者。据《曾生回忆录》和《中共宝安地方大事记》等记载，1938 年 10 月 21 日，广州和东江下游地区被日军侵占。日军所到之处，奸淫掳掠，灾难深重的岭南同胞流离失所，整个华南地区哀鸿遍野，满目疮痍。

当时，在东南特委领导下，以曾生为总队长、周伯明为政治委员、郑晋为副总队长兼参谋长的惠宝人民抗日游击队在惠阳淡水成立，队员有100余人，从此开辟了东江敌后抗日根据地，与日寇开始了殊死斗争。1943年12月2日，遵照党中央指示，广东人民抗日游击队东江纵队（以下简称东江纵队）正式宣布成立，司令部设在土洋村（今龙岗区葵涌街道），曾生任司令员，尹林平任政治委员，王作尧任副司令员兼参谋长，杨康华任政治部主任。之后，发表了《东江纵队成立宣言》，庄严宣告东江纵队是人民的子弟兵，旗帜鲜明地拥护中国共产党的政治主张，接受中国共产党的领导，为打败日本帝国主义、建立新中国而奋斗。在曾生等将领的正确领导下，东江纵队很快发展到了3500余人，下辖7个大队，原在宝安地区的队员被编为宝安大队，成为在中国共产党的领导下的华南敌后战场的一支重要抗日武装力量。

1944年冬，在沙井洪田、南洞一带有一支东纵游击队，队部就设在南洞村的一个破庙里。他们采用"敌驻我扰，敌进我退"的游击战术与敌人周旋。一次，日军从羊台山窜到南洞，游击队20多人被迫撤退到洪田火山，在山上的七天六夜，队员们只能吃树皮、野果。多亏几位村妇在山上砍柴获知此事，回家煮了番薯送上山给队员们充饥，才渡过了难关。由于叛徒告密，日军纠集几百人马，对火山游击区发动了扫荡，游击队接到宝安西路片联办事处的命令，兵分三路撤退。突围途中，有一路人马在新桥与敌人交上了火，战斗中，有4位队员牺牲了。而另外一队人马在万家前（今天的万丰）与敌人交火，一名队员为了掩护战友转移，不幸中弹身亡。同年12月，游击队奉命要彻底消灭盘踞在沙井的反动势力，从而与匪首陈培展开了殊死搏斗。在一次战斗中，缴获了敌人战船1艘、战马1匹、机枪1挺、步枪100多支，俘虏了伪军100多人。而陈培带着一小股残余兵力逃到番禺去了，这次战斗，游击队牺牲了20多人。洪田火山下的一片荔枝林里收葬了7名烈士遗骸。他们牺牲时最大的不过30岁，最小的只有十五六岁。由于他们是从外地转战到东江纵队的，在极其艰苦的条件下，纵队的名册资料没有办法保存下来，他们成了无名英雄。

资料来源：《宝安往事——追溯宝安历史文化遗存》，石泰康著。

蚝厂救火队

一段被尘封的历史，一批被遗忘的青年人。沙井公社东风大队造船厂烧了半天的大火被救灭、沙井大街一村老宅深夜起火被及时扑灭——一支小小的救火队，却解决了人们的大问题。

20世纪50年代，沙井蚝厂成立。在当时政府不具备组成消防队的条件下，活跃在沙井大街上的蚝厂救火队，就肩负起当地的消防重任，为各次大大小小火灾的扑灭立下了不可磨灭的贡献，被当地居民传为佳话。

当年，沙井水产站（蚝厂）每年秋季开始进行大量收购活鲜蚝产品，因为加工量大，需要招聘大量的临时工。蚝厂在当时是一家有规模、有影响的大型国有企业，大批的临时工为获得36元的月薪都兢兢业业地工作，也为自发救火队补充了源源不断的青年队员。

沙井大街的居民利用空闲时间到山上收割生火的柴草、木头等燃料回家贮存。成年劳动力大部分外出工作，家庭事务都由老人或小孩料理，防火意识相对较差，而且很多家庭都是用煤油灯照明，再加上节日的炮仗、烟花等，酿成火灾的机会大大增加了。遇到干燥和风大的时候，很容易形成连环大火。

那时，沙井大街的老居民，一有火灾情况，第一时间就是赶快到蚝厂打钟，好像现在有火警就打电话到“119”报警一样。当年因为通信设备落后，所以一遇到某家或某单位发生“火烛”，附近的居民都会第一时间跑步或骑自行车赶到沙井水产站（蚝厂）所在地，向门卫报告发生“火烛”的地方，门卫一接到报告不需要向领导请示就马上打钟（是当时上下班的提醒器），青年人不管是晚上在睡觉还是正在工作，钟声就是命令，都会毫不犹豫地赶到存放消防器具的地方集中，各人领取灭火工具并快速前往火灾事发点，以最快的速度进入消防队员的角色，积极勇敢地冲在火场的最前方，冒着房屋时刻都会倒塌下来的危险，勇猛扑救，直到大火完全熄灭后才撤离。

沙井水产站（蚝厂）为了确保自身的生产需要，购置了当时较先进的消防设备，在那个年代显示了与众不同的“威力”，他们大队人马一到，火灾很快就扑灭了，让老人和小孩感到他们真的是“神人”。老居民们一提起这支自发组建的业余救火队，都会竖起大拇指赞不绝口，谁都会讲出一两个他们救火的精彩故事。

一支不享受工薪待遇、不受领导派遣、完全是自发的救火队，每次都在最危险的时刻，冲到最前面，这样无私的行动，从来未获得过什么报酬和补贴，也从未受到上级的任何嘉奖。到了后期，消防器材已逐步更换为“四轮手摇救火泵”等简易消防车，在当时已经是较为先进的消防设备了。除了保障他们自己工厂的需要，大部分时间都是为了周边应急所需，用领导们的话说：沙井水产站虽然是国营的，但是与蚝民们的关系好比“鱼水情”。

随着时代的进步和沙井经济的不断发展壮大，这支维持了几十年的蚝厂救火队终于让位给由政府投资、设备先进精良、队员训练有素的专业消防队了。时间已把那段可歌可泣的历史尘封了多年，但是当年他们积极、热情、勇敢地战斗在大火第一线的英雄形象，还是深深地印在沙井人民的脑海中。

资料来源：《宝安往事——追溯宝安历史文化遗存》，石泰康著。

3. 从“宝安十故事”看宝安人的精神

独特的自然条件和民众文化环境塑造了“地域性文化”，并形成“遗传因子”深深地融入该地区人民的血液之中。它来源于一个民族的早期风俗民情和历史，并在漫长岁月里无数次地在同一类型经验的层层累积下，逐渐成为这个地方人民一切心理过程的必不可少的先天要素。因此，通过宝安人民口口相传的“宝安十故事”，可以透视宝安人民的精神和性格，以及宝安的演进历程。“宝安十故事”将宝安尘封遗忘的历史重新打捞出来。从内容上看，划分为两大类，一是历史事件演义，二是民俗民情传说。

历史事件演义大多是生活现实中的真实历史人物和历史事件，如《文天祥过伶仃洋》《三洲田起义》《宝安人民抗英故事》《宝安大营剿》，而这些故事从史料中都可查阅到。比如，南宋抗元英雄文天祥留下气势磅礴的《过伶仃洋》，使宝安这一处海面成为爱国主义不屈不挠的象征。孙中山策划的三洲田起义，打响了推翻封建专制的第一枪，以及那些在抗日战争中英勇不屈的宝安人民。宝安人民用自己的鲜血书写了光辉的历史，他们留下的可歌可泣的英雄事迹在中国革命斗争史册留下了浓墨重彩的一笔。从这些历史事件中，我们可以感受到宝安人民具有一脉相承的民族精神、不屈不挠的浩然正气和令人怦然心动的爱国情怀①。

当地民俗民情的传说是由现实社会中普通民众集体创作的，如《金竹园的传说》《羊台山传奇》《乌石岩的传说》《哪吒与玉律温泉》。故事中的主人公大多是处在社会底层，遭受贫困的平凡人物。这些故事广泛触及民众的日常生活。一方面反映人们对抗击邪恶的英雄的敬仰，以及普通民众的道德操守的要求，譬如勤劳、善良、勇敢、智慧等美好品格；另一方面也反映了人们对理想生活的美好憧憬和对未来必将圆满无缺的信念，一种追求美好生活的乐观进取精神。开天辟地的神话不可企及，英雄的业绩也并非常人可以做到，但这不妨碍人们对这种神话的向往与企羡。通过这些故事，呈现在我们面前的是宝安人民最朴实的愿望。不论经过怎样的磨难，人们都向往全家团圆、夫妇和美、儿孙满堂、国泰民安、海内升平②。

4. 宝安的“深圳精神”

宝安属于深圳的一部分，宝安人同样体现出了“深圳精神”。2010 年 8 月 20 日，为庆祝深圳经济特区成立 30 周年，深圳报业集团评选出了“深圳最有影响力十大观念”。“深圳十大观念”集中反映了深圳人的精神，是深圳价值体系的凝练和总结。通过这些用词精练且内涵丰富的口号，可

① 唐冬媚．对话宝安：一本破译宝安文化密码的书［M］．北京：中国文联出版社，2006.

② 同①.

以用“拓荒年”、“孺子牛”和“老黄牛”三头牛来概括深圳精神。既有“敢为天下先”“改革创新是深圳的根、深圳的魂”的“拓荒牛”精神，也有“时间就是金钱，效率就是生命”“空谈误国，实干兴邦”的“老黄牛”精神，还有“赠人玫瑰，手有余香”“让城市因热爱读书而受人尊重”“实现市民文化权利”等“孺子牛”精神。这些深圳观念体现了这座年轻城市的精神特质，俨然成为深圳的基因。

首先，拓荒牛精神。“拓荒牛”代表的正是深圳的这种敢闯敢试、敢为人先的拼搏精神。在精神文化层面，深圳在不断地率先实现精神跨越、观念更新、价值创新。“拓荒牛”是深圳经济特区建设 40 余年来的一个 IP。40 年前，深圳的第一代创业者像“拓荒牛”一样敢想敢干，开拓创新，把当时贫穷的边陲农业县宝安，建设成为一个国际性现代化城市。在特区建立之初，深圳就以“敢闯敢试”“敢为天下先”的精神引领全国风气。1987 年，深圳将特区建设的“拓荒牛”精神概括为“开拓、创新、献身”的特区精神。2005 年 3 月召开的深圳市委工作会议上提出“改革创新是深圳的根，深圳的魂”，以解决深圳面临的“四个难以为继”的难题，即土地、空间有限；能源、水资源短缺；人口不堪重负；环境承载力严重透支。这些危机和挑战促使这座城市重新高扬起“改革创新”的特区精神。此后，“改革创新”的观念铸造了深圳的品格秉性和价值内涵，普遍存在于机关、企业、社会、个人的思维习惯和寻常日用之中，形成了深圳的品牌形象和文化标识。

其次，老黄牛精神。“老黄牛”是勤劳、刻苦、踏实的象征。40 年，深圳人不等扬鞭自奋蹄的老黄牛精神，使得深圳从一个只有 3 万人的边陲小渔村发展到管理人口已达 2000 万的现代化大都市，市区面积扩大 665 倍，GDP 增长了 1. 1 万倍。深圳人咬定青山不放松，大力发展以制造业为根基的实体经济和以高新技术为核心的科技企业，才使深圳实现了经济上的腾飞。而这光荣的背后是深圳人披荆斩棘、百折不挠、脚踏实地、艰苦奋斗的结果。同时，深圳人不仅埋头苦干，还追求效率。1981 年，深圳经济特区蛇口工业区提出“时间就是金钱，效率就是时间”。1984 年 10 月 1

日，该口号出现在35周年国庆庆典的游行队伍中，从此传遍大江南北。“效率”也成了最有代表性、最能反映特区建立早期深圳精神的观念。深圳人将时间与财富画等号，这种时不我待的时间观更加催生了深圳人敢闯敢试、埋头苦干的改革精神，使得深圳突破重重阻力，克难制胜，闯出一条具有中国特色社会主义的康庄大道。

最后，孺子牛精神。“孺子牛”代表为人民服务，体现出博爱精神。“来了就是深圳人”这句简单质朴的口号表达了深圳的包容性格以及移民城市的独特气质。2000年11月，深圳在全国率先提出“实现市民文化权利是文化发展根本目的”的理念，为提升市民文化权利的实现程度，深圳从文化权利、文化民生和文化服务三方面构建公共文化服务体系。“赠人玫瑰，手留余香”体现了深圳浓厚的慈善文化氛围。从每年中国慈善联合会公布的中国城市公益慈善指数来看，深圳连续5届在全国城市公益慈善的综合排行榜上名列前五。无论是人均捐赠额，还是志愿者人数都属于全国第一。尤其是在汶川地震、新冠肺炎疫情、河南水灾等重大灾难面前，深圳市的捐赠位居榜首，超过北京和上海。根据深圳市民政局发布的《2019年度深圳慈善捐赠榜》的数据统计，仅上榜的慈善捐赠金额就高达56.82亿元。此外，深圳是全国志愿服务的发源地之一，早在1989年就率先推进志愿服务工作，在志愿服务领域一直处于领先地位。深圳还深入开展“广东扶贫济困日”“深圳公益慈善月”活动，培育良好社会风尚，设立“鹏城慈善奖”，树立慈善典范组织和个人，以营造良好的慈善文化氛围。

深圳人的拓荒牛、老黄牛和孺子牛精神同样也在宝安区慈善会的文化建设中体现得淋漓尽致。首先，宝安区慈善会在慈善文化建设中保持“敢闯敢试”的创新精神，比如全面推进“慈善文化进校园”活动、设计“慈善娃”、设立“慈善地标”等都折射出了慈善会的创新精神；其次，宝安区慈善会在创新过程中也保持“老黄牛”的自强不息、踏实肯干的精神。尽管慈善会的两位领导人已年近古稀，依然活跃在最前线，每个工作人员身兼数职，兢兢业业，埋头苦干；最后，宝安区慈善会存在的意义便是

“多谋民生之利，多解民生之忧”。宝安区慈善会从宝安人民群众的迫切需求出发，提供有利于改善民生、提高社会公共服务水平和缓解社会矛盾的公益服务。总之，创新发展拓荒牛、艰苦奋斗老黄牛、为民服务孺子牛的三大精神已成为宝安区慈善会的精神写照，是慈善会始终保持旺盛活力和开拓精神的根本支撑。

深圳十大观念①

- 时间就是金钱，效率就是生命。

追求效率是中国社会主义市场经济“破壳”的标志，是深圳精神的逻辑起点。

- 空谈误国，实干兴邦。

这一观念为排除思想上的干扰和推进改革开放的探索与实践发挥了重要作用。

- 敢为天下先。

1992年春，邓小平视察深圳经济特区发表讲话，鼓励深圳“大胆地试，大胆地闯”，成为深圳勇做改革开放排头兵的坚定信念。

- 改革创新是深圳的根、深圳的魂。

改革创新是深圳未来的发展动力。

- 让城市因热爱读书而受人尊重。

从2000年开始，每年11月是深圳的“读书月”。热爱读书让城市更加文明和时尚。

- 鼓励创新，宽容失败。

该精神理念催生出深圳各式各样的“吃螃蟹”之举。当深圳改革再次进入快车道之时，该理念则在制度和理性上都得到了更多支持。

- 实现市民文化权利。

在首届深圳读书月期间，深圳在全国率先提出“实现市民文化权利是

---

① 王京生．深圳十大观念［M］．深圳：深圳报业集团出版社，2011.

文化发展根本目的”的理念。深圳从文化民生、文化服务和文化权利三方面着力构建公共文化服务体系，提升市民文化权利的实现程度。

- 送人玫瑰，手有余香。

这是深圳义工始终如一所践行的理念。鲜艳的红马甲已经成为鹏城大街小巷一道美丽的风景线。

- 深圳，与世界没有距离。

深圳以积极走向世界的姿态和胸怀，一直努力追赶世界的潮流。

- 来了就是深圳人。

简单质朴的口号表达了“来深者”对归属感的呼唤，也体现着深圳强大的包容性。我们都是深圳人，我们挚爱着这片神奇的土地。

（二）政治环境

政府对文化建设、慈善事业发展的战略定位、态度，以及出台的相关法律政策将很大程度影响慈善文化的建设。我们将从市、区两个层面阐释宝安区慈善事业或慈善文化的政治环境。

1. 深圳市的政治环境

深圳是文化创意发展的先锋城市。首先，“文化纽带”在深圳市民共同体的构造中扮演越来越重要的角色。深圳经济特区从1980年成立，经历了短短的40多年，人口由30多万发展到如今超过1756万的规模，这在人类城市发展史上绝无仅有。大量移民人口在短时间内会聚虽然促进了经济发展，但也形成了一个“陌生人社会”。如何将其转化为“熟人社会”，消弭多元社会的价值冲突，建立起一个具有强大主流文化认同的城市共同体，是深圳始终面临的巨大挑战。而文化建设不仅可以塑造城市的公共空间、人与人之间的紧密关系和共同体的生活，更重要的是有助于某种“共享文化”的生成。这种共享文化的生成有利于形成良好的公共治理秩序。2004年深圳市委、市政府作出了实施“文化立市”战略的重大决策，把城市发展战略和文化发展战略有机地统一起来，以建设高品位文化城市为发展目标，提出了“努力实现公民的文化权利”

“构建公共文化服务体系”等文化发展理念。同年，《人民日报》发表长篇通讯《深圳涵养“文化绿洲”》，指出深圳市政府不断深化文化制度改革，加快文化事业发展，正在变成“文化绿洲”。因此，文化建设一直被深圳摆在十分重要的发展位置。2010 年，深圳市委、市政府作出了将深圳建设成为“文化强市”的战略决策，并将这一目标正式列入《深圳市“十二五”国民经济和社会发展规划》。2019 年的深圳政府工作报告提出，深圳要建设全球区域文化中心城市，增强城市文化影响力，进一步拓展了人们关于深圳的文化想象空间。2020 年 7 月，在深圳推进中国特色社会主义先行示范区建设领导小组会议上，审议通过了《深圳加快建设区域文化中心城市和彰显国家文化软实力的现代文明之城实施方案》。根据该方案，深圳将构建六大体系，其中之一是把深圳建成精神文明建设典范。

其次，深圳作为中国改革开放的前沿阵地、粤港澳大湾区规划中的核心城市之一，在慈善事业方面勇于探索，不断地率先实现各类体制的改革创新。深圳是中国民间组织最发达的城市，也是中国的“义工之城”。2007 年，深圳市合并了民政局民间组织管理办公室和行业协会服务署，成立深圳民间组织管理局，并推出了社会工作人才队伍建设的“1+7”文件，为社会组织的人才发展奠定了基础。2008 年 4 月，深圳市被民政部列为全国社会组织“改革创新综合观察点”，同年 6 月广东省民政厅把深圳市定为社会组织“综合改革观察点”。2009—2011 年，深圳社会组织进入了推进和深化改革的时期。深圳在全国最早进行公益慈善立法，最早实行志愿者注册登记管理，出台社会工作者培育激励政策，并在政府购买公益慈善服务、建设民间公益慈善组织孵化基地、实行公益慈善类和社会服务类慈善组织直接登记等方面均走在全国前列。经历改革后，深圳市的社会组织进入一个快速发展的时期，社会组织登记数量以年平均 9. 98%的增长速度，从 2012 年的 5019 家增长至 2020 年的 10742 家，大大拓展了社会服务的供给和承接政府职能转移，增加了参与社会治理的主体，在弥补政府和市场失灵方面发挥着重要作用。此外，自党的十八大以来，深圳积极参与脱贫攻坚工作，大力整合全社会多元化帮扶资源，形成了慈善组织、受助人、捐赠人和企业互动影响的脱贫攻坚生态网络，各社会组织主动创新帮扶模式，以社会企业、社会影响力等多种形式推动建立长效、可持续的扶贫工作机制。

最后，深圳市大力营造全民慈善氛围，促进慈善事业发展和“慈善之城”建设。2008 年，深圳市出台《关于加快深圳市慈善事业发展的意见》，设立“鹏城慈善奖”，原则上每两年举办一次鹏城慈善奖，激励和表彰支持深圳市慈善事业的机构和个人。该奖采取以精神鼓励为主的慈善回报激励机制，彰显慈善义举，鼓励慈善捐赠。从 2016 年“第三届鹏城慈善奖”开始，“深圳慈善捐赠榜”应运而生，规范慈善捐赠统计，弘扬慈善精神。此外，深圳每年都投入人力和物力举办中国慈展会，搭建起一个公益的交流展示平台，为全国的公益组织服务。从 2012 年开始，至今已连续举办了 9 届。如今，“慈展会”已成为全国慈善行业最重大的一次盛会，也成为深圳的又一张名片。同时，每年深圳市民政局以公开采购方式，委托专业机构开展中华慈善日、深圳慈善日、慈善月主题活动。活动期间举办各类慈善教育、慈善沙龙、慈善论坛、慈善募捐、慈善公益项目推介等主题系列活动，并统筹指导各区、街道、社区开展慈善日、慈善月活动。2020 年，广东省民政厅关于印发《广东省推动慈善事业高质量发展若干措施》的通知，明确提出在传承中华民族的传统美德基础上，以社会主义核心价值观引领创新慈善文化内涵，以及推动慈善文化融入日常生活，把慈心善行落实到日常生活中，树立与人为善、以善为荣、以善为乐的价值理念。2020 年 9 月 5 日，第四届世界公益慈善论坛当天在深圳开幕。民政部副部长王爱文在发表的主题演讲《聚慈善之力助推湾区发展弘扬慈善精神共建美好世界》中强调，粤港澳大湾区应积极探索培育慈善力量，发挥示范作用，将中国优秀慈善文化和现代慈善理念有机融合，走出一条新时代中国特色的慈善之路，为其他地区的慈善事业发展不断提供借鉴和参考。

2. 宝安区的政治环境

在文化建设方面，宝安区政府制定了“宝安区文化事业发展的五年规划”，以加大实施文化强区战略，实现宝安文化事业发展步伐和特区一体化进程。在《宝安区文化事业发展“十三五”规划（2016—2020）》中，明确提出树立一个形象、践行两大理念、实现三个提升、力争四项突破、推进十大工程。具体而言，树立具有深厚的人文底蕴、优美的文化景观、彰显现代气质、国际视野和滨海特色的升级版“文化宝安”新形象。践行“创新发展”与“共享发展”两大理念，重视发挥创造性思维，敢于先行先试，在公共文化服务的某些领域突破开拓，以及秉承公共文化服务“公益性、基本性、均等性、便利性”原则，力争与市民共建共享文化，促进公共文化服务的标准化和均等化，在标志性文化设施建设、文化品牌塑造、现代文化治理、文化与城市建设跨界整合 4 个方面取得突破。推进十大工程，即重大文化设施标志化；基本公共文化设施与服务标准化和均等化；文化产品特色化和品牌化；历史文化系统化和活态化；公共文化服务信息化和便利化；公共文化服务社会化和市场化；提升市民文化福利与文化素养；改革文化体制创新与提升文化治理能力；提升城区文化内涵和文化形象；跨部门、跨行业统筹与整合发展。

在慈善事业发展方面，在宝安区慈善会成立之前，相比于“关内”的公益组织，宝安区的慈善事业相对落后。宝安区主要通过街道商会和街道帮扶协会募集慈善资源，并发挥了扶贫济困的功能。绝大多数社会团体是体育性社团，社会服务类的社团较少，社会服务机构（民办非企业单位）则以教育培训类机构为主。真正服务于民生诉求的、机制健全、社会公信力强、有较强影响力的社会组织极少。此外，由于缺乏专业化的公益组织的培育机制和人才培养机制，这些公益组织的能力普遍较弱。尽管如此，宝安区近年来始终坚持在继承中创新、在创新中发展、在发展中前进，在全区逐渐形成了“热心公益办慈善、身体力行办慈善、制度规范办慈善、全民参与办慈善”的慈善事业发展新格局。具体而言，宝安区采取多项举措促进全区慈善事业有序快速地发展。

一是积极发挥宝安区社会组织培育服务中心的作用，培育内部治理完善和具有较强示范作用的社会组织，并持续为全区社会组织提供资源支持、能力建设、资源对接等全方位服务。截至2020年底，宝安区社会组织数量有1131家，位居全市第二，从登记类型上看，社会团体493家，社会服务机构（民办非企业单位）638家①。尽管深圳各区社会组织的资产规模存在较为明显的差异，但宝安区与龙岗区、南山区等区的社会组织的资产平均值在200万元以上②。

二是加强社会组织的人才建设。首先，建立了社会组织人才信息库，全年常态化为全区社会组织提供菜单式的精细化服务。2017年，宝安区在全市率先设立社会组织人才信息库，出台《宝安区社会组织人才信息库管理暂行办法》，明确入库专业人才的评定标准、职责和退出条件。2018年，宝安区建立宝安区社会组织人才信息库成员服务项目清单，最大限度利用库内专业人才服务区域社会组织发展。其次，通过人才培养激励举措、强化社工服务监管、推进社会工作改革等措施，提升社工专业化、规范化服务水平。2020年，宝安区共扶持社工个人657人次、机构19个，社工人才扶持补贴经费共167.4942万元③。同年，印发《宝安区专业社会工作服务指引》，加强和规范各单位各街道社工岗位和社工项目的管理。与此同时，宝安区民政局指导石岩社工站工作进行改革试点，为辖区居民提供精准化、精细化的社工服务。

三是强化党的建设。持续做好宝安区社会组织“三同步”工作，提升了社会组织党组织覆盖率。同时，创新搭建社会组织党建“三联动一平台”机制。通过党建工作与业务工作联动、优秀党支部、扶持项目的联动

① 宝安区民政局．深圳市宝安区2020年度社会组织年报结果公告［EB/OL］．（2021-07-14）［2022-10-22］．http：//www.baoan.gov.cn/mzj/zwgk/tzgg/content/post_8975315.html.

② 深圳国际公益学院．改革、创新、合作——深圳社会组织发展路径探索［M］//深圳市社会组织管理局，深圳国际公益学院．深圳社会组织发展报告．北京：社会科学文献出版社，2019.

③ 深圳市宝安区民政局．宝安区民政局2020年度工作总结和2021年工作计划［EB/OL］．（2021-01-06）［2022-10-22］．http：//www.baoan.gov.cn/xxgk/ghjh/ndgzjhjzj/content/post_8397014.html.

以及社会组织人才信息库，实现党建指导常态化、制度化这一平台，有力推进了社会组织党建工作的组织覆盖和工作覆盖，社会组织党建工作水平得到了整体提升。

四是设立专项资金强化扶持力度。宝安区政府出台了《宝安区冠名慈善基金使用操作指引》，规范冠名慈善基金使用对社区基金会和冠名慈善基金管理人员的培训，提高冠名慈善基金的规范化和专业化运作。宝安区现有92家冠名慈善基金，募集金额3535.595万元。2020年通过冠名慈善基金共支出922.724万元，救助及慰问群众人数达到1813人，实施扶贫项目10个①。

五是宝安区坚持社会组织培育发展与管理监督并重。宝安区注重社会组织的年检工作，严格执法管理。2020年完成全区1133家社会组织年报工作，社会组织参报率达到了91.3%，年报合格率100%。同时，加强对社会组织的执法检查力度，组织“双随机一公开”执法活动。2020年共开展了7次执法抽查工作，其中包括4次跨部门执法检查，对15个抽查对象进行实地检查。宝安区政府还联合区纪委巡察组开展社会组织廉政隐患问题排查整治工作②。

六是开展结对帮扶。动员社会组织发挥自身优势，响应国家脱贫攻坚号召，发动宝安区社会组织与贫困村结对帮扶，鼓励一批社会组织参与扶贫项目。宝安的海同社工、汇美社工在协作广西都安、大化脱贫攻坚工作中获得2020年粤桂扶贫协作先进单位称号。2020年，宝安在第八届中国慈展会中展示了对口帮扶龙川县和广西都安县、大化县的扶贫成果。宝安区用“真心+创新”走出了一条“授人以渔、扶贫又扶志”的宝安扶贫模式。

宝安区慈善会在开创宝安区慈善事业新格局和推动慈善事业的有序发展中发挥了不可或缺的作用。每任区领导对宝安区慈善会提出不同的希望

---

① 深圳市宝安区民政局．宝安区民政局2020年度工作总结和2021年工作计划［EB/OL］．(2021－01－06)［2022－10－22］．http://www.baoan.gov.cn/xxgk/ghjh/ndgzjhjzj/content/post_8397014.html.

② 同①.

和要求。鲁毅书记在任时正好爆出了红十字会的“郭美美事件”，因此他提出“干净慈善”的理念，要求宝安区慈善会提升其公信力，避免出现信任危机。田夫书记则提出“互联网慈善”和“文化慈善”，借助互联网技术开启“人人公益”的新篇章，以及用慈善文化深入人心。黄敏书记提出“真心慈善、文化慈善、合力慈善、创新慈善”，现已成为全体员工认同并共同遵守的价值准则。现任的姚任书记再次提出“文化慈善”，希望宝安区慈善会继续打造有宝安特色的慈善文化。总之，政府部门是慈善文化系统形成与发展的外在推手。政府在慈善领域的支持政策与财政投入，国家和区域内关于慈善事业、慈善文化的完善情况与制度环境的好坏，很大程度提升了宝安区慈善会宣传慈善文化传播的积极性和宣传效果。

（三）经济环境

1. 宝安区的经济基础

经济基础决定上层建筑，一个经济发展欠发达的城市，很难具有高度的文化创造活力。宝安的经济发展为慈善组织创造了良好的成长环境。宝安区独特的区位优势、高速发展的经济和宽松的人文环境，吸引了大批的外来有志青年来宝安生活、工作和创业。总体上看，宝安区经济保持平稳运行，工业经济运行总体呈稳中有升态势。根据《深圳市 2020 年国民经济和社会发展统计公报》，2020 年宝安地区生产总值总量为 3846.87 亿元，位居第四。相比于 2012 年的 1770.33 亿元，增长了 117.3%；人均可支配收入从 2012 年的 38035 元提高至 2020 年的 64878 元。近几年，宝安区社会组织数量在 1200 家左右，每万人拥有约 3 家社会组织（见表 15-3）。根据《2018 年宝安统计年鉴》，宝安区完成规模以上工业总产值 7370.77 亿元，同比增长 6.6%，绝对量占深圳市的 21.3%，对全市工业产值增长的贡献率为 15.9%。与此同时，2018 年宝安区规模以上工业增加值增速比全国（6.2%）高 1.3 个百分点，比全省（6.3%）高 1.2 个百分点。与主要地区相比，2018 年全区规模以上工业增加值增速比南山区（3.2%）高 10.7 个百分点，低于龙岗区和龙华区（见表 15-4）。宝安区共有上市公司 21 家，实现工业总产值639.78亿元，同比增长21.9%，比全区平均水平快15.3个百分点。

表15-3　2012—2020年宝安区地区生产总值、人均地区生产总值

年份	地区GDP（亿元）	常住人口（万人）	人均GDP（万元）	人均可支配收入（元）	社会组织数量	常住人口拥有社会组织数量（个/万人）
2012	1770.33	268.44	66110	38035		
2013	2044.26	270.38	75879	41763		
2014	2368.15	273.65	87060	37415		
2015	2694.01	286.33	96218	40850		
2016	3065.05	301.71	104246	44400		
2017	3459.64	314.9	112215	48383	1217	3.86
2018	3621.78	325.78	113060	52718	1133	3.48
2019	3853.58	334.25	116770	57341	1241	3.71
2020	3846.87	447.66	—	64878	1131	2.53

注：数据来源于2012—2022年宝安区统计年鉴。

表15-4　2018年深圳市各区工业主要指标情况一览表

地区	工业总产值				工业增加值			
	绝对量（亿元）	同比（%）	占比（%）	贡献率（%）	绝对量（亿元）	同比（%）	占比（%）	贡献率（%）
全市	34603.77	9.1	100	100	9109.54	9.5	100	100
罗湖	464.84	3.3	1.34	0.52	72.29	-0.9	0.79	-0.08
福田	1221.22	14.6	3.53	5.41	196.38	10.5	2.16	2.37
南山	5408.68	-1.5	15.63	-2.94	1703.74	-3.2	18.7	-7.12
宝安	7370.77	6.6	21.3	15.91	1787.75	7.5	19.63	15.78
龙岗	9669.11	18.0	27.94	51.22	2755.02	18.1	30.24	53.3
盐田	556.63	-1.5	1.61	-0.29	55.55	-3.1	0.61	-0.22
龙华	5377.71	17.9	15.54	28.35	1453.4	18.0	15.95	28.11
坪山	1780.77	2.6	5.15	1.56	387	5.0	4.25	2.33
光明	2205.62	-0.7	6.37	-0.5	483.87	5.5	5.31	3.21
大鹏	499.13	-6.2	1.44	-1.13	187.62	-2.5	2.06	-0.61

注：数据来源于《2018年宝安统计年鉴》。

宝安区经济的快速发展源于宝安区劳动力丰富且劳动力的素质稳步提升。一方面宝安区是劳动人口大区，常住人口数量保持平衡增长。根据深圳第七次全国人口普查公报，截至 2020 年 11 月 1 日，宝安区常住人口为 447.66 万，是深圳市人口最多的区域。与 2010 年相比，宝安人口增加了 183.76 万，增长绝对值在全市排名第二。庞大的人口数量给宝安区提供了巨大的劳动力，带动宝安区经济的发展。深圳经济社会的快速发展及公路、轨道交通的快速拓展、港澳大湾区、深圳先行示范区“双区”驱动又吸引更多的人口涌入宝安。高人口密度和高流动性的人口结构特征不仅给城市带来了劳动力，还带来了各个地域的文化，使得城市文化具有流动性和多样性，激发了深圳奔腾万象的城市文化创造活力的大河。另一方面宝安区人口的受教育程度在逐步提高。2020 年，宝安区 15 岁及以上人口的平均受教育年限为 11.42 年，相比于 2010 年的 10.15 年，增长了 1.27 年。与 2010 年第六次全国人口普查相比，宝安区每 10 万人中拥有大学文化程度的由 10876 人增加为 24203 人；拥有高中文化程度的由 24764 人下降为 19955 人；拥有初中文化程度的由 55971 人下降为 37939 人。

随着宝安经济的迅猛发展，宝安市民对精神生活的标准也越来越高，对文化内容的追求也越来越多样化。然而，宝安也存在以下两方面的问题，这将对宝安区慈善文化建设造成挑战。

一是宝安区远离市中心区的区位劣势。深圳作为改革开放的试验田，肩负着先行探索的历史使命。1979 年春天，邓小平在中国的南海边画了一个“圈”，深圳作为中国第一个经济特区在祖国南部崛起。1992 年，深圳实施“一市两法”。全国人大常委会赋予深圳经济特区“特区立法权”，可以制定先行性、试验性的特区条例。深圳开始放开思想包袱，大胆去闯大胆去试。然而，这也无形中把宝安区迁出特区的范围。一道长达 90.2 千米的边防管理线，东起小梅沙，西至宝安的南头安乐村，将深圳一分为二为“关内”和“关外”。边防管理线上设立了 9 个检查站，被称为“关口”。“关内”的 327.5 平方千米被称为深圳经济特区，包括福田、罗湖、南山、盐田 4 个区，而 1600 多平方千米则是与经济特区无缘的宝安区和龙岗区。

先行先试的条例只限于“关内”执行。2010 年 7 月 1 日，经国务院批准深圳经济特区的范围将扩大到深圳全市，深圳不再划为“关内”和“关外”。尽管如此，宝安区在近 20 年的时间里作为“关外”地区无法享受特区的政策优惠。因此，与“关内”相比，宝安区在基础设施建设、市民服务、文化建设等方面仍然比较薄弱，存在一定的区位劣势。

二是宝安区的外来人口的家园意识相对淡薄。整个深圳市都以流动人口为主。据深圳第七次全国人口普查公报，截至 2020 年 11 月 1 日，全市常住人口中，人户分离人口约为 1410.6 万，其中流动人口为 1243.9 万。与 2010 年第六次全国人口普查相比，人户分离人口增加 558.2 万，增长 65.49%；流动人口增加 421.7 万，增长 51.29%。曾有研究报告指出，拥有深圳户籍的人口比没有户籍的暂住人口家园意识明显强烈。2019 年，宝安区年末常住人口 334.25 万，但户籍人口只有 65.10 万，仅占 19.48%。人员以外来人口为主，对城市缺乏归属感，家园意识较为淡薄，这将制约着宝安进一步发展的步伐。

2. 宝安企业家的捐赠热情

宝安区的企业家具有慈善精神，其捐赠水平在深圳市名列前茅。宝安企业家对慈善的热情，极大地支持了宝安区慈善会的发展。宝安企业家之所以有很强的捐赠意愿有两大原因：

一方面在于很多企业家对宝安区有深厚的情感。他们摸爬滚打地与宝安一起成长起来，参与和见证了整个宝安的建设过程。20 世纪 80 年代初，他们从外地来到宝安打拼，初出茅庐，毫无经验。放眼望去，全是荒地、山地，俨然一幅落后农村的景象。因此，他们日夜奋斗，埋头苦干，遇水架桥，逢山辟路。骑着单车或摩托车跑遍宝安的每一个角落，去寻找创业机会。在他们的艰苦奋斗下，终于在当时贫穷的边陲农业县宝安开辟出一条阳关大道，把宝安建设成为工业总产值排名第二的经济大区。他们是宝安的见证者、保卫者，同时也是建设者和创业者，更是收获者，所以对宝安区有深厚的感情，甚至对这片土地的热爱超越了自己家乡。他们发家致富后，选择一直扎根在宝安，回馈这块土地。《宝安日报》总编辑杜平照说："深圳宝安国际机场是一批企业家挖山填海建设出来的，一砖一瓦都倾注了心血。他们把城市建设当成了自己的事业。而特区内是由'基建兵'来搞城市建设，他们部队有自己的使命和任务，建设完了就离开特区。这跟宝安区企业家的心理感受是完全不一样的。"

另一方面在于宝安区政府对他们的大力支持。20 世纪 80—90 年代，宝安需要向深圳市政府缴税，向市里贡献了很多资源，但是处于"关外"的宝安区却享受不到特区的政策优惠，从市里获得的资源投入却很少。宝安区政府也知道这批企业家不容易，因此在他们遇到困难的时候尽最大能力给予他们帮助和扶持。基于此原因，宝安区政府与企业营造了良好的政商关系。当宝安区在解决社会问题上需要他们出钱出力时，他们很乐意施以援手。正如航城商会的工作人员所说："咱们很多企业家都很热心，如果他们认为这个项目有意义，便会很乐意做这些事情。因此他们觉得自己捐出的这笔款项能真的帮助到人或者帮到这件事。"

企业家参与抗疫

在新冠肺炎疫情发展最关键时期，国内很难购买筹集防护服、隔离服、N95 口罩等一线急需物资，需要从国外购进。从行业协会、爱心企业到股份有限公司都积极响应，想方设法积极筹集。

宝安区慈善会将宝安企业家的大爱看在眼里，虽然慈善会没有进口通关的资质，但他们想方设法与市里有资质的社会组织主动协调对接，协助宝安区的企业家和爱心人士从境外购进大批急需医用物资，帮助爱心企业打通清关渠道和减免捐赠物资的关税，确保让海外的抗疫防护捐赠物资能快速通关及时送达一线。这些企业家由于需要从国外购买物资，他们常常因时差的问题，处理到三更半夜。

有的企业家听说广州那边可以提供一批医用口罩，他们连夜开车去广州，后边发现这批口罩未满足医院使用的质量标准，又连夜开车回来。有时口罩销售方要求，企业家去高速公路口接且提前支付口罩的费用。虽然不能确定是否一定能拿到口罩，但他们愿意这样做，这并不是因为他们之间彼此信任，而是这些企业家怀着一种拼尽全力筹集口罩给一线人员的心态，至于这些风险他们暂且先不考虑了。这种行为风格跟他们平时做生意的风格完全不一样，特殊时期体现出他们特殊的心态。

此外，当宝安区慈善会发起募捐时，深圳市广兴源投资发展有限公司董事长黄耀文立即捐款50万元。他说："为疫情防控出一份力是一个企业家应尽的社会责任，比起日夜奋战在防控救治一线的医生护士及工作人员来说不算什么。在疫情和困难面前，只要大家团结起来共同奋斗，就一定能打胜仗。"①

3. 科学技术的发展

19世纪，西方的工业革命使得生产工具神奇般的得到改善，但伴随而来的是普通民众灾难性的流离失所。所以，在当时的社会改革家的眼里，慈善被视为促进公共福利和改善社会不公正的机制。但随着社会问题日益增多和复杂，许多人尖锐地批评慈善机制效率低下。因此，19世纪后半叶，西方社会兴起了一场"科学慈善运动"，推动着慈善事业向更为专业化和科学化的方向转型。这一运动要求将科学的专业知识和技能、组织管理和策略注入慈善领域，试图寻求解决社会问题的根本之道。工业革命的副产品之一是科学慈善的应运而生。正如毕加索的成名画作《科学与慈善》所表达的那样，科学和慈善是解救人类于苦难的良方。这两者可谓是人类历史中明灯闪耀的"双子塔"，无论是辉煌耀眼的物质世界图景，还是丰富绵延的精神理念思想，都透射出两者堪称为人类文明基石的地位②。事实上，科学技术和公益慈善可以紧密地联系在一起。

科学技术的发展提高了人类社会生产力和带来了财富的长足增长，为公益慈善奠定了坚实的物质基础和提供了科技支撑。其中最明显的是互联网技术在慈善领域的运用。根据中国互联网络信息中心发布的第47次

---

① 宝安区慈善会．慈善行动遍地开花，大爱宝安同心抗疫！［EB/OL］．（2020-02-05）［2022-10-22］．http：//bacf. baoan. gov. cn/csdt_ parent/csdt/202002/t20200225_ 5684212. html.

② 董俊林．科学技术与公益慈善的历史互动和未来发展［J］．自然辩证法通讯，2020，42（4）：6.

《中国互联网络发展状况统计报告》，截至2020年12月，我国网民规模为9.89亿，互联网普及率达70.4%，较2020年3月提高5.9个百分点①。而对于科技之都的深圳，在2017年底深圳市网民和手机网民规模均突破千万，互联网普及率高达87.1%②。首先，互联网是作为传播工具在信息流通上更为快捷和更为广泛。宝安区慈善会借助互联网技术开通的公益频道使公益慈善事件、慈善文化得到更大范围的传播。其次，随着互联网技术的迅猛发展，互联网公益也呈现井喷式发展。互联网在公益领域不仅扮演“传声筒”“扩音器”的角色，它还促使慈善组织在信息发布、资金使用、账目公开、网络问责等各个方面更加规范化。最后，随着工业时代的等级结构让位于信息时代的松散形式，慈善组织在很大程度上作为网络或在网络中运作。正如尼葛洛庞蒂所说，数字化使传统的中央集权的生活观念成为明日黄花。公益组织利用互联网技术，搭建人与人、人与物之间的资源整合系统，使各个阶层的人们都有收益。

① 中共中央网络安全和信息化委员会办公室．第47次《中国互联网络发展状况统计报告》[EB/OL]．(2020－02－03)[2022－10－22]．http：//www.cac.gov.cn/2021－02/03/c_1613923423079314.htm.

② 深圳市互联网协会．2017深圳市互联网发展状况研究报告[EB/OL]．[2022-10-22]．https：//www.isz.org.cn/about/48.htm.

结　论

慈善文化既是社会发展文明程度的重要标志，又是慈善事业健康发展的根基。作为一个移民城市，40年来的发展造就了一个深圳的繁荣，沉淀了鹏城精神，更是赋予了更多的包容、接纳和庇护。深圳要建设有魅力、有温度的人文之城，建立国际文化大都市，不仅仅应将发展作为城市目标，更是要将公益慈善、志愿服务作为城市特有的名片。深圳市宝安区慈善文化建设是一个典型的内生型慈善文化的生发过程，即宝安区慈善会在发展过程中通过探索和建立组织文化，然后通过内推到向外辐射的过程，走出了一条与其他城市政府主导的慈善文化建设和依靠民众的自觉意识形成的慈善文化相区别的道路，更是为我们系统研究慈善文化建设树立了一个“宝安样本”。

慈善协会系统作为中国特色的慈善机构，从其诞生伊始，其使命便与扶贫济困的实践行动联系紧密，很少有慈善协会将推动区域慈善文化作为一项重要任务。通过本书的梳理，我们看到深圳宝安区慈善文化建设过程中，宝安区慈善会坚决贯彻党中央的重要决策指示，把握时代发展的脉搏，锐意进取、开拓创新，把慈善文化建设和慈善活动实践密切结合起来进行了十分卓有成效的探索。为系统总结和分析宝安区慈善会的实践经验，本书将慈善文化视为一个系统，根据“结构功能”论，结构决定系统，结构使各种素材各就其位、各司其职，使慈善成为秩序井然、运行有序的“系统”。对应系统论的观点，本书从传统文化出发，结合《易经》中的“道”“气”“器”搭建了一个基本分析框架。其中，“道”是深层的文化，亦指慈善文化的精神内核；“气”是“道”的体现，即将“道”划为有形的行为，在“道”的指导下构建慈善文化；“器”就是完成行为所需的物质基础，亦指保障慈善文化得以构建的条件和机制。通过对宝安区慈善会的跟踪研究和分析，研究有如下发现：

一是慈善文化的“道”，即精神内核方面。慈善文化的精髓主要体现在经过长时间的摸索，沉淀下来的精神、作风和各种理念，这些隐性的东西成为成员默认的假设和共享的行为规范。在宝安区慈善会的文化战略中，“真心慈善、合力慈善、文化慈善、创新慈善”定义了宝安区慈善会的文化精神。这些精神是在长期经营中逐步生成和发育起来的日趋稳定的组织价值观和组织精神，它们深深根植于宝安区慈善会，以此为核心而展开的慈善活动中所创造的具有自身特色的精神财富及物质财富，并成为其可持续运作中永不枯竭的动力。为此，慈善组织负责人应消除认识上的偏差，走出“埋头开展项目”的误区，认识到慈善组织文化建设是一种深层次、深理性、深内涵的文化精神、文化理念、文化本质的结晶，善于体味、思考、提炼深藏于组织内的本质和精华，正确理解组织文化的深刻内涵。在探索慈善文化的“道”的过程中要特别注意以下几点：首先，要立足本组织的具体特点。不同的组织有着不同的目的、环境、习惯和组成方式，由此构成千差万别的组织类型。必须准确地把握本组织的特点，选择适合自身发展的组织文化内核。其次，要把握住组织文化各要素之间的相互协调，因为各要素只有经过科学的组合与匹配才能实现系统整体优化。最后，所提炼的组织文化精神内核不仅要体现出组织的宗旨、管理战略和发展方向，还要坚持群众路线，使之与员工的基本素质相符合，不断强化员工的认同。

二是慈善文化的“器”，即有形行为方面。“文化塑造重在行”，当前很多人存在文化落地靠宣传灌输，或者文化落地靠讲好故事等错误观念。我们前面分析，慈善文化等建设的“道”是慈善组织在长期探索和实践中总结出来的，并非一朝一夕之功，充分的时间、广泛的发动、认真的提炼、严肃的定格都是创建优秀的慈善组织文化必不可少的环节。而当慈善组织建立起自身优秀的组织文化之后，还通过行动将组织文化与社会文化建立关联，充分发挥慈善组织文化的辐射作用。一方面，慈善组织文化通过组织精神、价值观和伦理道德向社会扩散，与社会达成共识，并为其他组织所借鉴、学习和采纳，潜移默化地影响其他组织和个体行为；另一方面，慈善组织文化对社会能够产生一种感应作用，影响社会、服务社会，成为社会改良的一个重要途径。在行动方面，宝安区慈善会的经验可以初步总结为以下方面：首先，主动与企业建立合作的伙伴关系。倡导慈善文化与组织文化的结合。在企业文化建设中宣传慈善意识，提升企业品牌的公益价值，在开发企业的市场价值中塑造企业的公益形象，引导和协助企业成为慈善事业的生力军。其次，善于运用公益营销，实现商业利益与社会公益的结合，实现慈善组织与企业的双赢。宝安区慈善会精心策划组织慈善文化活动。做慈善工作，不仅是物质的救济，更多是弘扬慈善的观念，塑造人人乐善好施的社会环境。通过举办慈善微跑、慈善论坛、慈善项目大赛，打造慈善空间、慈善文化进校园、开发慈善标志物等多措并举，营造慈善氛围，促进道德文明建设。再次，切实做好慈善宣传工作。要与新闻媒体密切配合，进一步加强对慈善事业的宣传报道，并通过合作开展各种形式的活动，使慈善宣传成为媒体的“热门板块”和“焦点话题”，形成慈善公益的舆论氛围。最后，积极开展慈善事业的理论研究，总结推广先进经验，办好慈善机构的宣传刊物，组织国内外考察交流，积极探索中国特色慈善事业的发展规律，把慈善文化建设不断推向前进。

三是慈善文化的“气”，即保障条件。慈善文化建设是一个系统工程，需要领导动力、组织动力和环境动力的多重作用才能得以塑造和形成。从个体层面来看，领导者经历、领导者特质、领导者行为、领导者风格都会直接对慈善文化产生影响，并成为慈善文化的基础，贯穿于组织的整个生命周期。从组织层面来看，慈善组织的价值取向、内部治理能力、公信力、社会网络会对慈善文化建立和传播产生关键性影响。从环境层面来看，因为慈善文化不是独立存在的，而是受经济环境、社会环境和文化环境的形塑。大多数慈善组织受外部环境的影响从而形成一些关键的价值观。这些价值观以某种形式存在于大多数慈善组织中，并影响慈善文化的构建。此外，一个组织是否能有效地弘扬慈善文化也取决于外界环境是否成熟。

“革故鼎新，得宝而安。”宝安是深港文化之根，广府文化、客家风情在这块土地上交相辉映。宝安先后孕育了“东方明珠”香港和改革开放的“一夜名城”深圳。如今，慈善文化正在成为这座城市不可或缺的底色。经过薪火相传，宝安这座城市正因慈善、博爱而变得更加美丽、更具温情。在新时代，通过践行合力慈善的新理念，将在坚定文化自信、走中国特色慈善事业发展道路上，不忘初心、继续前进。

后　记

作为一名慈善领域研究者，在过去10年的研究历程中遇到行业中的重点难点问题，最后都难免归结到制度和文化上。然而，相比制度层面的政策法律，慈善文化是一个看上去很美、说起来很甜、做起来很难的话题。人人都知晓其重要性，但落实到具体行动上，无论政府、慈善组织还是个人都会感觉到无从入手。慈善文化建设既没有现成的经验可借鉴，更没有简单办法。这一反差引起了笔者浓厚的研究兴趣，笔者想到是否可以选择从组织文化角度切入慈善文化，慈善文化建设可以看成是一个内生到外推的过程，只有慈善组织自身建立起适应的慈善文化，整个社会才有可能营造慈善文化的氛围。然而，国内有关慈善文化的研究，基本上都是从宏观层面和微观层面展开，对中观层面的慈善文化建设涉猎甚少，这与企业管理领域的企业文化形成了鲜明对比。带着这一假设，我与团队成员也尝试开展了一些前期基础性研究，但还没有系统性的成果出版。这里特别要感谢宝安区慈善会张洪华会长的信任和支持，使我们有机会将一些慈善组织文化的思考得以付诸实践。张会长拥有部队、政府和慈善组织工作的丰富经历，既有理论修养，又有实践经验，再加上锐意创新、敢打敢拼的魄力，使其善于找到理论与实践的结合点。在他眼中，慈善研究是对慈善领域问题的理性分析。慈善事业要发展，就一刻也离不开这种理性分析能力。而慈善研究水平的高低，无疑将影响到慈善事业未来发展的方向。在他的牵头支持下才有了这套宝安慈善丛书的问世，而宝安慈善文化建设作为其中的一部著作，恰好满足了我们从慈善组织视角研究慈善文化建设的研究设计。

受2020年突如其来的新冠肺炎疫情影响，我们从北京去往深圳进行实地调研时遇到不少的困难。在这一过程中，宝安区慈善会秘书长陈长贵、办公室主任刘曦光都为本书的完成提供了非常多的支持和帮助，他们不仅多次接受我们的访谈“叨扰”，更是协调众多访谈对象并落实相关座谈会议的安排。在写作本书的过程中，我们还得到了其他朋友的支持，他们是中华慈善总会筹募部部长刘芳女士，宝安区教育局扶贫专干郑庆东先生，深圳市慈善事业联合会常务副会长兼秘书长刘国玲女士，深圳社会公益基金会秘书长杨钦焕先生，宝安区翻身实验学校校长李晶女士，宝安桥头中学副校长陆春先生、副主任黄丽曼女士、大队辅导员陈奕娴女士，航城街道工商联（商会）秘书长林锐乾先生，润恒集团“恒爱专项基金”主任赖俊豪先生，上海交通大学公益发展研究院院长徐家良教授，深圳大学政府管理学院唐娟教授、深圳大学管理学院助理教授章高荣等。我谨向他们表示真挚的感谢。

徐彩云博士是本书的主要作者，她是广东韶关人，刚刚从深圳大学毕业来到北京求学，这个涉及深圳的研究课题重任自然就“落”在了她的手中。在这本著作的完成过程中，她体现出了非常专业的研究素养，高效认真地完成了各项调研、协调和报告撰写工作。研究生翟璐也参与了本书部分章节的撰写。在此也对该书的合作者一并表示感谢。

慈善文化建设的研究并非只是伦理学关注的问题，而是一个涉及法学、管理学、传播学、文学以及政策科学在内的广泛交叉的学科领域，对其研究需要在更为综合的学科视角下进行整体把握。从这一角度来说，这本拙作的完成既是项目的结束，更是未来研究的开始。我们衷心地希望该成果能够抛砖引玉，引起更多不同专业的专家学者的重视并投身这一领域的研究中来，带来更多高水平的研究成果，以更好地推动这一领域的实践进展。

最后，由于本书涉及文献量较大，图表众多，给编辑的校对和排版工作带来了一定的困难，在此向中国社会出版社的编辑老师表示衷心的感谢。

李　健

2021 年 11 月 1 日于中央民族大学图书馆